生活因阅读而精彩

生活因阅读而精彩

用最好的方法，
培养最棒的孩子

沈芳茹◎著

中国華僑出版社

图书在版编目(CIP)数据

用最好的方法，培养最棒的孩子 /沈芳茹著.
—北京:中国华侨出版社,2014.2

ISBN 978-7-5113-4424-3

Ⅰ.①用… Ⅱ.①沈… Ⅲ.①家庭教育-通俗读物
Ⅳ.①G78-49

中国版本图书馆 CIP 数据核字(2014)第026717 号

用最好的方法，培养最棒的孩子

著　　者 / 沈芳茹

责任编辑 / 文　喆

责任校对 / 李向荣

经　　销 / 新华书店

开　　本 / 787 毫米×1092 毫米　1/16　印张/22　字数/300 千字

印　　刷 / 北京溢漾印刷有限公司

版　　次 / 2014 年 4 月第 1 版　2014 年 4 月第 1 次印刷

书　　号 / ISBN 978-7-5113-4424-3

定　　价 / 38.00 元

中国华侨出版社　北京市朝阳区静安里 26 号通成达大厦 3 层　邮编:100028
法律顾问:陈鹰律师事务所

编辑部:(010)64443056　　64443979

发行部:(010)64443051　　传真:(010)64439708

网址:www.oveaschin.com

E-mail:oveaschin@sina.com

前言 *Preface*

　　一个人在人生的成长道路上要接受多方面的教育，有来自家庭的，有来自学校的，有来自社会的。家庭是培养人才的第一所学校，父母是孩子的第一任老师。父母不仅是孩子的老师，还是孩子的朋友，更是孩子的引路人。每一个父母都期望自己的孩子能够成龙成凤，在孩子的教育问题上也倾注了大量的心血，然而，父母教育方法上的差别，很大程度上影响定了孩子的一生。很多父母爱子心切，却往往找不到正确、科学的教育方式，从而让自己的教育工作"误入歧途"。要让自己的孩子积极快乐、活泼健康地成长，做父母的确实需要苦下一番功夫。

　　每一位做父母的，都希望自己的孩子是最优秀的，那么，怎样才能让孩子做到最棒呢？

　　成功的父母总是用最简洁、最直接、最正确的方式教育自己的孩子，培养孩子的修养、习惯、自信、情商、财商，等等。有礼貌、有修养、有自信的孩子走到哪里都受人欢迎，受人喜欢，受人尊重，将来才能立足于社会，成就美满的家庭和事业。

用最好的方法给孩子最棒的礼仪教育，良好的礼仪能提高孩子的情商，帮助孩子追求事业的成功；

用最好的方法给孩子最棒的习惯教育，良好的习惯让孩子收获一种性格，多一份自信，多一种成功的机会，从而享受美好人生；

用最好的方法给孩子最棒的情商教育，良好的情商能让孩子重新审视自己，善待他人，建立真正的友谊；

用最好的方法给孩子最棒的财商教育，良好的财商让孩子提高理财能力，学会管理零花钱、如何投资，让孩子拥有一个美好的未来；

用最好的方法给孩子最棒的表达教育，良好的口头表达能力能改善孩子的人际关系，帮助孩子赢得众人的喜欢，在未来的生活中无往不利；

用最好的方法给孩子最棒的安全教育，良好的安全防护意识让孩子远离危险，避免不幸，在阳光下茁壮成长；

用最好的方法给孩子最棒的价值观教育，良好的价值观帮助孩子提升人格层次，打造人格魅力，促进孩子的心灵健康成长。

英国教育学家狄德罗曾说，"有了真正的方法，还是不够的；还要懂得运用它"。再好的教育方法也要被正确地运用，否则一切都是空谈。希望父母朋友在学习这些教育方法的同时，能够学以致用，将它体现在日常教育的每一个细节之中。

本书旨在培养父母正确的教育理念，为父母传授积极、正确的教育方式，在礼仪、习惯、情商、财商、信心、表达、安全、价值观等方面为广大父母提供教育指导建议，告诉家长如何教出有爱心、有责任、有教养、有情商的孩子。本书内容充实，条理清晰，逻辑分明，在列举案例的同时，又在切合实际的基础上为父母提供了切实可行、易操作的指导方法和技巧，为父母朋友提供了一盏教子明灯，是父母培养最杰出孩子的黄宝书。

目录 *Contents*

第一章　用最好的方法给孩子最棒的礼仪教育

第四章　用最好的方法给孩子最棒的财商教育

第五章　用最好的方法给孩子最棒的责任教育

第六章　用最好的方法给孩子最棒的信心教育

第九章　用最好的方法给孩子最棒的价值观教育

第一章

用最好的方法给孩子最棒的礼仪教育

CHAPTER 01

优雅的淑女，潇洒的绅士都不是天生的。

给孩子好的礼仪教育，让孩子知礼、懂礼，

成为一个受欢迎的人，

无论是在家中，还是在公共场合，都能受欢迎。

把家庭当成礼仪的课堂，

选择一种适合的礼仪教育方式，

来一场快乐的礼仪教育体验吧。

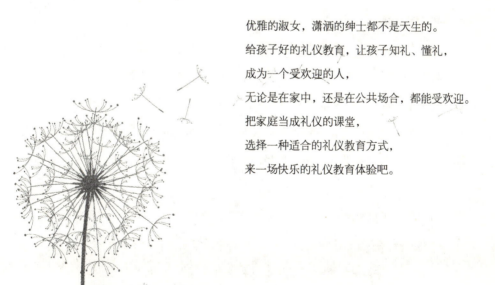

方法 1：
像赫本和邦德那样迷人、潇洒

【关键词】 独具风采 体态 优雅

【要点提示】 我们相信，只要家长们时刻注意孩子的体姿，并助其养成良好的习惯，我们的孩子必定也会像赫本和詹姆斯·邦德那样迷人、潇洒。

【范例】

我们都知道著名影星奥黛丽·赫本，尽管她已经离开我们多年，但至今依然难有人超越她。

在银幕上，赫本一直用自然的姿态来诠释银幕角色。在一本关于赫本的书中提到：《罗马假日》的导演在筛选演员时，曾经用戏中的一幕来测试演员：公主身着柔细华美的睡袍在一张大床上进行仰卧起坐运动。奥黛丽·赫本十分柔弱，她用双臂迎向装饰美丽的天花板。接着，她还非常自然、淘气地做了一系列的特定情节，当她做这些动作时，有一架摄影机在偷偷地对着她拍摄，可她毫无察觉。

测试的结果是赫本的姿态最令导演满意，原因无他，就在于她将一种最自然的姿态融入公主这个角色中。公主在做仰卧起坐的时候也是一个普通人，与此同时，她又是一个少女，而赫本却将这些完美地结合，塑造出了俏丽清纯、流光溢彩的公主形象。

再看一个例子。

由美国人制作的"007"系列电影中，其中那位风度翩翩的主人公詹姆斯·邦德给无数中国观众留下了深刻印象。之所以如此，不仅仅由于他英俊的外表、先进的设备以及神秘而危险的工作，而且还和他时时刻刻都表现出来的良好的体态有关系。我们看到，不管什么情况下，詹姆斯·邦德都是以一种英俊、挺拔、干练的形象出现在我们面前，即使在走路的时候，他也是挺拔上身、表情自然、精神饱满，给人一种积极向上、活力无限的印象。

【技巧】

可以说，无论是赫本还是邦德，他们的独特风采靠的并不是完美的形象，而是优雅的姿态。

体态语言学大师伯德惠斯戴尔的研究成果表明，在两个人的沟通过程中，有65%的信息是通过体态语言来完成的。体态语言的信息负载量远远大于有声语言，而且常常比有声语言更真实，它们能够表达有声语言所不能表达的感情，比有声语言更简洁生动。

1.训练孩子的一举一动

我们常常可以看到一些孩子站着的时候浑身抖动、摇头晃脑、耸肩、哈腰，有时还故意"耍帅"，玩弄打火机、香烟盒，这在外人看来是十分不舒服的。为此，要想让我们的孩子具备优雅的体态，家长就要严格监督并纠正孩子的类似行为。如果是男孩，就让他们站得稳健、挺拔，显示出男性的刚健和潇洒；如果是女孩，那么就要训练她典雅、娴静，体现出女性的柔美和轻盈。

我们相信，只要家长们时刻注意孩子的体姿，并助其养成良好的习惯，我们的孩子必定也会像赫本和詹姆斯·邦德那样迷人、潇洒。

2.让孩子知道体态是内心的"外露"

我们表达感情，一方面可以通过语言，另一方面则可以依靠内心的活动。例如，当我们把某一物品递给他人，这时候不要随手递过去，而最好是双手递上；同样，别人送自己东西的时候，不管是多小的或者多不值钱的，我们都要用双手去接。

我们还需要告诫孩子，如果去他人家中做客，不要将脚蹬在沙发的腿上，女孩儿穿裙子的话要把裙角收好，等等。要知道，仪表端庄、姿态良好，能使人精神饱满，有利于陶冶情操，并能得到别人的尊重和喜爱。

 方法 2:
好的坐姿，成就孩子的气质美

【关键词】 正确坐姿 气质 端庄

【要点提示】 作为家长，如果希望我们的孩子能够练就沉稳的形象，将来有一番大的作为，那么就有必要从现在开始让孩子拥有一个好的坐姿。

【范例】

一位新上任的官员前去拜访一位身为当朝大臣的同乡。不巧的是，拜访的当天，天空下起大雨，等他到同乡家里的时候已经浑身湿透了；而更不巧的是，这位官员没在家，小官员扑了个空，不过他坚持等下去，就在椅子上坐了下来。

一个时辰、两个时辰、三个时辰过去了，同乡还没有回来，而此时天色已晚，这位官员只好起身告辞，打算改日再来拜访。

没想到，他刚离开不一会儿，那位同乡就回来了，他询问家中仆人是否有什么事，仆人把同乡前来拜访的事说了一遍。

这位大臣看了看椅子下面的两个清晰的鞋印，顿时大吃一惊，问仆人说："他下午就坐这里？"仆人回答道："是呀！就坐这儿。"听到这儿，这位大臣惊喜地吩咐仆人："快！快！快去把他追回来！我们家乡要出大人物了！"

的确如这位大臣所言，几年后，那位拜访过他的小官员真的成了朝廷重臣，他就是曾国藩。

【技巧】

难道这位大臣会算命吗？当然不是！他之所以做出如此判断，就是因为见到同乡在椅子上坐了三个时辰、在椅子下留的两个清晰而干爽的鞋印，因为这必定是心性坚定、不急不躁的人才可能做到的，正所谓"坐如钉石"。

孩子们的一天中，有相当大一部分时间都是坐着的，因为他们要坐着听课，坐着写作业、吃饭，等等。而坐也是生活中的基本礼仪之一，它可以体现一个人的气质与美。

一个孩子如果有好的坐姿，那么不但会让自己的身体发育更加良好，而且还会凸显出稳重端庄、自然大方的美感。而一个坐姿不好的孩子，即便在其他方面很优秀，也难以成就自身的得体之美，给人留下不好的印象。

因此，我们一定不要小瞧了孩子的坐姿，拥有正确、优雅的坐姿是训练孩子礼仪的必修课程，是不容忽视的。

曾国藩用一副"坐相"使身为大臣的同乡看到了其坚毅的心性和沉稳的心态，而这也正是他自身素质的折射。也正是因此，他才成就了后来的伟业。因此，作为家长，如果希望我们的孩子能够练就沉稳的形象，将来有一番大的作为，那么就有必要从现在开始让孩子拥有一个好的坐姿。

1.课堂上孩子应该具备的坐姿

首先头部要正，与地面垂直，同时让腰背部挺直、身体微向前倾，两脚自然地平放在地上。

2.公共场合孩子应该具备的坐姿

在公共场合，孩子的坐姿可以较为放松一点儿，但入座的时候要稳重端庄，不可以猛起猛坐，弄得座椅乱响，更不可将脚踏在前排的桌子上。

3.乘坐汽车时孩子应该具备的坐姿

有的孩子在乘坐公共汽车时往往会和身边熟悉的小伙伴打闹或者搂肩搭背，这样都是不雅观的。我们应该提醒孩子：乘车时，不能将身体靠在旁座人的肩上，手也不能搁在旁座的靠背上，腿更不可以跷到旁边座位的前面。坐下的时候如果不小心碰了他人，要赶紧表示歉意。

4.一些不该有的坐姿

①不要将双手乱放。坐下来后，应把双手放在大腿上，切忌将手夹在双腿之间。如果身前有桌子时，双手则可以自然地放在桌子上，单手或者双手放在桌子下面，抑或是双肘支在面前的桌子上，都是不雅观的行为。

②用脚蹬踏其他物体。就座后，双脚自然放在地上就可以，千万不要向后蹬踩椅子腿，也不要用脚在其他物体上乱蹬乱踩，这些坐姿都是非常失礼的，会严重损害自身的形象。

③对于女孩子来讲，不要两膝分开，两脚呈八字形；对于男孩子，不要让

双脚脚尖朝内，脚跟朝外，呈内八字形。

④双手抱在腿上。使用这种坐姿也是分场合的，如果在家里等私人空间，双手抱腿会让人感到轻松、惬意。可是在公共场合，这种坐姿会给人懒散、不雅的感觉，所以，家长们应告诫孩子不要在公共场合使用这种坐姿。

⑤不停地抖腿。很多孩子甚至包括很多成年人都有这样的习惯。但这是不值得提倡的，这种坐姿会让他人感到心烦意乱，容易给人留下不稳重的印象。

 ## 方法 3：
大方得体的孩子，能驾驭情绪

【关键词】 修身养性　调节和控制　驾驭

【要点提示】 父母对孩子的影响有多大早已不言而喻，所以，想要培养孩子的自控力，父母必须先善于控制自己，为孩子做出表率。

【范例】

某商店要招聘一个助理，店主人便在门口贴了张特别的广告，上面写道："本店欲招聘一位能够自我克制的男士。"

看出来了吧，这个广告中有一个词叫"自我克制"，这样的招聘条件实在是不多见。于是，很多人带着好奇之心前来观望，自然也引来了不少求职者。

前来求职的人都要经过一个特别的考试。内容是怎样的呢？我们来看看汤姆的求职过程：

汤姆坐到店主人面前后，面试开始了。

"您可以阅读一段文字吗？"

"可以的，先生。"

"那请您读一读这一段，好吗？"说着，店主把一张报纸放在汤姆的面前。

"好的，先生。"

"那我再问一下，您能一刻不停顿地朗读吗？"

"没问题的，先生。"

"很好，那请跟我来。"店主把汤姆带到他的私人办公室，然后把门关上。

只见店主把这张报纸递到汤姆手中，上面的内容就是刚刚要求汤姆不停顿地读完的那一段文字。接下来，汤姆开始阅读，可是还没读完一句话，店主就放出了五六只可爱的小狗，小狗们跑到汤姆的脚边蹿上跳下的。

汤姆并没有因为小狗的侵扰而中断阅读，他在不受小狗诱惑的前提下，一口气将材料全部读完了。此前，已经有 70 个人失败了。汤姆作为第 71 个应聘者，被成功聘用。

【技巧】

这样的招聘或许有些夸张，但是其中的道理却值得我们学习。它让我们看到，正是因为较强的驾驭情绪的能力，汤姆才从众多应聘者中脱颖而出，赢得面试官的信任。

家长们无不希望自己的孩子能够大方、得体、自然。如果遇到孩子发脾气，或者情绪激动，做家长的也会觉得脸面无光，甚至异常气愤，觉得这样的孩子缺乏教养、没有礼貌，让家长束手无策。

我们大人常说"修身养性"，其实说到底就是一种对情绪的控制。对于成长中的孩子来说，情绪的疏导同样重要。不可否认，谁都不会一直被好情绪包围，不被坏情绪侵扰，因为生活本身就是充满着快乐、幸福与烦恼的。有些人之所以整天总是乐呵呵的，似乎没什么愁事儿，其实那不过是人家善于调整自己的情绪罢了。而这也是一种心理成熟的表现。

我们的孩子在成长的过程中，同样也要慢慢学会调节和控制自己的情绪。能够对自己的情绪进行调节和控制，是孩子自身意志发展的标志，更是孩子自身修养达到一定程度的表现。

由此可见，驾驭情绪对一个人来讲是十分必要的。良好的自我驾驭情绪能力，是一个人大方自然、淡定沉稳的表现。可以这样说，当一个孩子真正学会驾驭自己的情绪时，他才能真正成为一个有修养的人。

1.延迟满足，不要让孩子要风得风、要雨得雨

很多家长对孩子的要求是有求必应。其实这种做法很容易让孩子形成急躁性格。相反，如果能够延迟满足孩子的要求，则能在一定程度上让孩子学会克制。比如，当孩子想买某个很喜欢的玩具，我们可以有意识地推后一段时间再给他买。当然，这种暂时的拒绝不能太生硬，而应选择一种温和的、容易让孩子接受的方式。如果能够长期如此，就是一种对孩子自制力很好的锻炼方式。

2.通过日常生活来训练孩子的自控能力

日常生活中虽然都是些不起眼的小事，但是正是这些小事，是训练和培养孩子拥有良好生活规律的保障。同时，这也是一种自制力的训练。比如，什么时候该起床、什么时候该用餐、什么时候该到学校。长期在这种规范的约束下，孩子就会逐渐有意识地克服自己的惰性，努力实现目标。

3.父母要做好表率，保持情绪稳定

父母对孩子的影响有多大早已不言而喻，所以，想要培养孩子的自控力，父母必须先善于控制自己，为孩子做出表率。比如，父母不要随便发牢骚，抱怨这、抱怨那，也不要只顾玩，不顾家，否则，孩子会在这种潜移默化的影响下，也让自己成为一个乱发牢骚、不能克制自己的人。

方法4：
带点幽默，学会赞美

【关键词】陶醉　阳光　满足

【要点提示】赞美的效果常常会出乎人的预料，即使是简单的几句赞叹都会让人感到心理上的满足。

【范例】

烁烁的妈妈一直忙于工作，极少有机会参加孩子在学校里的活动，每次都是由保姆代劳，回去之后再简单反映一下孩子的情况。

前不久，烁烁妈终于可以放下烦琐的工作事务来参加学校里举办的运动会了，这让她兴奋不已。她知道，儿子体能不错，特别是短跑更是没得说。

可是，到比赛进行过程中，烁烁妈发现苗头有点儿不对。原来，别的孩子到了比赛场后，看台上的同学都会大喊"加油"来助威，而轮到自己的儿子时，加油声却寥寥无几。

烁烁妈意识到了问题的严重性，随后她和烁烁的班主任刘老师取得了沟通。从刘老师那里得知，原来烁烁是个特别不喜欢赞美别人的人，当别人取得了成绩，他总是看到人家做的不好的地方进行挖苦，为此同学们都对他有些意见。老师也就这个问题和烁烁谈过，但是由于精力有限，所取得的效果甚是微小。

这下，烁烁妈才明白，原来儿子是这样一个人！她联想到自己在职场上，作为外企高管都需要时不时地赞美一下自己的下属，怎么就没把这一点往孩子身上考虑一下呢！

带着遗憾和自责，烁烁妈开始了培养儿子学会赞美的行动。

果然，经过一段时间的努力，烁烁逐渐学会了赞美，放下了挑剔。与此同时，喜欢他的同学和伙伴也越来越多。看到儿子的改变，烁烁妈欣慰地笑了。

【技巧】

从事例中可以看出，是否对别人进行赞美将获得两种截然不同的效果。其实，赞美的效果常常会出乎人的预料，即使是简单的几句赞叹都会让人感到心理上的满足。

一个懂得赞美他人的孩子往往更容易受到周围人的欢迎，同时还可以使赞美者本身自我约束、克服缺点、积极向上。

作为家长，我们有必要引导孩子去发掘别人值得称赞的地方，并让孩子用真诚的语言告诉别人，这样既能给别人的内心带来阳光与欢乐，也会让孩子拥有一个良好的人际关系。可以说，赞美对任何人来讲都不失为一种行之有效的交往技巧，它能够激发孩子与伙伴之间沟通的欲望，有效地拉近彼此之间的心理距离，让大家心里都感到暖洋洋。不仅如此，通过赞美，孩子还能够欣赏到别人身上的优点，同时无形中看到了自己的差距。这种差距对孩子来讲，是一种潜在的激励自己的动力，有助于他们的进步。

1.告诉孩子别对任何人抱有成见

有的孩子很追求"完美"，每当看到别人存在的一点儿不足都要毫不客气地指出来，也有的孩子对待他人会一"见"定音，第一印象不好，就将对方全盘否定。

如果你的孩子也有这方面的问题，那么请你耐心地加以引导，让他懂得用变化和发展的眼光来看问题，不要对任何人抱有成见，而应客观地看待他人和周围的事物。

2.让孩子尽量消除情绪因素

相对于成年人来说，孩子的情绪更容易阴晴不定。我们知道，情绪经常会左右我们的情感，例如，当我们感到愉悦的时候，就会觉得山水都在为自己而欢乐，而当情绪低落的时候，又觉得阳光都很刺眼。同样地，当我们心情舒畅时，我们看待别人的言行也会觉得甚是可爱，而当我们心情烦躁的时候，又会觉得他人的言谈举止实在可憎。

因此，为了避免情绪对孩子的情感造成不利影响，我们应该防止孩子将自己的情绪"嫁接"到和自己相处的伙伴或同学身上去，否则，我们的孩子就会用自己的情感扭曲别人的情感，对他与小伙伴建立良好的人际关系有害无利。

3.引导孩子对事不对人

教育专家对于家长夸赞孩子都会建议夸过程不夸结果，夸具体不夸笼统。这种夸赞技巧同样适用于孩子们之间。因为赞美决不是阿谀奉承，我们应该教孩子赞美别人不能毫无根据，比如只对别人说："你真是一个好人！"这样的赞美是毫无意义的。所以，我们要告诉孩子，让他学会赞美事情本身，比如，当孩子到亲戚家做客时，吃着人家准备的美味饭菜，可以让孩子这样说："姑姑做的饭真好吃，我吃了两大碗。"而不要只是简单地说："姑姑，你真好！"

4.教孩子学会用动作和表情来表达赞美

虽说赞美更多的是用语言来表现，但是有些时候，一个恰当的小动作或者适当的表情同样能达到赞美的效果，比如，我们可以教孩子用微笑、惊叹或是夸张地瞪大眼睛表示对别人的能力的欣赏和赞美，这种方式是容易被对方接纳的。

方法 5：
让孩子养成文雅的吃饭习惯

【关键词】 饮食习惯　礼貌　细嚼慢咽

【要点提示】 如果家长希望自己的孩子不被别人说不礼貌，那么就请运用一些方法和技巧，帮助孩子培养文雅的饮食习惯吧。

【范例】

不久前，乔乔一家搬入了新居。为了给新房子增添些气氛，爸爸妈妈特地邀请亲戚朋友们来参观，并且要在装修别致的开放式厨房里给大家露一手厨艺。

当天一大早，乔乔的爸爸就去菜市场买了新鲜的蔬菜和肉类，接下来该是妈妈尽情发挥的时刻了。

经过两三个小时的"奋斗"，妈妈做了满满一桌子美食，亲戚朋友们都说太丰盛了。

就在大家从客厅沙发上离开，准备进餐厅落座的时候，人们发现乔乔正一个人站在餐桌旁，一只手正伸向盘子里的糖醋排骨。

这一情景被乔乔的爸爸妈妈看到了，他们顿时感觉脸上火辣辣的，很后悔没有及早培养孩子好的饮食习惯，才弄出这么尴尬的事来。

琦琦的妈妈也有过类似的"遭遇"。同样是在家里宴请宾客，而女儿琦琦在饭桌前坐着的时候，时不时把自己喜欢吃的那盘松鼠鱼往自己这边拉一拉。客人看到后，急忙把松鼠鱼端到琦琦旁边，琦琦妈觉得非常不好意思，也非常后悔自己在这方面的教育太失职了。

【技巧】

有的孩子吃饭的时候，嘴巴响个不停。对此，有的家长认为，这是孩子吃饭香的表现，也就不会去制止。也有的孩子在吃饭的时候专门挑自己喜欢吃的菜，用筷子在盘子里翻腾来翻腾去。还有的孩子嘴巴里嚼着食物还无所顾忌地说话……诸如此类的吃饭行为都是不文明的。作为家长，有必要引导自己的孩子从小养成吃饭文雅的好习惯。

孩子对于一些礼仪习惯的获得，大多来自家长的教育和引导。如果父母在这方面做的工作不够的话，那么就很容易出现上述事例中乔乔和琦琦这样的现象。

说到底，吃饭是一门学问，吃饭的礼仪看上去不算什么了不起的问题，但它却着实能够反映出一个人的修养程度。如果家长希望自己的孩子不被别人说不礼貌，那么就请运用一些方法和技巧，帮助孩子培养文雅的饮食习惯吧。

1.让孩子懂得先后顺序

告诉孩子不要先动筷子，而应让长辈先动碗筷用餐，或听到长辈说："大家一块吃吧"，再动筷。

2.告诉孩子吃饭时的规范动作

让孩子在吃饭的时候端起碗，然后大拇指扣住碗口，食指、中指、无名指扣住碗底，手心空着。告诉孩子，如果不端碗而是伏在桌子上对着碗吃饭，不但吃相不雅，而且压迫胃部，影响消化。夹菜的时候，不要碰到邻座，不要把盘里的菜拨到桌子上，不要把汤泼翻，不要将菜汤滴到桌子上。如果嘴角沾有饭粒，不要用舌头去舔，而应用餐纸或餐巾轻轻抹去；咀嚼饭菜，嘴里不要发出"叭叭"、"呱叽呱叽"的声音。口含食物，最好不要与别人交谈，开玩笑要有节制，以免口中食物喷出来，或者呛入气管造成危险；需要与家人谈话时，应轻声细语。

3.告诉孩子在夹菜和吃菜时的注意事项

正确的夹菜方式是：从盘子靠近或面对自己的盘边夹起，不要从盘子中间或靠别人的一边夹起，更不能用筷子在菜盘子里翻来倒去地"寻寻觅觅"，眼睛也不要老盯着菜盘子，一次夹菜也不宜太多。遇到自己爱吃的菜，不可如风卷残云一般地猛吃一通，更不能干脆把盘子端到自己跟前大吃特吃，要顾及同桌的父母和姐弟。如果盘中的菜已不多，自己又想把它"打扫"干净，应征询一下同桌人的意见，只有当别人都表示不吃了，自己才可以把它吃光。

4.让孩子学会"闭嘴"吃饭

有的孩子吃饭时爱说话，或者大口大口地狼吞虎咽，这样既不文雅，又不利于消化。家长们应该告诉孩子，吃饭的时候要闭嘴咀嚼，细嚼慢咽，这不仅有利于消化，也是餐桌上的礼仪要求。

方法 6：
教孩子学会西餐的正确吃法

【关键词】 用餐规矩 左叉右刀 利落

【要点提示】 在享受美味西餐之前多教给孩子一些用餐的礼仪知识，让孩子在用餐过程中体现出讲文明、懂礼仪的状态。

【范例】

萍萍出生在一个普通的双职工家庭，由于生活条件有限，爸爸妈妈从没带萍萍去西餐厅用过餐，即使是中餐馆也很少去。

去年期中考试，萍萍一举摘得全年级第一的桂冠，并且被评为"三好"学生。

看到女儿取得如此骄人的成绩，萍萍的爸爸很是兴奋，他和妻子商量，要借着这个机会好好犒劳一下萍萍，于是他提出来去西餐厅吃一顿"洋餐"。

妈妈建议去吃一顿麦当劳或者肯德基，可爸爸说那些洋快餐不健康，干脆多花点儿钱，吃一顿健康的西餐。

决定下来之后，萍萍的妈妈想起她看电视剧里人们吃西餐时，似乎是颇为讲究的，而且用餐的方式也和吃中餐非常不同，她怕到时候全家人"露怯"，于是就恶补西餐的用餐知识。

经过几天的学习，萍萍妈掌握了基本的吃西餐的礼仪，并且把这些告诉了丈夫和女儿。

等到去西餐厅用餐的时候，他们熟练地运用了刚刚掌握的用餐知识，特别是女儿萍萍，一点儿都不像是个从没吃过西餐的"门外汉"，全家人别提有多开心了。

【技巧】

看完这个事例，我们不得不感慨萍萍的妈妈真是个用心的好妈妈，她能够在用餐之前学习相关知识，并告知丈夫和女儿，让全家人顺利、愉快地享受了这一顿从未有过的西餐盛宴。

那么，西餐和中餐都有哪些不同呢？吃西餐的时候该注意什么呢？如果你希望自己的孩子能够掌握这些知识和礼仪，那么就请继续往下看吧。

1.告诉孩子吃西餐要"左叉右刀"

能够正确使用刀叉是西餐最为基本的礼仪，一般是左手持叉，右手持刀，由上方握住刀和叉，两手食指按在刀叉上使用。简单来说，就是用右手拿着刀先把食物切开，然后用左手把食物叉起来放入口中。

2.让孩子知道正确的姿势和适当的角度

当坐在餐桌旁时要端正，肩膀和手腕放松，两臂贴着身体，手肘不要太高或者太低，刀和餐盘的角度应在 15 度左右。另外，还要告诉孩子把刀子拉回来的时候不要太用力，而是在向前压下去的时候用力，这样才能利落地把食物切开。此外，当叉起食物食用的时候，要让叉子的背面向上。

3.用餐完毕后需要注意的事项

西餐和中餐的上菜方式不同，菜是一个一个地上。家长应告诉孩子，当吃完一道菜后，把刀叉并拢并且让刀锋朝向自己，叉背朝下，以 4~10 点的方向并排斜放到盘子上，这时候服务员会收掉盘子。

4.喝饮料时需要注意的事项

食用西餐时喝饮料也颇有讲究。在喝之前，先用餐巾擦一下嘴巴，然后再喝，不能在嘴里塞满食物的同时喝饮料。

方法7：
教会孩子有礼貌地接听电话

【关键词】 不急不慌　温和　和谐

【要点提示】 如果你也希望自己的孩子能够像尚雨洁这样客客气气地接电话，那么就在日常生活中多给他一些指导吧。

【范例】

周五放学后回到家，尚雨洁坐在自己的小书桌前正准备写作业，忽然电话铃响了起来，而爸爸妈妈都还没下班，他就跑到客厅接了起来："喂，您好！"刚说到这里，尚雨洁就听对方慌忙地说道："尚雨洁，今天老师留的作业我给记在一张纸上，那张纸让我给弄丢了，你快告诉我是什么作业吧，要不等我妈回来就完蛋了。"

尚雨洁答应了一声，说："你别着急，请稍微等一会儿，我拿记录的作业内容来告诉你。"接着，尚雨洁忙回到自己的书桌前翻开自己记录的作业内容，然后又拿起听筒一项一项地告诉同学。

把作业内容说完后，尚雨洁刚想礼貌地说声"再见"，可已经传来"嘟嘟"的声音，对方已经挂断了。尚雨洁摇摇头，笑了笑，然后重新回到书桌前写作业。

写了将近一个小时，尚雨洁把作业都做完了。这时候，客厅里的电话又响了起来，他急忙跑过去接起来，原来这个电话是多日不见的爷爷打过来的。尚雨洁都已经快半年没见到在另一个城市的爷爷了，不过他知道爷爷年纪大了，耳朵不太好使，所以他就特意提高一点儿音量，并放慢语速，耐心地和爷爷说起话来。尚雨洁先是问爷爷奶奶身体好，然后汇报了一下自己的学习情况，最后又跟爷爷说转达他对姑姑和叔叔们的问候。直到爷爷把电话挂断，尚雨洁才轻轻地放下听筒。

【技巧】

看得出，事例中的尚雨洁是个非常懂礼貌的孩子，在接听电话的时候不急不慌、说话礼貌、态度温和，而且还很为对方考虑，这样的孩子哪个人能不喜欢呢！

随着时代的发展和科技的进步，电话早已走进了千家万户，成为人们交流的重要工具，但是我们会发现，有的人在和对方通话时语气温和、语言文明、态度热忱，而有的人则在接听电话时态度冷淡、言辞粗鲁。想想看，如果让我们选择通电话的对象，会选择哪一种呢？

很显然，后者不会在我们的选择之列，如果真的不幸遭遇了这样的人，那么我们只能自认倒霉，或者生一肚子闷气了。

大人尚且如此，更不用说尚未长大的孩子，他们在和别人通电话的时候也会有不同的表现，有的孩子客客气气，有的孩子毛毛躁躁。

我们都希望自己的孩子成为一个懂礼仪的小绅士、小淑女，那么就接听电话而言，就得让他们学会用温和的态度、和蔼的语调、文明的语言来与对方交流。

如果你也希望自己的孩子能够像尚雨洁这样客客气气地接电话，那么就在日常生活中多给他一些指导吧。

1.告诉孩子接电话的几点注意事项

①在电话铃声响过两声之后再接听，拿起听筒来之后要微笑地说一声"喂，您好！"这时候，对方通常会讲话。不要以为不是面对面地交流是看不到表情的，但是是否微笑会通过语气表现出来，让对方的感受有所不同，所以，即使通电话，我们也要提醒孩子面带微笑，就像和对方面谈一样。

②和对方通话的时候，要注意语速不要太快，也不要太慢，声音要洪亮，吐字要清晰。当对方说话的时候，自己要认真地听，同时多注意用礼貌用词，比如"请问"、"请等一下"，等等。

③接电话时能够做到有问有答，回答问题时要大方，不应长时间不回应对方的问题，也不应在不知如何回答时把电话一扔跑到别处去。

④在将要结束通话的时候要说一声"再见"，然后再挂电话，切忌只顾自己讲完就把电话挂掉。

2.接听电话要适可而止

电话毕竟是一种通信工具，是用来解决一些问题的，而不应该用它无休止地聊天。另外，不要在太早和太晚的时候打电话，而这时候接电话也要注意只说最紧要的，以免耽误彼此的时间或者影响家人的休息。

方法 8：
鼓励孩子打祝福电话

【关键词】 祝福 温和 和谐

【要点提示】 让孩子学着给亲人打电话送祝福，可以让他体会到亲人之间的关怀和呵护是如此的温暖和可贵。

【范例】

在这方面，思思就做得不错，她在妈妈的教导下懂得怎样通过电话给长辈、同学、朋友们拜年。我们一起来看看思思是怎么做的吧。

6月的一个周末，正在外地出差的爸爸接到了女儿的电话。女儿的第一句话就是："爸爸，父亲节快乐！"爸爸听了，别提有多开心了，对女儿表示了感谢，并说了一些嘱咐孩子的话。挂断电话后的思思爸心里藏不住欢喜，不禁和身边的好友分享，大家也纷纷夸赞他有个懂事的宝贝女儿。

再比如，住在老家的奶奶过生日，思思因为期末考试没能回去，但她没有忘记通过电话送去自己对奶奶的祝福。电话里，思思笑着对奶奶说："奶奶，今天是您的70大寿，祝您生日快乐，健康长寿！"奶奶听了顿时心花怒放，真为有这样一个会说话的好孙女而感到开心和幸福。

【技巧】

看完思思的事例，想必每个家长朋友都会称赞她是个懂事的好孩子。

现在的孩子大多是独生子女，又生活在城市的"钢筋森林"里，很少懂得与长辈进行浓厚的亲情沟通。久而久之，他在与人交往中会逐渐变得冷漠、自私。让孩子学着给亲人打电话送祝福，可以让他体会到亲人之间的关怀和呵护是如此的温暖和可贵。

俗话说："好言一句三冬暖，恶语伤人六月寒。"这个意思不仅适用于任何人面对面的谈话，也适用于通电话双方的交流，特别是逢年过节的时候，一句祝福的话能让听者心情愉悦、倍感幸福，可是一句难听的话会让对方情绪暗淡、心怀悲伤。

那么，怎么让我们的孩子做一个电话线另一端的"快乐使者"呢？其实说来也不难，只要让他学会一些打电话的祝福用语就行了。

当然，祝福的电话同样需要打给同学、伙伴，等等，只要把话说得真诚、漂亮，每一个接到祝福的人都会因此而开心不已，也会对孩子的表现大加赞赏。这样的孩子，不受周围人的欢迎和尊重才怪呢。

1.打电话需要注意的几点事项

①打电话的时间要合适。

我们知道，销售人员打电话都非常注意时间的安排，我们的孩子给亲戚朋友打祝福电话同样也要考虑时间是否合适。白天一般在上午8点以后，节假日在上午9点以后，晚上就在21点以前。除非特殊情况，一般不要在中午休息和就餐时间打电话，这表示尊重对方的生活习惯和家人。

②打电话时首先报上自己的名字，并说明要找的人。

③不打恶作剧电话，不打骚扰电话。

2.告诉孩子打电话时的称呼要恰当

当遇到熟人，我们让孩子问候对方的时候，都会先告诉孩子这是"张阿姨"或者"孙叔叔"等，孩子知道了怎么称呼对方，问候起来也就容易了。打电话同样需要这样的问候，因此需要父母们事先告诉孩子对将要和自己通电话的长辈怎么称呼。如果还存有顾虑，可以事先让孩子"演练"几次，等孩子熟悉了这些称谓，打起电话来也就流畅多了。

3.鼓励孩子为亲人朋友打祝福电话

很多孩子对于自己的长辈可能并不是很熟悉，所以打电话问候的时候也会流露出腼腆、难为情的样子，这时候需要父母多给孩子一些鼓励，同时也不要担心孩子会说得语无伦次，只要他敢于说，那么就跨出了重要的一步。

方法 9：
真诚接待来客

【关键词】 推己及人 尊重 礼貌待人

【要点提示】 不管是家长的朋友、同事，还是自己的小伙伴，只要来到家中的，都应该礼貌地对待，而千万不能像事例中的壮壮那样不懂礼貌，让家长难堪。

【范例】

"五一"劳动节放假的时候，杨先生邀请了自己的几个同事来家里打牌。由于房间较小，客人们只能在客厅里打牌。可是，这下让儿子壮壮不开心了，因为他还要看自己喜欢的动画片《超兽武装》呢。

在客人们到来前，爸爸就做壮壮的思想工作，希望他能够让出客厅，先到卧室或者小区里玩一会儿，等叔叔们打牌结束后再来看动画片，壮壮勉为其难地答应了，爸爸很是欣慰。

可是，当客人们到来后，爸爸热情地邀请他们进屋，而壮壮却坐在沙发上一动不动。叔叔们热情地和他打着招呼，可他就像没听到似的。爸爸看在眼里，非常气愤，就狠狠地瞪了壮壮一眼，并命令他去卧室里玩。

这下可不得了，壮壮哇哇大哭起来，边哭还边嚷："爸爸坏蛋，爸爸坏蛋，凭什么你在客厅打牌，不让我看动画片？我就要看，就要看！"见儿子这样的反应，爸爸的脸上非常挂不住，情急之下，他夺过壮壮手里的遥控器就朝地上摔去。

同事们一看这情景，忙说改天再玩，大家不无沮丧地离开了。

【技巧】

事例中的壮壮做得实在不好，他没有遵守和爸爸的约定，更没有在客人到来的时候热情地打招呼，这样的孩子是很难让周围的人喜欢的。尽管壮壮爸也不应该对儿子大发雷霆，但是面对这样的情况，还真能考验家长的耐力，恐怕很难有父母能"淡定"吧。

"我的热情好像一把火……"这首脍炙人口的歌，唱出了热情的"温度"——像火一般。其实，当一个人以客人的身份被招待的时候，无不希望对方有饱满的热情。不妨想想看，当我们去别人家做客，主人流露出的是一张冷若冰霜的脸或者不周到的照顾时，我们的心里会做何感想？这样的主人在我们心里会留下什么印象？

俗话说："来的都是客。"不管是家长的朋友、同事，还是自己的小伙伴，只要来到家中的，都应该礼貌地对待，而千万不能像事例中的壮壮那样不懂礼貌，让家长难堪。

推己及人，换作我们是主人的时候，前来做客的客人同样希望我们能够用热切的笑脸、周到的招待来对待他们，这样对方会觉得我们重视他、尊重他，从而更愿意和我们打交道。

因此，为了我们的孩子能够成为一个受人尊敬和喜爱的人，作为家长，有必要提早教会孩子用火一般的热情来迎接和招待前来的客人，这不但体现出他的礼仪修养，而且还会积攒更高的人气，让更多的人喜欢自己。

1.让孩子热情迎接前来的客人

客人到来后，我们要面带微笑问候客人，然后请客人进屋落座，同时注意把客人的衣服、换下来的鞋子等放好。如果客人来时，家里还有别的客人，那么要彼此进行介绍。

2.教孩子懂得礼貌待人

招待客人的时候，我们要主动为客人敬茶、递水等。同时，倒茶水时要把握好量，不应太满，俗话说"深酒浅茶"，就是这个道理。对待客人，要时时处处为对方着想，不可三心二意，更不能冷落客人，即使是无意也不行。和客人聊天的时候，要全神贯注，不要东张西望，不要翻看书籍或者报纸，也不要轻易打断对方谈话。假如客人到来的时候正赶上自己吃饭，应主动询问客人是否吃过，如果没吃，应邀请客人一起用餐；这时候，要先安排客人坐下，看电视或者读报纸，待自己吃完饭马上接待客人。

3.家长不在家时，"小鬼"来当家

有时候客人的到访很偶然，而爸爸妈妈又恰巧没在家，这时候作为小主人，应该礼貌地向客人问候，并邀请至室内落座，然后为其倒茶水。如果家长很快就会回来，可以告诉前来的客人稍等一会儿；如果家长一时回不来或者客人急着要走，那么则应该询问客人有什么事需要自己向父母转告。当然，在此需要注意的是，当父母不在家，突然有客人到访，一定要先确定是熟悉的并且是关系友好的人，才为其开门，以防有坏人上门偷盗或者做其他不法之事。

方法 10：
让孩子做个知礼的小拜访者

【关键词】 彬彬有礼　文雅大方　相邀

【要点提示】 想让孩子成为一个彬彬有礼、文雅大方的人，拜访的礼仪可是不可或缺的教育内容。

【范例】

妍妍特别喜欢去姑姑家做客，几乎每个月都要去一次。姑姑与姑父也都很喜欢这个乖巧可爱的侄女，每次妍妍过来，他们都会带着她出去吃好吃的，或者玩好玩的，甚至有时候就陪着她聊天。12岁的妍妍和爸爸妈妈没太多话，可是和姑姑姑父却总有说不完的话。

然而，前不久的暑假里，姑父的妈妈生病了，住进了医院，需要动手术，妍妍妈知道这一情况后，便告诉妍妍暂时别去姑姑家玩了，妍妍点点头说："我也是这么想的，我现在去姑姑家，会给他们添麻烦的。"妈妈欣慰地点点头。不过，妍妍似乎想起了什么，接着说道："不行，我还得去。"妈妈很惊讶，便问为什么？妍妍回答说："姑姑姑父照顾奶奶，肯定没时间做饭。妈妈你不要忘了，我可是从8岁多就开始会做饭了，我要去给他们做饭。"

出于对女儿的信任，妍妍妈答应下来，然后和姑姑沟通了一下，姑姑也正求之不得呢，便爽快地答应了。

正是因为妍妍的到来并及时为他们做好了饭菜，让疲惫了一天的姑姑姑父及时地吃上了家里的热饭，恢复了体力。

【技巧】

看得出，事例中的妍妍的确是个善解人意的好孩子。或许也正是因为这一点，才让姑姑姑父如此喜欢她、信任她。而妍妍的所作所为应该和妈妈的教导也是分不开的。

作为人际交往中最基本和最常规的形式，拜访是人与人之间获得沟通十分重要的方式，然而拜访有时也并不是件容易的事情，在进入别人家的时候，有很多需要注意的内容，古人就曾提到，将要进门的时候，不能不经允许就随便闯入，要问清是否有人在家，进入主人的厅堂时，一定要让主人知道有人来，同时报上自己的准确姓名。

如今，有很多孩子对拜访别人没有概念，去同学家玩的时候，常常会不经大人允许就私自闯入家中，不小心就会碰到尴尬场面，这不仅显得很不礼貌，还会让别人感觉孩子的家教不严谨，因此，父母一定要尽早教给孩子拜访的礼仪，才能避免在拜访过程中出现疏漏，从而让孩子成为一个善解人意的拜访者。

现实中很多父母，他们总觉得，孩子出去拜访，有些事情到时候再交代也不晚，因此对拜访礼仪的培养不太重视，其实想让孩子成为一个彬彬有礼、文雅大方的人，拜访的礼仪可是不可或缺的教育内容。

1.让孩子知道拜访中的相邀礼仪

无论是因公还是因私，去别人家拜访都要事先和被访者进行电话联系，提前沟通，让别人做好准备，这主要包括四点：第一，告诉对方自己是谁，第二，询问被访者何时方便，第三，提出拜访的理由，第四，在对方同意的情况下定下具体时间和地点。

在相邀礼仪当中，需要注意拜访别人并非强迫他人接待，而应在别人自愿和统一的情况下进行，同时避开吃饭和休息，特别是午睡时间，并向对方表示感谢。

2.要孩子懂得拜访中的举止礼仪

①要遵守时间，约定的是几点，一定要在约定的时间里到达，有特殊情况要提前告知主人。

②讲究敲门的艺术。带孩子去别人家做客，要教孩子按响门铃或敲门后耐心等待。如果是敲门，要用食指力度适中地敲击三下，等待回音，如无回应，可稍加力度，再敲三下，有人开门则隐立于右门框边，等门开的时候再向前迈步，和主人握手。

③进门后引导孩子主动将鞋子摆放整齐，主人不让座，不要让孩子随便坐下，假如主人是长辈，则必须等其落座后才能坐下，同时称"谢谢"。若主人给孩子糖果，要让孩子说感谢的话，并双手接过，即使是去很熟悉的朋友家，也要让孩子随时注意，以培养良好的习惯。

④和主人谈话时，语言要客气，不要太过随便，同时交代孩子不能随便乱动别人东西，如果想玩玩具或看书，一定要经过主人允许，玩耍时不要打扰大人谈话，玩过后要将东西放回原位。

⑤谈话时间不要过长，告辞时要向主人表示感谢和打扰，出门后说："请留步"，并告别。

3.其他需要注意的事项

①做客拜访应选择对方方便的时间，一般为假日的下午或平时晚饭之后，同时尽早通知，以免扑空或打乱对方的日程安排。约定时间后，不要轻易失约或迟到，假如确有特殊情况，则一定设法通知对方，并表示歉意，以免耽误别

人时间。

②拜访时要先按门铃或轻轻敲门，避免敲门声太重太急，或不停按压门铃，即使主人家的门是敞开的，不经允许也不能进入，必须要得到主人首肯才能进门。

③进门后，要将随身携带的外套等物品放在主人指定的位置，对室内其他人，无论是否认识都要主动打招呼，并教孩子如何称呼。

④告别的时候要提醒孩子对主人的招待表示感谢，并热情地说："再见"，邀请主人到自己家做客。

方法 11：
尊重：对待他人的最基本礼仪

【关键词】精神品质　自尊心　自我

【要点提示】只有让孩子懂得尊重别人，才可能去跟别人交往，从而建立良好的人际关系，他人也会因此而更加尊重自己。

【范例】

一位名叫拉凡·斯蒂恩的美国男孩讲过这样一个故事：他从父亲对一个贫苦孩子的尊重中懂得了如何做人。故事是这样的：爸爸开了一家小商店，主要经营五金家具产品。

圣诞节前的晚上，正当我们在店里的时候，一个五六岁的男孩走了进来，他身上穿着一件棕褐色的旧衣服，袖口又脏又破，他的头发也乱七八糟的，还有一绺头发立在前额。

在我的印象中，他当时脚上穿的那双鞋子已经磨损得非常厉害了，有一只鞋子的鞋带还是断了的。

在我看来，这是一个非常贫苦的小男孩，穷到买不起任何东西的程度。他进来后，走到玩具柜台前左瞧右看，时不时拿起一件玩具看一下，然后又小心翼翼地把它们放回到原来的位置。

这时候，爸爸走到他的身边，看着他那微笑的眼睛以及脸蛋上两个漂亮的酒窝，温和地问他想买什么东西。

只见小男孩回答说，他想为他的兄弟买一件圣诞节礼物。爸爸对待他的态度和接待成年人没什么两样，他告诉他随便看，尽管挑，而小男孩听了后，也确实这样做了。

挑了大概20分钟，小男孩小心翼翼地拿起一架玩具飞机，走到我爸爸面前说："先生，这个多少钱？"

我爸爸没有直接回答他，而是问他："你有多少钱呢？"

这时候，只见小男孩握着的拳头松开了。他伸开手掌后，我看到里面有两枚一角的硬币、一枚五分镍币和两便士，折合一下总共是27美分，而他看中的那款玩具飞机的价格是3.98美元。

只听爸爸对他说："你的钱正好够。"说着，接过了他手中的钱。

多少年过去了，当时爸爸回答那个小男孩的话至今还回响在我的耳畔。

我永远记得，在小男孩走出商店的时候，我没有再去注意他身上脏旧的衣服和他那一头乱蓬蓬的头发，还有那只断了的鞋带，我看到的只是一个抱着宝贝一般的容光焕发的男孩。

也正是这件事，让我懂得了要想帮助一个弱者成功，不要去施舍，而是给他尊重，帮他获得自信。

【技巧】

看完这个故事，想必家长朋友会为其中的这位爸爸而感叹，他能够用如此特别的方式给予一个小男孩尊重。同时，也为他自己的儿子上了生动的一课。

对每个人来说，尊重是最基本，也是最崇高的精神层面的需求。美国哲学家约翰·杜威说："人类本质里最深远的驱策力就是希望具有重要性。每一个人来到世界上都有被尊重、被关怀、被肯定的渴望，当你满足了他的要求后，他就会对你尊重的那一个方面焕发出巨大的热情，成为你的好朋友。"

可是看看现在的孩子们，他们中间有很多人根本不懂得尊重他人，总是以自我为中心，而不懂得去关注周围的伙伴，甚至有时候还发生不尊重他人的行为，比如给别人起外号、看到别人出丑就嘲笑，或者看到别人倒霉就幸灾乐祸。

虽说有些时候孩子这样做是由于好奇心作怪，想开个玩笑，或者只是想看看热闹，但是不管怎样，孩子的这些做法都已经伤害到了别人。假如孩子还比较小，自己又无法察觉到，再没有家长的及时指导的话，那么孩子就很可能没有是非分辨能力，不能纠正自己的种种行为，因而也就不会尊重别人。相反，只有家长及时引导和培养，才会让孩子的错误行为尽快消失，而让正确的行为取而代之。

事实上，尊重别人是每个人的人生中必备的精神品质，难怪有人说："尊重生命、尊重他人也就是在尊重自己的生命，是生命进程中的伴随物，也是心理健康的一个条件。"

换句话说，只有让孩子懂得尊重别人，才可能去跟别人交往，从而建立良好的人际关系，他人也会因此而更加尊重自己。

1.家长要做到尊重和理解孩子

"如果不先行理解，一味蛮做，更大碍于孩子发达。"这是鲁迅先生关于尊重在教育孩子中的重要性的观点。从这句话中我们可以解读出：要教育好孩子，首先要尊重和理解孩子。

因此，家长们要认识到，要想培养孩子尊重别人的品质，那么我们首先要尊重孩子，呵护孩子的自尊心。

2.帮助孩子建立起同情别人的态度

当看到别人身上发生的某些情况后，我们可以引导孩子想象一下假如这种情况发生在自己身上，自己会有何感受？这样，孩子就会设身处地地体会到不受别人尊重的感受，从而学会尊重他人。

3.让孩子体会不尊重人的后果

当发现孩子有不尊重他人的情况时，家长可采取一定的措施，让他尝到不尊重人的后果。比如，制止孩子玩正在进行中的游戏，或者让他把已经放入购物车中的冰激凌放回超市里的冰柜。需要注意的是，千万不要当着别人的面指责孩子的行为，那样就会变成你不尊重孩子了。

方法 12：
让孩子体验助人为乐的快乐

【关键词】助人为乐　价值观　爱心

【要点提示】孩子的天性是善良的，父母不要抹杀孩子的这份善良，而应时刻注意培养孩子助人为乐的心态，使他们享受助人为乐的乐趣。

【范例】

有一位英国妈妈有两个孩子，一个 12 岁，另一个 7 岁。为了培养孩子的爱心，教他们懂得和不幸的人分享幸福，这位妈妈在厨房里放了一个大篮子来提醒孩子们，要他们在里面放满容易保存的各种食物，然后捐献给镇上的紧急救助中心。

每次她和孩子们去购物，都会额外买些东西放进篮子里，等整个篮子装得盛不下的时候，她就会带着孩子们把这一篮子的食物送到紧急救助中心，然后再重新开始为篮子添食物。

每个月月初，7 岁的儿子都会从老师那里拿回要求买的书的清单，上面列举的书目大多比较便宜，所以他们除了购买单子上的书籍外，还会多买几本书捐给慈善机构。

每当挑选要买的书籍的时候，孩子们非常兴奋，因为他们知道，会有一些和他们同样大的孩子因为得到这些书而感到快乐。为此，他们也很开心，因为他们认为自己这样做，可以帮助那些不像他们这么幸运的家庭中的孩子们。

【技巧】

通过这个故事我们可以感受到，一个孩子具备怎样的品格和习惯，是与父母及家庭的影响息息相关的。可以说，父母所给予的教育在很大程度上决定了孩子的心态，假如父母能够经常教导孩子与人为善、助人为乐，那么这不仅是人生价值的体现，还是生命价值的升华。

古人说"赠人玫瑰，手留余香"，也就是帮助别人能让自己也有所得，但是我们的孩子尚且不懂得这样的道理，要想让他们体会到这点，就只能靠家长多给予一些引导和培养了。

那么，为什么帮助别人能让自己快乐呢？这是因为当我们帮助别人之后，会发现自己的生存价值，让自己产生一种成功的体验，觉得自己还真是不简单呢！

作为父母，我们要想让孩子懂得关爱别人、帮助别人，那么就要注重对孩子爱心的培养。

我们要知道，人与人之间爱的本质就是相互依存，也就是说，每个人的生活都是通过与他人的相互交往而构成的。乐于助人，就是要我们的孩子能够理解他人的处境、情感和需要，并尽己所能地去支持别人、关心和帮助别人。

俗话说得好，人之初，性本善。也就是说，孩子的天性是善良的，父母不要抹杀孩子的这份善良，而应时刻注意培养孩子助人为乐的心态，使他们享受助人为乐的乐趣。

1.帮助孩子树立助人为乐的价值观

在陪伴孩子成长的过程中，家长可以通过一些小事来培养孩子懂得去体贴别人。例如，家人休息的时候，孩子不要出声制造噪声；在厨房忙碌的妈妈需要用毛巾擦一下汗的时候，孩子赶紧拿一块递给妈妈或者帮助妈妈擦掉汗珠。

当孩子再大一些的时候，我们可以让孩子的爱心从家庭内部扩展到家庭外部。比如，乘坐公共交通工具，要让孩子把座位让给老人和比自己更小的孩子；邻居老爷爷、老奶奶需要人帮忙，到小店铺跑一趟买点东西，叫自己的孩子主动帮忙去跑一趟，等等。通过这样一些做法，孩子自然而然地丰富了感情，也认识到了自身的价值。

2.让孩子相信自己有帮助他人的能力

我们会注意到，有些孩子在发现别的小伙伴遇到困难时，会表现出冷漠或者迟疑的样子。之所以如此，是因为他们原本希望自己提供帮助，可是由于缺乏自信心，从而不敢确定自己能不能对别人起到作用。

因此，在平时生活中，家长有必要引导孩子相信自己具备帮助他人的能力。为了实现这一点，我们可以从小事做起，比如让孩子帮小他 3 岁的邻居小朋友捡回落到草坪里的气球。另外，平时父母还要对孩子的良好行为及时给予表扬，让他感觉自己有能力，可以帮助别人，这样便会激发他助人的行为动机。

第二章
用最好的方法给孩子最棒的习惯教育

CHAPTER 02

对于孩子的教育，

教育家叶圣陶先生的话非常精辟："什么是教育？

简单一句话，就是要养成良好习惯。"

好习惯的培养，从来都不是小事，

好的习惯让孩子受益一生。

因此，父母要重视对孩子习惯的培养，

让他拥有一些好习惯，收获幸福美好的人生。

方法1：
放开你的手，让孩子自己走

【关键词】自强 独立思考 解决问题

【要点提示】孩子的成长是一个过程，家长不要太在意阶段性的结果，试着让孩子从实践当中获取经验，当形成一种习惯之后，孩子就会依靠经验解决问题，这样对孩子的成长更加有利。

【范例】

以盈不到6岁就上了小学，算是提前入学了。由于爸爸妈妈工作忙碌，又加之去的这所民办学校离家较远，所以选择了住读。

一个年仅5岁多的小孩子能够离开父母，独自面对新的学习和生活环境，以盈家的很多亲戚朋友表示不解。他们觉得可以通过更好的方式来解决这个问题，比如找个保姆接送孩子，或者以盈妈妈辞去工作等等，因为孩子毕竟太小了，这样做有点太"残酷"。

但是，以盈的父母却不这么认为。他们认为，孩子出生以来这5年多的时间，在生活的点点滴滴中，已经培养了以盈很强的独立性。平时，他们经常带着孩子参加一些活动，孩子都表现得很好；以盈也能够独自完成生活中一些小事。所以，他们在孩子没有闪失的情况下做出了这样的选择。

几个月之后亲友们聚餐时，大家得知了以盈在住读期间的各项表现后，不由得竖起了大拇指。他们没想到以盈居然真的如她爸爸妈妈当初所认为的那样，各方面表现良好。以盈的大姨不由得感叹："看来年龄不是最重要的，独立性才是最重要的啊！"

【技巧】

随着父母教育理念的不断提升，孩子培养的独立性问题，成了大多数家长充分认识并密切关注的问题。可当作用于具体生活中的时候，我们往往又忽略了本来的原则。

殊不知家长过度地关怀是给孩子挖了一个"温柔的陷阱"。因为如果过度呵护孩子，那么孩子就必然会失去独立做事的机会。这样就会导致孩子生活自理能力差、依赖性强、意志薄弱。

这样的孩子怎么能适应竞争激烈的现代社会呢？他们将来面对的可是社会变化加剧、科技迅猛发展的时代，这样的时代需要的是具备独立思考、判断和解决问题能力的人。但是，孩子如果有了依赖的习惯，他就不再具备时代所需的能力了，这样他将难以生存与发展。

从以盈的例子就能看出实际上孩子的潜力是无限的，他们的进步往往能够超过家长的预期，家长不要过于小心谨慎，孩子的成长是很快的。如果家长总是放不开手脚，那么孩子无法实现真正的独立。因此，要想培养孩子学会独立自强，那么家长放开双手才是先决条件。

其实放开双手并没有想象中那样难，父母可以从以下几方面入手。

1.给孩子充分的信任

很多时候父母不让孩子独自做一些事，家长之所以这样做是怕孩子做不好，也就是对孩子不信任。所以家长们首先要做的就是信任自己的孩子，相信他能把事情做好。给孩子信任比给孩子惩罚更能激发他的责任心和自信心。即便孩子真的做得不好甚至做错了，父母也不必埋怨，只需帮助孩子分析原因并给予指导。

2.尊重孩子的选择权

因为经验丰富，父母们往往认为孩子依照父母自己的想法去做会得到更好的结果。因此他们会帮助孩子去选择，甚至命令孩子按照自己的安排来进行。这样做实际上是剥夺了孩子自己选择、自己作决定的机会。事实上，孩子从自己错误的选择中所学到的东西要比从父母正确的指导中学到的还要多。

实践出真知。孩子的成长是一个过程，家长不要太在意阶段性的结果，试着让孩子从实践当中获取经验，当形成一种习惯之后，孩子就会依靠经验解决问题，这样对孩子的成长更加有利。

3.培养孩子"自己想办法"的习惯

很多家长都看不得自己的孩子着急上火，每当孩子遇到问题的时候，家长都会在第一时间施以援手。从长远来看，家长的这种做法是害了孩子。

小新虽然是个男孩子，但是比女孩子还娇气，遇到事情只会哭，因为这样他也时常被同学笑话。其实小新并不是天生的爱哭鬼，他之所以变成这样是因为有疼他、宠他过度的家人。小新的父母习惯性地帮儿子打点好一切，时间长了让小新有了极强的依赖感，每当父母不在身边、而他又遇到挫折的时候，除了无助地哭之外他什么都不会。

如果父母总是帮孩子面面俱到地做这、做那，那么孩子就会形成依赖的习惯。遇到本来自己可以解决的问题，他也懒得去解决，甚至没有解决的意识，而是将其推给父母。这样做非常不利于孩子独立性的培养。正确的做法是，无论孩子面对何种问题，我们都应鼓励孩子"自己想办法"，而不是什么事情都想帮助孩子完成。如果问题对于孩子而言过于棘手，那么父母应该采用引导式的教育方法，给予少量的提示，让孩子自己探索出答案。

一旦这种情况多了，孩子就会形成遇到问题自己想办法的习惯，独立性也就随之增强了。

 ## 方法 2:
对孩子进行"信用"教育

【关键词】 诚实守信　品质　立足

【要点提示】 家长应该要培养孩子守信用的品质，像事例当中的妈妈那样教育孩子的话，那么迟早孩子会变得自私，认知出现偏差，认为信用是可有可无的东西。

【范例】

客厅里，妈妈正在训斥 7 岁的儿子，时钟已经指向了晚上 11 点，儿子竟然还不睡觉，拿着剪刀和胶水做飞机模型。妈妈劝孩子赶紧睡觉，儿子却说："不行，我答应冲冲明天带给他！一定要做完！"

"明天再做也一样，快去睡觉！"

"不行！"

母子的争吵惊动了书房的父亲，他问明原委：原来，孩子答应帮邻居家的冲冲做手工作业，明天一早就要把这个飞机模型交给老师。

"那你更不应该帮他做，自己的事应该自己完成，马上去睡觉。"妈妈说。

"让他做吧。"父亲说，"答应别人的事一定要做到。不过下一次，你不能再帮别人做作业，要让他自己完成，知道吗？"

儿子点头答应，又做了一个小时才把模型完成。妈妈心疼睡眼惺忪的儿子，父亲却说："咱们家孩子这么小就知道守信用，这是一件值得鼓励的事！"

【技巧】

诚实守信是一个人非常重要的品质，一个没有信用的人很难在社会上立足，无论做什么都没有人愿意相信，因为不守信用就像是一张口头支票，是一种变相的欺骗，自然没有人愿意和骗子打交道。将心比心，守信不分大事小事，如果在一件小事上失去了信用，那么就失去了坚守的原则。

对于小孩子来说，信用这个词可能不好理解，但是他明白什么叫作说到做到。有的孩子或许很难遵守自己的诺言，这个时候家长就要帮助孩子了，对孩子进行一番"信用教育"。让孩子认识责任和信用是什么，从而让孩子学会守信。

1.父母要先说到做到

对于成长当中的孩子们来说，学以致用是最常见的，因此，家长的一言一行都会影响到孩子。所以，家长在孩子面前要守信，孩子才能学会守信。

茜茜马上就要期中考试了，她上次考得不够理想，茜茜妈为了女儿能够获得好成绩，跟女儿承诺，如果这次考试能够排进前十名，妈妈就带她去一直想去的海洋馆。为了达成目标，茜茜非常努力。然而在考试过后她妈妈一直以工作忙为由，迟迟不履行诺言。到了期末考试之后，茜茜的成绩有所下降，妈妈质问茜茜怎么成绩保持不住，茜茜回答说："你说话不算话都没什么，我一次没考好怎么了。"

在与孩子的交流中，父母最忌讳的是言而无信。答应孩子周末去公园，但到了时间却又找各种借口推辞；许诺孩子给他买玩具，但到了商场却只字不提……面对这样的父母，孩子会作何感想？相信他一定不会再信任父母，一定会用同样的方法来对待父母。所以，言而有信是成为一个成功父母的根本，也是教育孩子讲信用的基本前提。

2.谁的责任谁承担

不守信用其实就是一种撒谎行为，开始如果没有及时制止，那么它就会成为一种习惯。孩子不讲信用是如何发展到习惯的呢？不得不说，有一部分原因来源于家长的纵容。

孩子的责任意识还不够，而家长又习惯于给孩子收尾，什么事情做不好家长都来担责任，孩子意识不到自己的行为有什么不对，自然就会越来越散漫，不将承诺当作一回事了。

举例来说，孩子因为虚荣心向朋友吹牛或是承诺什么又无法实现的时候，家长不要帮孩子圆谎，他自己做的事就应该要自己去承担责任。在孩子受到现实的教训后，家长应适时点拨，让孩子明白责任和信用的重要性。

3.培养孩子的时间观念

没有规矩不成方圆，有时孩子不讲信用就是因为缺乏相应的规矩，给孩子一个自由的范围，他通常都不会逾越，最起码的就是时间观念的培养。

对于孩子而言，遵守承诺并不是一件简单的事情，因此应该从小事做起，比如在孩子做事之前给孩子设定一个时限，和孩子约定到了时间一定要完成；或者当孩子和朋友约定玩的时间的时候，要告诉孩子遵守时间；平时规定孩子起床和睡觉的时间，不要轻易改变，也不要有例外。时间久了，孩子自然会养成守时的好习惯，有了原则，守信也就不难做到了。

方法 3：
让孩子做时间的主人

【关键词】拖沓　珍惜　合理利用

【要点提示】家长需要教导孩子，当孩子学会如何把握时间之后，才算是真正有了时间观念，才会懂得珍惜时间、合理利用时间。

【范例】

雯雯都已经上小学三年级了，但是她从小养成的拖沓的坏习惯还是没有改变。每天在上学之前，雯雯都要和妈妈进行一场"内战"。妈妈催促她赶紧刷牙洗脸、换衣服和鞋子，雯雯则慢慢腾腾，注意力也经常转移到别处。妈妈就冲着雯雯大喊，雯雯要么气鼓鼓地不予理睬，要么和妈妈对抗。如果妈妈再严厉一点，雯雯就会很不情愿地表面上答应，而行动并没有跟上，依然是磨磨蹭蹭的。每一件事情都要进行这样一番"较量"，结果经常是雯雯上学迟到，雯雯妈上班迟到。对此，雯雯妈很无奈，她不知道怎样才能改变现在的状况。

【技巧】

几乎所有的家长都被孩子拖拉、磨蹭等行为习惯折磨着，很多家长都想要改变孩子的这个问题，但是就像雯雯妈那样，总是觉得无处入手。实际上，只要家长付出足够的耐心，培养孩子的时间观念，那么慢慢地孩子就会改掉拖沓的坏毛病。

事实上，有很多家长存在这样的误解，就是认为随着孩子的成长，他们的时间观念会逐渐增强。其实不然，只是知道时间的概念并不等于有了时间观念，怎样支配、掌握时间这方面，家长需要教导孩子，当孩子学会如何把握时间之后，才算是真正有了时间观念，才会懂得珍惜时间、合理利用时间。

每个人的生命都是由时间搭建起来的，没有多余的时间让人浪费，所以时间观念的培养最好趁早。孩子越早学会珍惜时间、懂得合理利用时间，他们的进步越大、越容易领先一步。每个家长都希望自己的孩子赢在起跑线上，那么就应该马上行动了。

1.让孩子正确地认识时间、提高效率

对于喜欢玩闹的孩子来说，他们根本就不懂什么是时间。在他们眼中，快乐的时光是短暂的。家长可以利用这点来教育孩子，让孩子知道做事情的时候时间在流逝，不管是玩还是学习，或者是做其他的事情。要对时间有一个客观而正确的认识，这也是教会孩子珍惜时间、合理利用时间的前提和基础。

李梦是一个容易走神的女孩子，无论是吃饭还是写作业，总是不专心，不知道她天天都在想些什么。对此，她妈妈说了她很多次，可就是没有效果。后来她妈妈发现，李梦学习的时候总看表，原来她等着磨蹭完学习的时间看动画片呢！知道了这点之后，李梦的妈妈给李梦定了个规矩，如果专心写作业，写完以后她的时间是自由的。这样一来，李梦写作业的时候专心了，效率也非常高。渐渐地她走神的毛病改了，也懂得珍惜时间了。

孩子通常都会觉得学习的时间很漫长，尤其是家长给他规定学习时间的时候。家长不妨从另一方面入手，规定任务量，而不是学习的时间，让孩子早完

成早休息，这样孩子自然就懂得抓紧时间。在这个过程当中，孩子会慢慢体会到专心的好处，也会加强对时间的关注。时间久了，珍惜时间就会成为孩子的习惯，他也会在这个过程当中逐渐学会合理利用时间。

2.至少让孩子误一次事

孩子不懂得珍惜时间有一部分原因在于父母，因为家长为孩子安排得非常好，孩子根本不需要自己动脑筋去安排，在他的心里一定会这样想：我慢一点也没关系，爸爸妈妈一定知道我磨蹭，会给我留出充足的时间来。如果时间快来不及，他们会提醒我。

家长应该打破常规，改掉孩子的这种惯性思维，不管他几次，让他自己承担误时的后果，这样第二次他就会牢牢记住，渐渐地他就会学习自己管理时间了。

3.你要先做个守时的父母

如果家长做事拖拖拉拉，孩子很难当机立断。因此，家长要先拿出一个干练的样子来，做一个表率。榜样的力量无穷大，在家长的影响之下，孩子无形当中就会意识到要珍惜时间，从而学会安排时间。

家长除了平时要懂得守时之外，也可以和孩子一起制订计划，共同安排时间，这样孩子就会通过实践学会安排时间，懂得怎样分配时间更合理。当孩子做事提前安排成为一种习惯之后，那么家长就不用担心孩子做事拖沓、没有时间观念了。

4.偶尔用点计时器

时间对于孩子来说有些抽象，他们不懂得时间的深意，家长可以适当地运用一些计时器让孩子意识到时间的存在。比如孩子做事的时候给孩子限定时间，然后用闹钟、沙漏等工具计时。这样孩子会感到紧迫，懂得珍惜时间了，而且在这个过程当中孩子也会逐渐正确地认识时间。

方法 4：
引导孩子学会直面批评

【关键词】 素质教育　最终目标

【要点提示】 孩子如果犯了错，那么家长就应该听听孩子犯错的原因，然后引导孩子从这次的错误中总结经验教训，以免以后犯同样的错误。

【范例】

今年萍萍升入了五年级，即将面临她人生当中的第一次大考。全家人如临大敌一般，萍萍更是铆足了劲儿要考市重点。孩子知道学习，而且很努力，这让萍萍父母感到很欣慰。但是他们渐渐发现女儿的思想压力有些太大了，情绪波动非常大，而且听不得反面意见。

比如，萍萍学习到很晚，萍萍的妈妈非常心疼，就让女儿停下来睡觉，就说了一句这样对身体不好，萍萍就不高兴了，反驳妈妈说："我又不是小孩子了，不要总是管我。再说了，你又不是我，不知道我的作业有多难，要我考好学校又不让我学到很晚，我怎么做你才满意啊？"

听着女儿跟自己顶嘴，这么不受教，妈妈也生气了，批评起女儿来："说你一句你反驳三句。我说错了吗？别人家的孩子怎么不用学那么晚？不说你自己笨。你自己想想，我和你爸爸平时说过你吗？怎么这么听不进意见啊！"

听到妈妈说自己笨，本来就生气的萍萍更恼怒了，她和妈妈你一言我一语地吵了起来，谁都不让步。最终还是萍萍的爸爸出面调解，母女俩都非常不高兴地去睡觉了。萍萍因为心里不舒服，一晚上都没睡好。

第二天，萍萍精神状态不佳地去学校了。上课时因为太困趴在桌子上睡觉，老师下课后批评她，她梗着个脖子不肯认错。老师叫家长，萍萍的态度反而更不好了。萍萍的新同学知道她这样后也不愿意和她在一起玩了，萍萍受到了孤立，但即使是这样，她也认为是同学的问题，而不是自己的错。

【技巧】

虽说现在实行素质教育，家庭当中也不推崇粗暴的棍棒教育了，但批评还是免不了的。毕竟只靠奖励是不行的，只有表扬和批评并存，才能更好地教育孩子。但是我们也知道批评有时会有一些负面影响，这也不难理解。就拿成人来说，大家也都喜欢表扬，而不希望受到批评，更何况是思想单纯的孩子们？

但是，孩子们做错事在所难免，在孩子犯错的时候也应该批评。很多家长应该都发现了，自己的孩子对待批评的时候很难保持平常心，或者是反驳，或者是不理睬，又或者是急忙认错，但是当问到孩子错在哪里的时候，孩子也不知道。这就说明孩子面对批评的时候态度不一定都是正确的，因为他们难以把控自己，更没有自控的习惯，自然会本能地作出反应。

说到底，家长之所以会批评孩子，是为了矫正孩子的错误，引导他走向正途，进步是家长们所期望的。如果孩子不能保持一个良好的态度，那批评也就失去了意义。家长应该怎么做呢？

1.教会孩子直面批评

面对批评，躲避是一种本能，但实际上躲避并不能解决问题。家长批评孩子就是为了能够让孩子受教，但如果孩子连面对错误都做不到，那批评也就失去了意义。

在孩子小的时候，家长就应该让孩子适当地接受一些批评，这对于孩子的成长是有好处的。如果平时不怎么批评孩子，那么在批评孩子的时候就要注意"度"的把控，在批评前先想一想，以孩子的性格怎样表达他才能够接受，这样才能让批评发挥效果。

孩子的倾听也是非常重要的，如果他没有听进去，那么说多少也是枉然。家长平时应该多和孩子沟通，让孩子把自己当朋友，当倾听成为孩子的一种习惯，那么在你批评他的时候首先就不用担心孩子马上火冒三丈地反驳，不能自制了。

当孩子能够认真听家长的意见之后，家长就要让孩子学会为自己的过错负责任，找到改正的方法，这样才能避免下次再犯同样的错误。

2.批评注意措辞和时机

有时孩子不能控制自己接受批评，是因为家长首先没有控制好自己的情绪。如果家长劈头盖脸就指责孩子，那么孩子即便知道自己错了，他也会本能地为自己找理由辩驳，这样批评就起到了反作用，因此，在批评孩子的时候一定要找好时机，注意方式。

家长在批评孩子之前，先要让自己平静下来，这样才能理智地和孩子交谈。在教育孩子的过程当中，要注意方式。孩子正处于一个敏感时期，家长不能伤害到孩子的自尊心，能够让孩子意识到自己的错误就行了。

父母端正了态度，控制了自己的情绪，孩子才能学会控制自己的情绪，端正自己的态度。当孩子习惯于控制自己的时候，在面对批评时自然能保持理智和平静了。

3.解决问题是关键

不管家长因为什么批评孩子，多数都是出于好意，为了孩子能够进步，也就是说，解决问题才是批评的最终目标。在管教孩子的时候，不能一味地说，道理孩子都明白。当孩子意识到自己的错误时，更多的是需要一个解决方法。所以，在家长批评孩子的时候，也要听听孩子的解释，之后才好找出解决办法。

小鹏是一个虚心受教的孩子，不管他的爸爸妈妈说什么，他都不会顶嘴。这并不是因为他胆小怯懦，而是因为他能虚心接受批评。之所以可以做到这点，是因为他家很民主。当父母觉得小鹏犯错误之后，在批评他的同时也会给他"上诉"的机会，然后来判断他是不是真的错了，要怎么解决问题。

孩子如果犯了错，那么家长就应该听听孩子犯错的原因，然后引导孩子从这次的错误中总结经验教训，以免以后犯同样的错误。

 ## 方法5：
让知识充盈孩子的大脑

【关键词】垫脚石 精神食粮 读书环境

【要点提示】有了动机，就有了开始，慢慢地阅读就会成为孩子的一种习惯，成为他人生的一种积累。

【范例】

孙琳的女儿凡凡从小就喜欢读书，现在上小学五年级的凡凡比同龄小朋友在阅读、写作以及语言表达方面的能力都要高出一些，而且凡凡身上体现出一种淡淡的书卷气。对此，孙琳说这可能和凡凡从小到大读了很多书有关。

孙琳透露，自己是这样来引导女儿凡凡的读书兴趣的：从 2 岁半开始，她几乎每天都坚持给凡凡念书。起初读的是一些优美的故事。每每听她读书，凡凡就会表现出安静而愉快的情绪。就这样，那一个个优美动听的童话故事陪伴着凡凡成长的每一天。正是在这种熏陶之下，凡凡的语言、写作等能力均得到了很大的进步。慢慢地，凡凡自己也感受到读书带来的乐趣了。

上小学后，孙琳开始逐步"放手"。开始孙琳还是坚持每天给女儿讲故事，但讲到一半时，就会找个借口让凡凡自己看完另一半故事，比如说："真不巧，妈妈有点儿工作还没做完，要不你自己先把结局看完吧。"

凡凡虽然不太乐意，可强烈的求知欲让她继续往下看，虽然还有很多字她并不认得，但没关系，有拼音帮忙，慢慢地，凡凡就养成了自己看书的习惯。

因为喜欢读书，逛书店就成了孙琳和女儿凡凡常做的一件事。孙琳说，只要书的内容是健康的，她一般不会限制女儿购买。她说只有阅读范围不断地扩大，才能汲取到更全面的知识。

于是，凡凡的书柜里，已经从原先的童话故事占绝大部分，到后来儿童小说、百科全书、儿童画报及杂志等分得了半壁江山。随着知识面的不断拓宽，凡凡的自信心也越发增强。如今，凡凡已经把读书作为自己生活的一部分了，在汲取知识的同时也享受着快乐。

【技巧】

也许父母们都会有这样的感触：上学时，即使爱读书的同学不学习，他们的语文成绩也会特别好；而不爱读书的同学尽管很刻苦学习，他们的语文成绩仍不会很突出。进入社会后我们也会惊奇地发现，身边那些有着知性气质的人，大多都有热爱读书、热爱学习的习惯。

现在的社会特别看重读写能力，它是我们成功接受教育和选择事业的垫脚石。如果孩子不喜欢读书，或者因为阅读能力差而灰心丧气，那么家长就应该想办法培养孩子读书的兴趣。

书是一个好东西。一个没有书籍、杂志、报纸的家庭就等于一所没有窗户的房屋。如果小孩子常常接触书本，那么他们就会对书籍产生浓厚的兴趣，就会于不知不觉中，学会书中的许多知识。时至今日，几乎每个家庭，都不可无书籍。

读书之所以是一种乐趣，并不在于作者告诉你什么，而是因为读书能让人积极思考。在作者的引导下，人们的想象任意驰骋，甚至超越作者的想象。这让人们不仅从书中了解世界、体验别人的生活，也会认识自己。

书是滋润灵魂的精神食粮，而精神食粮永远也不嫌多。家长一定要帮助孩子养成爱阅读的好习惯，具体可从以下几方面着手。

1.培养孩子的阅读兴趣

在培养孩子阅读兴趣的过程当中，孩子认识多少个字这并不重要，而激发孩子对文字的好奇心和兴趣，产生认字、写字和阅读的强烈愿望和动机是第一重要的事。

父母要知道，文字对于孩子来说是个新鲜的东西，如果单纯地让他学习某个字是很容易让孩子感到枯燥乏味的。而如果让这些文字和孩子的生活联系起来，让从来就没有接触过文字的孩子开始学习文字，体验到文字能给他增加生活的乐趣并带来方便，那么他就有了学习的动机。有了动机，就有了开始，慢慢地阅读就会成为孩子的一种习惯，成为他人生的一种积累。

2.让孩子与喜欢读书的小伙伴多接触

所谓"近朱者赤，近墨者黑"，孩子们相互之间的影响力是巨大的，让自己的孩子和喜欢读书的朋友多交往，在他们的感染之下，孩子就会慢慢地喜欢上读书了。

点点是个顽皮的孩子，他怎么都静不下来，总是喜欢到处跑。但说来奇怪，和好朋友在一起的时候，他就能变得安安静静。比如大家在专心看书的时候，他也能静下心来看。这下点点的妈妈发现了一个好办法。她时常让点点的朋友来家里玩，然后她会准备一些孩子们喜欢的书籍。慢慢地，点点也爱上了阅读，就算朋友不在身边，他也能静下心来阅读了。

3.经常与孩子交流

在孩子年龄尚小的时候，父母可以与他一起阅读和创作；当孩子大一些的时候，可以和他一起讨论和交流。如果孩子在阅读中提出问题，应尽量回答他的问题。同时，在家里，最好常备一些少年儿童百科全书类的书籍。当孩子提出问题时，引导他从书籍中寻找答案。启发孩子讨论思想、艺术方面的内容，尽量让孩子发表自己的见解。

孩子一旦拥有良好的阅读习惯，他就会以阅读为乐，由此，他的知识面也就更加广泛，进而促进孩子进一步学习更多的知识。如此，你的孩子就会成长为一个有着浓浓书卷气的人了。

4.营造一个良好的读书环境

孩子容易受周围环境的影响，因为成长中的孩子对一切都充满了好奇心。在这种情况下，让孩子安静下来看书似乎不是什么简单的事情。但如果有一个良好的环境，让孩子乖乖阅读也不是什么难事。

具体来说，在孩子阅读的时候，家长尽可能不要打扰孩子，比如电视开很大声，或者很吵闹，等等。最好在孩子看书的时候家长也能看书，这样就有一个非常良好的阅读氛围。另外，在房间的布置上也不宜过于杂乱，这样会让孩子难以静下心来。有一个环境，让孩子能够沉醉于阅读，那么渐渐地他一定会爱上阅读。

方法6：
让孩子的脑筋转起来

【关键词】 懒惰　上进心　独立思考

【要点提示】 多角度思考问题非常重要，家长不应该看到孩子解决问题就算完了，还要让孩子知道，原来生活是"多选题"，可以从不同角度去看。

【范例】

思思是一个懒惰的孩子，她不喜欢做家务，也讨厌学习。思思的家长感到非常苦恼。孩子平时根本不会主动去思考，学习就像喂饭一样，喂一点儿学一点儿，一点儿都不知道主动。而且，教会她基础知识之后，稍微延伸一点儿她就不会了，常做的题变个形式她就不懂了。

这并不是因为思思太笨，实际上思思很聪明，只不过在思考这方面她表现得太懒惰。她已经习惯于别人教什么学什么，根本不会主动去思考问题，更不要说自己解决问题了。之所以产生这样的结果，和思思父母的教育分不开。

思思小的时候简直就是一个"问题专家"，什么都喜欢问，什么都要想。孩子一有问题，不解决那孩子是不会罢休的。所以对待思思的问题，她的爸爸妈妈一向会第一时间作答。不过也有被问烦了的时候，当思思想要深入了解一个问题的时候，她的妈妈就会不耐烦地对思思说："你记住这个就行了，再想就是科学家的事情，你不用知道那么多。"

刚开始思思不依，但是时间久了，就成为了一种习惯性的依赖。思思不会主动去问问题，因为如果有重点老师一定会说。她觉得什么都不用思考，因为只要有问题爸爸妈妈一定会给自己一个答案的。她认为自己也不用深入思考，因为还有科学家……就这样，思思越来越懒惰，不愿意动脑筋了。

【技巧】

人有七宗罪，懒惰也是其中之一。惰性是每个人都难以抵抗的，孩子更是如此。因为懒惰会成为一种习惯，腐蚀人们的努力和上进。几乎每个孩子都会有一个"问题爆发"的阶段，在孩子好奇心旺盛的时候，他们会不停地问"为什么"。实际上这个过程也是孩子在思考的过程，他们有了思考的意识，这对于孩子来说是一个成长。但是有时家长意识不到，他们会觉得孩子无止境地问问题很烦，所以三言两语打发掉，就像思思的妈妈那样。这样一来，不但打消了孩子思考的积极性，也会让孩子的认知出现偏差，就像思思一样。

思考是后天养成的一种习惯。作为家长，应该要懂得启发引导孩子，让孩子学会思考、善于思考，而不是一味帮孩子解决问题。家长应该要知道，孩子是一个个体，他有自己的思想，家长应该要做的就是培养孩子的独立意识，让他懂得自己思考，而不是事无巨细全部传教给孩子。这样孩子就会成为家长的"复制品"。

那么，家长到底应该怎样教育孩子才是正确的呢？

1.撤开保护网，让孩子独立起来

独立的生活能力是独立思考的前提，家长如果过度保护的话，那么孩子永远也学不会独立。应该适当让孩子自己去解决问题，这样孩子慢慢不再依赖父母的时候，独立思考的习惯也就养成了。

诚诚是一个独立自主的孩子，他在同学当中就像是一个中心一样，因为面对问题他总有办法。诚诚之所以能够成为这样的一个孩子，因为在他还小的时候他的家长就开始着手培养孩子的独立自主能力了。诚诚的父母不会总是插手孩子的事情，还会引导孩子自己做事，渐渐地诚诚就养成了独立思考的好习惯。

在孩子遇到困难和问题的时候，都会习惯性地依赖父母，如果家长给予解决，那么孩子就永远不会独立解决问题。如果孩子再次遇到问题找家长的时候，不妨引导孩子自己思考解决办法，这样家长才能慢慢放手。

2.和孩子交流，挖掘孩子的好奇心

思考要以兴趣为前提，如果孩子对某件事物产生浓烈的好奇心时，就会有思考的意向。因此，家长应该要保护和挖掘孩子的好奇心。这样，对孩子的了解是必不可少的，平时可以通过和孩子多交流来了解孩子的好奇心和兴趣点，从而进行引导和启发。

另外，在和孩子交流的时候要注意一点，不要经常回答孩子的问题，而是多以启发式的问题来引导孩子，然后让孩子自己寻找答案，这样有利于孩子善于思考习惯的养成。

3.思考也需要氛围

家长要给孩子独立的空间，才能让孩子懂得独立思考。这个条件是需要家长来创造的，不要过多干涉孩子的生活，让他懂得自己动手，比如衣服脏了的时候要孩子自己动手洗，不要只让孩子一味地学习，要让孩子懂得照顾自己的生活，比如收拾房间，等等。在动手的同时，孩子也会遇到一些问题，他会自己解决问题，所以不要剥夺孩子思考的权利。

4.让孩子学会举一反三

任何时候多角度考虑问题都是没错的，在孩子大脑发育的过程当中，家长应该培养孩子的发散性思维，让孩子学会多角度考虑问题。

张瑾是一个做事严谨的女孩子，凡是遇到问题，她都懂得从不同方面进行考虑。因为在她小的时候，每当遇到困难，她的父母都会引导她自己找方法，从不帮忙。而且在问题解决之后，她的父母也会给她一些建议，比如她还可以怎么做。慢慢地，张瑾懂得了事情的多面性，遇事也会多方考虑了。

多角度思考问题非常重要，家长不应该看到孩子解决问题就算完了，还要让孩子知道，原来生活是"多选题"，可以从不同角度去看。当这种思考方式形成一种惯性思维的时候，孩子自然就善于思考问题了。

方法 7：
不做"小霸王"

【关键词】谦逊待人　宽容处世　调节纠纷

【要点提示】所有这一切都需要家长及时点拨、指引，还需要家长以自己处理人际关系的成熟方式为孩子做表率。

【范例】

小时候起，爸爸就告诉王谦要勇敢，摔倒了不能哭，必须自己爬起来，受到别人欺负时，必须给予回击，即便暂时打不败对方，也要等待机会，以后报仇。

这是爸爸的经验之谈。当年他只身来到海南，遭受了许多磨难和欺凌。他深知受人轻视的主要原因在于自身的软弱，因此他要求王谦不能重走他的老路，必须从小就学会针锋相对、寸步不让。

爸爸的辛酸经历成了教育王谦的好材料。如果王谦哪一天哭哭啼啼地跑回家向爸爸求援，必定被爸爸臭骂一顿。

那天，王谦被一个高年级同学打了，回家后本不敢告诉爸爸，爸爸却发现了他胳膊上的一块瘀伤，问清楚经过后，他当即给了王谦一巴掌，把他训了一顿。然后，他就带着王谦找到那个高年级同学，二话没说，踢了两脚，再令王谦去打那个高年级同学，王谦不敢，又被他骂了一番。王谦正要动手，那个高年级同学却很知趣，赶快溜走了。

从那以后，只要有人对王谦说一句不好听的话，他就立刻挥起拳头。王谦成了班上出名的"打架男孩"，谁也不敢惹他，也从没有人肯主动搭理他。直到有一次他把班上一个同学打伤了，爸爸赔了不少医疗费，还被老师叫去谈了一次话，爸爸才要求王谦在动手时不要那么出格，适可而止。

然而爸爸仍旧认为坚决还手是对的。老师却多次批评王谦，要他不可动手打人。王谦也感到很困惑：把同学都得罪完了，谁都不和我玩，我该怎么办呢？

【技巧】

人际关系对孩子产生着微妙的、有时甚至是严重的影响，有力地改变着孩子前进的方向。显然，王谦在处理人际关系时陷入了困境，他父亲以自己的切身之痛，总结出了一条极端的生活原则，使男孩在与同学的交往中常常采取进攻性行为，结果不仅没能更好地保护自己，反而使自己陷入了极端孤立的境地。

人生活在社会这个大环境中，离开了良好的人际关系，就无法生存。

1.不要过于紧张孩子之间的纷争

事实上，孩子之间发生一点矛盾是极其正常的。相互谅解、给予宽容，能使孩子的人际关系变得和谐，生活、学习都会感觉很快乐。尽管过分忍让会使男孩变得怯懦，需要加以克服，但一味地对着干，同样会让男孩和做父母的难以收场，也是必须抛弃的错误做法。

2.告诉孩子宽容是相处之道

把这个道理反复讲给孩子听，让孩子在与同学相处时，严于律己、宽以待人、不苛求对方，不为同学之间的一点小矛盾而挑起事端，要让孩子学会与人交往的方法。

李明有个关系不错的同学，他们两人之间无话不说。但是最近李明和自己的好朋友闹僵了，因为他告诉了朋友一个秘密，让朋友千万不能说出去。但是朋友无意之间说漏嘴了。这让李明非常生气。即便朋友已经道过歉了，但是他仍旧不肯原谅朋友。妈妈知道后语重心长地告诉李明，对待朋友要宽容。李明也不想失去朋友。原谅朋友之后，两人的关系更好了。

宽容待人包括很多方面，比如说话有礼貌、能站在别人的立场上去考虑、谅解别人的难处、有什么请求和建议都能选择合适的时机和方式表达、让别人能够愉快地接受，等等。一旦发生了人际纠纷，要主动谋求和解、多检讨自己，取得对方的谅解。

3.家长要学会引导

邻里之间、同学之间，甚至包括与其他人的交往，都要让孩子掌握与人交往的正确方式，勇于开拓自己的交往范围，提高人际交往能力，为将来孩子在生活的大舞台上游刃有余、大显身手，做好充足的准备。

所有这一切都需要家长及时点拨、指引，还需要家长以自己处理人际关系的成熟方式为孩子做表率。培养孩子的交际能力责任重大、影响深远，家长切不可等闲视之。

 ## 方法9：
不随便插手孩子的事情，让他学会独立

【关键词】 主见　保护欲

【要点提示】 事实上自己解决问题并非是一种能力，而是一种意识。应该让孩子养成遇事有主见、自己解决问题的好习惯。

【范例】

张琦是个非常独立的女孩，她独立的性格让很多人都经常夸赞她，更说她的父母教育有方。实际上，之所以张琦能够这样懂事，她的父母说并不是自己教育的有多么好，而是自己什么都"不管"。当然，他们并不是不关心自己的孩子，而是他们习惯于什么事都让孩子自己想办法。

在张琦走路走不好的时候，也曾摔过跤，一开始她的父母会去扶一把，但是随着孩子的成长，再摔跤哭就不管用了，她的爸爸会告诉她："自己站起来。"稍微长大一点之后，张琦的妈妈还会让张琦收拾自己的衣服和书桌，渐渐地，她的生活可以自理了，而且一切都进行的井井有条。

每天张琦都会将换下的脏衣服扔进洗衣机。周末的时候，她会统一将自己的衣服洗干净、晾起来，等干了再收起来。除了日常生活当中的这些事情之外，她面临事情的时候也不会显得很慌张，也不会第一时间求助父母，而是自己想办法。

有一次学校组织活动，每个人都要交钱，张琦没有和其他同学一样和父母要，而是先将自己手头的零用钱拿了出来，之后又帮报亭的老爷爷打了两天工，最后还差一些，张琦才去找父母补齐。

【技巧】

孩子成长的过程当中肯定会遇到各种各样的问题，等他们长大成人，或许面临的问题更多。每当这个时候，遇到问题时的态度以及解决问题的能力就显得尤为关键了。现在很多家长都习惯于保护自己的孩子，当然，这是人的一种本能，无可厚非，因为动物都会有保护自己孩子的本能。但是我们也应该知道，孩子有长大的一天，他们迟早要自己面对问题，所以家长不应该大包大揽、什么都帮孩子解决，应该让孩子养成遇事有主见、自己解决问题的好习惯。

如果仔细分析的话，我们不难发现，很多孩子内心不够坚强，面对问题没有主见并不全是他们的问题，有很大一部分原因都来源于家长。比如家长从来不会让孩子自己去做什么，什么都为孩子准备好；在孩子受委屈的时候就以母鸡的姿态将孩子庇护到自己的身后，在这样的环境下孩子就会慢慢迷失自我，什么都以父母的意见为基准，当他们遇到问题而父母又不在身边的时候，他们就很容易被打垮。

那么，家长应该怎样培养孩子独立解决问题的能力呢？下面的这些建议可供借鉴。

1.不要总是插手孩子的事情

处于成长阶段的孩子有很强的独立欲望，他们希望通过自己的努力去做什么事情。这个时候孩子或许做得不够好，但不代表他不能做，家长不能总是插手孩子的事情。这样时间久了孩子就会养成懒惰的习惯，什么事情都等着家长来处理。

所以说，如果孩子和朋友闹了矛盾，家长不要急于挺身而出，看看孩子自己是怎么解决的，然后再给孩子一些经验，让孩子从实践中慢慢找出方法，也便于养成孩子独立自主的好习惯。

2.要掌握孩子的实际能力

因为家长对孩子有很强的保护欲，所以对孩子的了解难免有失客观。很多家长在孩子遇到问题的时候比孩子还着急，认为孩子一定会受挫，但是你真的了解孩子的实际能力吗？不要太过惊讶，孩子的成长很多时候都出乎我们的意料。

赵博的爸爸妈妈对女儿总是有些担心过头，什么都想要帮女儿解决。但事实上，赵博已经上小学六年级了，很多事情她都可以自己做。有一次，赵博的父母临时安排出差，他们怕没有人管孩子，就让孩子去奶奶家住。但是赵博没有去，而是自己在家住了两天。爸爸妈妈回来后才发现，原来孩子已经长大了，自己完全可以放手了。

孩子面临问题的时候需要很多方面的素质，比如他要经过冷静、判断、思考后才能做出决定和行动，这些能力都是需要平时积累经验的，并非一朝一夕就可以培养出来。家长如果不给孩子一个机会，永远不知道孩子已经成长到了什么程度。先观察，如果孩子已经有了一定能力，那么就把他能够自己解决的问题交还给孩子，不要再管了。

3.吃点苦没坏处

每个人都要经历挫折才能成熟起来，一辈子不经历磨难是不可能的，所以孩子受挫了家长也不要觉得是天大的事，这都很正常。或许孩子在磨难面前有些退缩，但家长的鼓励，能够给孩子莫大的勇气。

不要急于帮助孩子，让孩子经历一点儿挫折，他才能学会自己想办法，才能遇事不焦躁，能够自己解决问题。

事实上自己解决问题并非是一种能力，而是一种意识。如果孩子有自己的主见，那么他就会首先想到自己解决困难，所以放开手吧，让孩子经受一点磨难，才能更快地成长起来。

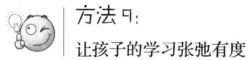

方法 9：
让孩子的学习张弛有度

【关键词】紧张和压抑　张弛有度　适当放松

【要点提示】如果孩子能够养成张弛有度的习惯，那么孩子就能持久地保持对学习的积极性。通过交流，家长可以减少与孩子之间的隔阂，能够更好地为孩子安排适当的计划。

【范例】

林尧每天上课都哈欠连天、注意力涣散，老师讲课的时候，经常听着听着就睡着了。有一次，林尧上课睡觉被班主任发现了，就被叫到办公室问话。

班主任询问原因后才知道，原来林尧的妈妈希望林尧学习成绩有所提升，给他报了培训班，每天晚上都去学习，基本上没有多余的时间，晚上都是 10 点以后才睡觉，所以他上课才会打瞌睡。

听到这些之后，班主任让林尧回去好好上课，并且给林尧的妈妈打了一通电话，告诉林尧妈妈这种做法是不对的，虽然每个家长都希望自己的孩子成绩能够提升，但是这种强迫性的学习不仅让孩子很辛苦，上课也无法完全集中注意力，学习成绩也不会提高。

在通过老师和家长的沟通之后，林尧妈妈终于同意了老师的建议，取消培训班的学习，让林尧能够跟其他同学一样，正常安排作息、劳逸结合。当然，在双方的共同努力下，林尧的成绩也有了起色，注意力也提升了很多，整个学习状态也比以前好了。

【技巧】

俗话说"一张一弛，文武之道"。对于孩子来说，劳逸结合的方法同样意义重大，只有在学习上做到劳逸结合，才能满足孩子的生理发育和心理发展规律，才能让孩子在较长时间内保持对学习的主动性和专注性。

可是，很多家长没有这样的意识，以为只要让孩子延长学习时间，就能学到更多的知识，殊不知，这样非但不会让孩子学到更多，反而会使孩子注意力涣散，从而降低学习效率。

如果让孩子一门心思扎到书堆里，不分白天黑夜地学习、读死书，那么，他们的脑细胞就会开始反抗了、停止运动了，加上心情也变得更加紧张和压抑，自然就会头昏脑涨、注意力涣散、反应迟钝，学习效果自然不会好。即便是孩子感兴趣的课程，因为身体的劳累也会失去本该有的兴趣，原有的乐趣也就没了。

所以，我们要让孩子学习一段时间后再运动一段时间，有张有弛，这样就能让孩子保持一个健康的、积极向上的精神状态。心情好了，学习起来也会更专注、更有动力，效率也会高出很多。如果孩子能够养成张弛有度的习惯，那么孩子就能持久地保持对学习的积极性。

1.学习计划的安排要张弛有度

学习计划是学习过程中十分重要的环节，有些孩子没有安排学习计划的习惯，在学习时摸不着头脑，常常由于晚上很难完成作业而做不到劳逸结合，甚至对所学内容产生厌烦心理，注意力集中也就无从谈起了。这时，家长就要帮助孩子安排一个正确、有效的学习计划，为他更好地学习做出规划。

父母在帮助孩子制订作息时间和学习计划的时候，不仅要随时观察孩子的反应，尽量征求孩子的意见，而且一定要将每天具体的作息时间和较长时间内应达到的目标分清楚，注意长短计划相结合。在制订学习计划的时候，一定要注意张弛有度、适合孩子的实际情况。只有这样才能有助于孩子形成科学而专注的学习和生活规律。

2.合适的时间做合适的事情

对于孩子而言，休息、体育运动、做家务等，都是一种调剂方式。从合理安排时间的角度而言，不能够算浪费时间。但是如果将一整个早上的时间全部安排在做家务、睡觉、打球等事情上，中午和下午才开始学习，那只能说这是在浪费生命。

一天的黄金学习时间就是上午。在这个时间段，将重点放在学习上，而下午的时间，则可以适当安排和同学、朋友一起体育运动，在家帮助家长做家务，晚上则可以早点休息，这才是正确的时间安排法。

3.安排一些放松活动

在孩子精神状态不好的时候，家长一定要及时注意到，这个时候让孩子适度放松一下，可以保证有更好的精力面对接下来的学习和生活。

小香性格活泼开朗，学习对于她来说也从来不是什么负担，因为她的妈妈从来没有强迫她长时间学习过。在她小的时候，每当学习累了状态不佳的时候，她的妈妈不是批评她，而是让她跳跳绳，或者发会儿呆，看似简单，但在短暂的休息过后，小香的状态就好了很多。现在她已经养成了一种习惯，不用妈妈管，累了的时候就短暂地休息一下，过后就继续学习。而且小香发现累了的时候嚼口香糖状态也会变好，她在学习的时候总是精力充沛。

以上的方法对孩子都很适用，嚼口香糖也可以是因为咀嚼的时候大脑的血流量会增多。另外家长也可以教孩子自己按摩一下颈椎，等等，或者做眼保健操，都有利于状态的恢复。

4.交流不可少

孩子的成长只凭家长的观察并不能完全掌握。对于家长而言，有时只能看到孩子的表现，至于孩子心中在想什么，了解的并不是太多。因此，想要知道孩子能力的水平、真正了解孩子，就要多和孩子交流。

通过交流，家长可以减少与孩子之间的隔阂，能够更好地为孩子安排适当的计划。而且在和孩子交流的过程当中，家长也能第一时间鼓励孩子，让孩子积极面对接下来的学习任务。

方法10：
帮助孩子舒缓嫉妒的情绪

【关键词】嫉妒　负面影响　克服弱点

【要点提示】每个人形成自己优势的背后都需要付出艰辛的努力。孩子嫉妒的是其他人的成功，家长应该利用这个机会激发孩子奋进。

【范例】

某小学家长们的聊天群里，大家正热火朝天地谈论着孩子的嫉妒心理。只听一位妈妈说：我家李婷都9岁了，以前还觉得她挺乖巧懂事的，可现在我发现她的嫉妒心越来越强。在小区里见到邻居的孩子，我只要逗人家一下，她就大声吼叫、严厉制止；如果我夸奖别的小朋友两句，她也受不了。最近，她因为作文比赛只得了二等奖，而她的好朋友得了一等奖，她就又嫉妒心泛滥了。

接着，凯凯的妈妈说道："我家凯凯本来和同学辉辉很要好，两个人每天一起上下学、一起做作业，有什么喜欢的东西也乐于分享。但是最近，因为辉辉被评上了三好生，他就和人家疏远了。"

对孩子的嫉妒心同样感到不可思议的还有灼灼的爸爸，他说："前些天，学校里举办歌咏比赛，我们家灼灼觉得自己临场发挥失了水准，所以对于那个超过他的小选手很是不服气，总说第一名本该是非他莫属的。我和他妈妈劝导多次了，让他接受现实，可他心里就是别扭着，一副不服气的样子。"

【技巧】

著名思想家培根曾说："嫉妒是一种软弱的傲慢，应当受到鄙视。"

说到嫉妒，家长们都不陌生。在我们生活的周围，常会看到这样一些人：他们看到别人的长处和人家所取得的成就后，心里就像爬满了虫子，非常不舒服。在他看来，只有他才配得上这样的成就和优势，而除了他之外，别人是没有资格的。这就是我们常说的"嫉妒"。

可以说，嫉妒是一种很普遍的心理情绪，几乎没有人不会不嫉妒。一个尚在襁褓中的幼儿，在看到自己的妈妈抱别的孩子时，就会出现哭闹的不满反应。当孩子长到八九岁，其嫉妒心理会更强，比如，当发现别的同学穿的衣服比自己的高档，玩的玩具比自己的先进时，就会生出嫉妒的情绪。甚至有时候，老师表扬了某个同学，他们也会很不屑地嗤之以鼻，见到好朋友考试成绩比自己好而耿耿于怀……

作为孩子的父母，也许你也有和上述家长同样的感受。孩子时常表现出来的嫉妒情绪，让我们感到不可思议。其实，妒忌是一种很正常的情绪体验，它是指自己的才能、名誉、地位或境遇被别人超越，或者彼此距离缩短时所产生的一种由羞愧、愤怒、怨恨等组成的情绪体验。嫉妒心萌生的范围大多在地位相似、年龄相仿、经历相近的人们之间。

虽然说嫉妒是正常的、普遍的心理体验，但是如果嫉妒心理过于严重，那么势必让孩子思想变得狭隘、不爱帮助别人等，这对孩子良好品行的形成将大有害处。

所以，父母们需要在认识嫉妒这一普遍性心理的同时，更要提防孩子嫉妒过头。正确的做法是，引导孩子认识嫉妒的不利影响，并想办法让嫉妒发挥正面作用。

事实上，孩子之所以嫉妒别人，其根源在于他对自己缺乏信心，认为自己比别人差。因此，要医治孩子的这一心理，父母就要给孩子足够的爱，当孩子取得进步时，父母要及时予以肯定，让孩子有成就感和幸福感。这样孩子就不容易被别人的好运所打动，反而用更多的时间来充实自己、发挥自己的优势；同时，孩子还会因为父母的爱和鼓励而变得宽容、变得大度。

1.父母多加引导，让孩子认识嫉妒的负面影响

孩子对于情绪的掌控和认识能力都比较有限，这时候就急需父母的帮助。当发现孩子嫉妒心过强的时候，父母应该引导孩子认识嫉妒这种负面情绪的危害。

具体来说，父母们可以通过平时的交流告诉孩子，或者通过写纸条的方式让孩子知道。比如，我们可以这样写：别人的进步是别人努力的结果，人家不会因为你的嫉妒而失去进取心，反而会变得更加优秀。要知道你是无法阻止别人进步的，你能做的只是欣赏人家的进步，并向人家学习。或者告诉孩子，谁都不喜欢嫉妒心太强的人，当你嫉妒一个人时，他自然就会远离你。如果你经常嫉妒别人，那么就会有很多人远离你。这样你就不能在和别人的共同学习和交流中得到帮助、取得进步。

2.让孩子认识到别人优点背后的努力

每个人形成自己优势的背后都需要付出艰辛的努力。作为父母，教孩子不仅要看到他人的优点，还要看到他人为此付出的努力。这样孩子才能真正尊重他人，并心悦诚服地学习他人的优点。

3.家长要先戒除比较心理

每个孩子都有自己的特点，对不同的孩子做同样的对比显然是不公道的。既然嫉妒来自不如别人的感伤，那么对比的不当只能点燃孩子心中的妒火。所以家长应该引导孩子多看自己的优点，以此增强孩子的自信心，带孩子走出嫉妒的困局。

4.让孩子看到成功背后的努力

孩子嫉妒的是其他人的成功，家长应该利用这个机会激发孩子奋进。比如引导孩子看到其他人背后的努力，以此激励孩子。另外，家长也应该教导孩子广交朋友，这样孩子在友谊之光当中会逐渐受影响，将嫉妒转换成一种前进的动力。

5.帮助孩子克服弱点

有时孩子之所以会有强烈的妒忌心理，是因为自己与之相比存在一些缺陷和不足，因为孩子还不能理智地对待这样的落差，所以会产生严重的嫉妒心理。家长应该多观察孩子，在发现孩子的嫉妒心之后分析原因，如果是因为孩子的某些不足，家长就要给予引导，让孩子学会以长处弥补不足。

比如，有的孩子看到别的孩子唱歌唱得好，就会嫉妒人家有一副好嗓子，我们就可以适当地让孩子练习发声或者学习音乐方面的知识，同时告诉孩子：别人唱得好，可能是先天嗓音好，他的嗓音虽然没那么好，但是只要尽力了：就是很棒的宝贝。这样一来，就会在一定程度上帮助孩子舒缓嫉妒的情绪。

方法11：
让孩子学会检讨，更好地认识自己

【关键词】 自我反省 自负 引导

【要点提示】 自负，意味着到处碰壁；自负，意味着没有朋友；自负，意味着脾气焦躁。只有用平和的态度与孩子交流，他才能理解你的苦心，才能反思自己的行为，否则他会感到"被侮辱"，反而更加与父母"对着干"，更加拒绝"自省"！

【范例】

诚诚在小学一年级时，有一天他把一只毛毛虫塞进一位女同学的后脖领。女同学受到惊吓后蹦起来扭伤了左脚，不停地喊痛。

每次闯祸回家都会受到父亲的惩罚，诚诚当时觉得这次也逃不出父亲惩罚了。

回家后，诚诚被父亲叫到身边，父亲挥了挥手中的笤帚，但却没有打下来，而是让他回屋做作业，等吃完晚饭再收拾他。

诚诚心神不宁地吃完晚饭，蹑手蹑脚地往自己的房间里钻。父亲拦住他，说今天不惩罚他了。等明天吃完晚饭再补上。说完，父亲又一次挥动了那把笤帚。

第二天一整天，诚诚都过得很不安稳。开始后悔当初做的恶作剧。可是，他奇怪为什么父亲不像以往那样去惩罚他。以前做错了事情，屁股都会被打得火辣辣的痛，但是他也不会对自己的所做所为认错。而今，这迟来的惩罚，却让他年幼的心生出几许愧疚与不安。

这天晚饭后，父亲仍然没有惩罚他，似乎忘记了这件事，诚诚感到窃喜不已。可是三天后，都觉得这件事情已经过去时，父亲提醒他说他还欠一次惩罚。诚诚知道这个惩罚还是没能逃掉，没想到父亲居然说记得就好，然后摆摆手让他去睡觉。

惩罚就这样一再被拖了下去。可每当他要忘记时，父亲就会提醒他，让他一次次紧张。而每次，父亲都会摆摆手让他做别的事去。这种缓期执行的做法，让他不敢再做任何错事。

多年后，父亲解释了这样做的原因。原来，因为他长大了，父亲不能再用对待小孩子的方式对待他。不过，犯下的错误逃不了惩罚。这个惩罚，就是让他时刻愧疚。

【技巧】

自省，这是所有成年人几乎都有的"本领"。犯了错误自我反省，从中找到缺点和不足，这是一个人进步的先决条件。

其实，不仅是成年人，孩子同样需要自省的能力。但实际上，几乎所有孩子的自我反省能力都不算强，有时，他可能不会意识到自己的错误。当他做错事，家长问他："是不是你做的?"他可能会摇着头无辜地告诉父母："不是这样的!"其实这并不意味着他在说谎，而是他根本就没有认识到自己的错误。

认识不到错，自然就不会做出改变，自然就不会产生进步。但是，身为父母的你，能够认清这一点吗?

诚诚的父亲这样做，就是为了让孩子自己学会反省检讨，认识到自己的错误。鞭打责骂孩子可能反而引起孩子的逆反心理，不能真正发自内心的去认识错误并改正错误。因此，让孩子学会自我反省就显得尤为重要，家长要循循善诱的教导孩子，让孩子自觉发现并改正自己的错误。

自负，意味着到处碰壁;自负，意味着没有朋友;自负，意味着脾气焦躁……这样的孩子，一定不是你想要的。所以，一心想要孩子成才的你就必须及时对处在性格形成期的孩子进行指导，让他做一个能够自我反省和自我修正的孩子。只有能够自省，才能改正那些缺点，这比律人要重要多了。

当然，空洞的说教并没有什么明显效果，我们必须以引导为主。

1.引导孩子总结失败的教训

绝大多数的孩子在做事的时候都比较冲动，很少考虑后果，这是由他们的认知能力决定的。所以，他们的事情往往会以失败告终。面对这样的情况，父母应该少点无实际用处的训斥，而是应当帮助他总结教训，这样才能做到对自我行为的反省。

彤彤爸爸带他去商店玩，彤彤看到了一把很漂亮的玩具手枪，非缠着爸爸买下来。不过，爸爸并没有同意他的请求。爸爸说："我可以答应给你买，但你也要答应我一个条件，买了这把手枪后，两个月之内不许买其他玩具了。"彤彤答应了。但回家后彤彤就后悔了，这时爸爸对他说："不要为已经做错的选择后悔，现在你需要做的是吸取这次教训，知道下次应该如何去做就可以了。"彤彤点了点头，以后再也不任性了。

在引导孩子总结失败教训的时候，父母不要将自己的价值观强加在孩子头上，不要说："你看，我说什么来着，你不听，现在后悔了吧？"这种论调起不到引导作用，只能加强孩子的逆反心理。彤彤的爸爸正是懂得这个道理，从而起到了良好的效果。

所以，在引导孩子进行自省时，你可以这么对孩子说："你想一想，是不是用我告诉你的方法，结果会好些呢？""有时候，多听取他人的意见，会避免一些问题，你说对吗？"这样可以让孩子更愿意接受，同时，父母还要让他懂得从失败中吸取教训、反省自我，下次不再犯同样的错误。

2.引导孩子预见事物的后果

由于孩子的经历比较简单，因此做事之前就不能像大人一样考虑得非常周全，从而导致了失误的出现。针对这一点，父母可以适当引导孩子，如果他执意要按自己的想法去做，不妨在跟他讲明道理的前提下让他尝试一下。一旦他发现自己的预见并不准确，就会联想到父母之前对自己说的话，从而反省自己的行为，由此做出改正，并慢慢掌握预见的能力。

3.给予孩子自我反省的时间

在孩子犯了错误之后，父母不要急于对他进行教育，给他一定的时间，让他自己来认识到行为的错误。一段时间后，再抓住一个适当的时机对他进行引导，这样更能让他学会自我反省，并保证以后不会犯同样的失误。

最后一点要说明的是：在教育孩子的过程中我们要尽可能平心静气，因为我们不是要羞辱孩子。只有用平和的态度与孩子交流，他才能理解你的苦心，才能反思自己的行为，否则他会感到"被侮辱"，反而更加与父母"对着干"，更加拒绝"自省"！

时常检讨自己，才能养成自省的好习惯，才会更好地认识自己。

方法 12:
帮助孩子培养宽容的习惯

【关键词】挑剔 和睦相处 宽容

【要点提示】宽容是一个人内在素养的气度的体现，它表现了一个人的思想水平。孩子如果能够站在父母的角度上考虑问题，就会了解父母对于子女的良苦用心。

谷龙从幼儿园回到家里，妈妈看到他撅着嘴的样子，就问怎么了。谷龙告诉妈妈："昨天小宇借我的魔法棒玩，今天还给我的时候，把里面的电池都给用光了。他怎么能这样呢？我自己都知道节约着用，他却一口气给我用没电了。"

说完，谷龙就呜呜地哭起来。妈妈搂过他，轻声问道："那小宇有没有向你道歉呢？"谷龙说："他说'对不起'了，可是道歉有什么用呀，电池不还是没有吗？"

见儿子这么委屈，谷龙的妈妈继续安慰了一会儿，然后对他说："宝贝，电池没了还可以再买，何必因为几节电池伤了同学和气呢？等周末妈妈有时间就可以去商店给你买电池，先耽误你玩两天魔法棒，没问题吧？"

听了妈妈的话，谷龙渐渐停止了哭泣。妈妈趁热打铁，继续说道："你想想，前些天你把淘淘的遥控汽车弄坏，淘淘不是还对你说'没什么'吗？妈妈希望你也能像淘淘学习，大度些，原谅小宇。本来你让小宇玩魔法棒是表现你的友好，小宇也会因此而开心，可是因为几节电池就闹得不愉快，岂不得不偿失吗？"

谷龙似有所悟，他对妈妈说："我现在就要给小宇打电话，向他道歉。"让谷龙没想到的是，小宇回家和父母说了这件事后，他的爸爸妈妈赶紧拿出家里的电池，让小宇第二天带给谷龙了。

【技巧】

古圣人孔子曾说："躬自厚而薄责于人，则远怨矣。"如果明知道别人做得不够好或者不对，我们却宁可自己吃点儿亏而不去争斗，不去责备，就属于宽容。

宽容是一个人内在素养的气度的体现，它表现了一个人的思想水平。如果我们的孩子学会了宽容，那么他将懂得善待别人的短处，从而和别人和睦相处；如果我们的孩子学会宽容，那么他就会善待别人的长处，从而可以让自己不断得到提升。

可是现实情况却离我们的教育目标甚远。如今很多孩子都是自我中心论，不管发生什么事，他们首先想到的都是自己的利益，而不去替别人考虑，一旦别人做得不好或者做错什么，他们就会逮住人家的缺点不放，没有丝毫宽容之心。

不难想象，这样的孩子怎么能得到别人的欢迎和尊重？又怎么能够获得真挚的友谊？

所以，身为父母，我们要想让孩子能够和周围的人融洽相处，能够真正成为一个有素质、有修养的孩子，那么就有必要从小让他学会宽容，能够以善良、理解、尊重和原谅的心态来对待别人。这样一来，不但能让对方因为获得原谅而充满感激，而且反过来也会让我们的孩子获得别人的理解和尊重。那么家长应该怎样帮助自己的孩子培养宽容的习惯呢？

1.不要用世俗的眼光来影响你的孩子

有的父母喜欢在孩子面前讨论他的伙伴，比如说，"溪溪那个小姑娘，真不懂礼貌"，或者"哲哲那个小男孩简直太淘气了"，等等，这样会让孩子也对其他同学过于挑剔，会影响他长大后看待别人的眼光。

与此相反，如果父母能在孩子面前夸奖别的孩子的优点，那么孩子既会获得激励，又能够让他知道每个人都存在优点，这样对于孩子以自我为中心的思想会起到一定的帮助。

或许有的父母觉得，自己的价值观已经定型了，对于孩子或者事物的评判是难以改变的。如果是这样的话，那么请父母们也不要把对某些人和事物的偏见在孩子面前表现出来。因为这会让孩子在潜意识中也受到偏见的影响，从而对这些人或者事物存有偏激的看法。

最好的办法是，父母不去评论，或者只说优点的地方而不提缺点的地方，这样你的孩子就会受此影响，而多一些宽容、少一些挑剔。

2.引导孩子树立正确的价值观、世界观

人就像树上的叶子，各有不同。不但外形上有所不同，而且每个人的思想、观念也都不尽相同。这就导致不同的人会有不同的文化背景、不同的思维方式、不同的价值观念等。所以，这就需要我们逐步让孩子一一理解，以此避免孩子"唯我独尊"的心态，能够容忍别人跟自己相悖的地方。

当然，我们必须承认，由于孩子心智不成熟，与人交往的一言一行难免会存在一些问题。但是父母们只要具有耐心，并且能够以身作则的话，那么孩子就会在这样的教育观念和环境熏陶下，逐渐成为一个懂宽容、有修养的好孩子。

3.引导孩子学会换位思考

在与人交往的过程中，我们常听说换位思考这个词。其意思即指，当双方发生矛盾后，各自能站到对方的角度上思考问题，认真考虑一下对方为什么会这样做事、这样说话。如果真的能够做到这一点的话，就能够理解对方，就能够减少很多不必要的矛盾。

王家行这天回到家后非常不高兴，因为他的同学弄坏了他精心准备的手工作业，虽然同学已经道歉了，但是他还是很生气。看到孩子这样，王家行的妈妈对他说："你应该站在同学的角度上看看。你有没有不小心伤害过同学呢？"王家行想了想点了点头，妈妈接着说："这就对了，谁都有不小心的时候，当时你是不是感觉很愧疚？等着同学的原谅呢？同学不原谅你你是什么感觉呢？"听完妈妈的话王家行马上给同学打电话说自己已经原谅他了。

孩子如果能够站在父母的角度上考虑问题，就会了解父母对于子女的良苦用心；如果站在老师的角度上考虑问题，就会理解老师的辛苦；如果站在同学的角度上考虑问题，就会觉得大多数同学是可爱、可亲、可交的。由此可见，教孩子学会心理换位是非常必要的。

第三章

用最好的方法给孩子最棒的情商教育

CHAPTER 03

情商对一个人的发展有着极大的影响。

父母要做个培养孩子情商的好老师，

倾听孩子的内心声音，

帮助他树立正确的观点，能够明辨是非，

懂得感恩，学会尊重，不任性，不骄纵，

努力成长为一个积极阳光的快乐少年。

方法1：

每个孩子都可以成才

【关键词】打击　鼓励　挖掘潜能

【要点提示】孩子身上的天赋就像未经加工的钻石，不能因为暂时没有光泽而放弃这颗石头。与其比着别人家的孩子给自己的孩子"找缺点"，不如集中精力在自己孩子的身上找潜能。

【范例】

德国有机化学家奥托·瓦拉赫是诺贝尔化学奖的得主，他的父母都是律师，所以希望他长大后能够从事社会科学领域。瓦拉赫上中学的时候，他的父母开始引导他走向文学之路，不料一个学期结束后，语文老师却这样评价他："瓦拉赫学习很努力，但性格循规蹈矩，缺乏创意，没有文学细胞，所以，即使他再勤奋，也难以在文学领域有所建树。"

瓦拉赫父母听了老师的话，感到很失望，但也只好尊重现实，于是让他改学油画。可是，瓦拉赫不善于构图，对色彩也不敏感，他的绘画成绩很差。学校的评语更是令人难以接受："虽然你很刻苦，但我们不得不告诉你，你在绘画方面不会有什么成就！"

连连遭受打击的瓦拉赫的父母有些灰心了，他认为自己的孩子不可能成为一个优秀的人才，只能是一个庸常之辈。这时，瓦拉赫的化学老师向他们建议，让瓦拉赫往化学方面发展。

瓦拉赫的父母听了连连摇头："瓦拉赫不是很聪明，平时也没看出来他在化学方面有什么特殊的天赋，做父母的更没有给他一点化学基因，他学化学，肯定不行！"

而那位化学教师却坚持自己的意见："瓦拉赫做什么事情都很认真、细心、一丝不苟，而且非常勤奋并富有耐心，这正是学好化学必需具备的素质。"然后，他转过头对瓦拉赫说："孩子，你就是一个化学天才，希望你可以努力！"

看着老师真诚的目光，瓦拉赫的眼圈红了。他用力地点了点头。从此，他一头栽进了化学领域，并一步步取得了令父母和老师都为之惊叹的成就。终于，瓦拉赫赢得了他事业上的高峰，获得了诺贝尔化学奖，他的研究成果大大改进了现代香料工业。

这位一度令父母失望，并被很多老师不看好的孩子，最终成为了世界公认的"化学大师"。

【技巧】

瓦拉赫是天才吗？您一定会说不是。天才就是天生的奇才，这样的天才总是少数，大多数的孩子天资并不是那么聪颖，他们需要后天的教育和努力才能成才。

然而，事实上真的是这样吗？美国哈佛大学发展心理学家加德纳提出，人类的智能可以分成八类：语文智能、逻辑数学智能、空间智能、肢体动作智能、音乐智能、人际智能、内省智能、自然探索智能。在这众多的智能中，每个孩子至少拥有一两种，只要找到孩子身上潜在的能力，并通过正确地引导和教育，每个孩子都可以成才。很多父母之所以会认为自己的孩子很一般，那只是因为：孩子身上的宝藏还没有被您发现和挖掘而已。

有实际的例子来支持以上的观点：

阿尔伯特·爱因斯坦：4岁才会说话，7岁才会写字，被老师认为"反应迟钝，思维不合逻辑，满脑子不切实际的幻想"，日后成为了举世闻名的科学家。

奥古斯特·罗丹：曾被父亲当做白痴，参加三次艺考都被淘汰，并被自己的叔叔评价为"孺子不可教也！"后来成为了法国著名的雕塑家。

查尔斯·罗伯特·达尔文：进化论的奠基人，《物种起源》的作者，英国著名生物学家，年少时被父母认为资质平庸，不喜欢学习，整天只顾玩耍，经常受到父母的责备和训斥。

童年不太优秀的孩子，并不代表长大后没有大的成就，父母要细心观察自己的孩子，找到他们身上的优势，精心栽培，每个孩子都可以成才。爱因斯坦也说过："每个孩子都是天才，是错误的教育方式扼杀了他们的天才。"

我们都知道，天才的情商是卓越的。那么，我们该如何挖掘孩子身上的潜能，使他们成为天才呢？来看看下面这几种方法。

1.勿打击，多鼓励

不要用打击毁掉孩子的自信，一个没有自信的孩子会对很多事物失去兴趣。清代教育家颜昊先生说过："教子十过，不如奖子一长。"当孩子在某方面有了进步的时候，我们要对孩子说："你真棒！继续努力，一定会做得更好！"学会欣赏自己的孩子，适时地鼓励孩子，让他们对生活充满信心和勇气，对这个世界有浓厚的兴趣，才能使他们的潜能得到最大限度的释放！

2.帮助孩子挖掘自身潜能

孩子身上的天赋就像未经加工的钻石，不能因为暂时没有光泽而放弃这颗石头。作为父母要有一双善于发现的眼睛，找到自己孩子身上独有的天赋，并给他们创造条件和机会，让他们去发挥自身的潜能。就像我们看到孩子在学校里能说会道时，这时就应该想到：他的口才很棒，如果在这方面多培养，那么他也许就能成为一个优秀的主持人！

3.不要拿自己的孩子与其他孩子比较

很多家长都爱拿自己的孩子与别人家的孩子比较，经常在自己的孩子面前唠叨："老王家的孩子都是自觉写作业，从来不需要父母督促，就你成天让我操心。"或者"老张家的孩子钢琴都过了八级，你画画都学了两年了一点成绩都没有。"孩子听了这话心里当然不舒服，一旦有了"不如别人"的想法，心理就会失去平衡，就会产生自卑或者忌妒他人的不健康的心理，这对孩子的一生都会带来不利的影响。

事实上，每个孩子都是与众不同的，盲目地比较没有任何意义，与其比着别人家的孩子给自己的孩子"找缺点"，不如集中精力在自己孩子的身上找潜能。

方法 2：
不打击孩子想象力，任他探索

【关键词】 发散思维 探索世界

【要点提示】 听到孩子的发散思维，父母要意识到，这是他探索世界的第一步。不打击孩子想象力的关键，是允许他探索那些未知的失误。

【范例】

在美国，曾经有一个想法总是非常多的孩子，想象力大得简直让人吃惊。然而，他的妈妈却并没有感到有什么问题。她总是这样和那些劝慰自己的人说："为什么要阻止他？他只是个孩子，有一个丰富的想象力，这说明他很正常！"

这天，这个孩子在院子里玩，妈妈正在厨房做饭。这时候，她听到院子里传来了一阵巨大的声音，于是她急忙问道："孩子，你在做什么啊？"

这个孩子大声回答道："放心吧，妈妈！我只是想要跳到月亮上去呢！"

听完孩子的话，妈妈不由大笑了起来："好呀，你在月球上好好玩吧，不过，可别忘了回家吃晚饭哦！"

【技巧】

很多人都不理解，为什么这个妈妈要和孩子一起"疯"？然而多年之后，他们都意识到自己错了：这个拥有快乐童年的孩子，成了第一个登上月球的人——阿姆斯特朗。

当你的孩子取得了如阿姆斯特朗一般的成绩时，身为父母的你，一定会感到无比自豪！可是，为什么你的孩子终究还是碌碌无为？最重要的一个原因就是：他的想象力已经被你彻底摧毁。试想，如果阿姆斯特朗的妈妈总是批评他，他怎么能产生"月球行走"的梦想，怎能成为登月第一人？

一个拥有想象力的孩子，才能有一颗敢于追梦的心；一个拥有想象力的孩子，才能正确审视自我，发现自己的不足在哪里，然后做出改变；一个拥有想象力的孩子，才能将情商无尽提高；在追逐梦想的路上，他不仅要和其他人打交道，还要去钻研各种知识，这对于他的人际交往能力、知识储备能力都是非常有帮助的！

然而，有多少中国的父母可以想到这一点？在很多父母的眼中，孩子拥有想象力就是一种"发疯"的征兆，尤其当他的想象力太过不切实际时，就会大声地训斥，将孩子的情商彻底扼杀。

父母为什么要这样做？关键一点就在于：他们总是用成年人的思维看孩子。想想看，为什么孩子说要"成为科学家"、"要当运动员"时，你会表现得那么高兴？难道孩子的这种话，不是"胡思乱想"吗？但是，为什么听到孩子说"要成为一个木匠"、"想成为一名美食家"、"最想当石油工人"时，你却不由勃然大怒？归根到底，还是因为你不了解孩子的思维，总以成年人的思维来要求他。训斥孩子，只会打击孩子的积极性，把他的梦想扼杀在摇篮里。

现在的 80 后父母，多数都不会对郑渊洁这个名字陌生。这位国内首屈一指的儿童文学家，只有小学文凭，却创作出了皮皮鲁、鲁西西等一系列脍炙人口的童话故事，究其原因，就是因为他从小就喜欢幻想，并且这份幻想，不会受到父母的阻挠。郑渊洁的例子告诉我们，孩子们那种看似离谱的思维，往往是他们创造力的源泉。

或许，从成年人的角度来看，孩子的思维是混乱的、可笑的。但正是因为这种可笑的思维，一些孩子最终成为了一代伟人：小瓦特有了"为什么蒸汽能把壶盖顶起来"的思考，才开启了蒸汽时代的大门；爱迪生脑子里全是各种另类思维，才让他成为举世闻名的"发明大王"……

你能说，这些人的情商不够高吗？所以，面对想象力丰富的孩子，我们必须做到鼓励：

1.不要表现得不耐烦

的确，有时候孩子的想象力看起来太过无厘头，例如会问：我能不能把左胳膊安到右胳膊上？此时父母万万不可表现得不耐烦，说些诸如"去去去，没看见我正在忙，捣什么乱啊"的话。父母应当做的，是听完孩子的诉说，然后鼓励他去探索为什么不可以。甚至，父母还可以翻阅有关资料或向专业人士请教，然后向孩子进行解答，以此满足和保护孩子的好奇心。

2.赞扬孩子的思维

听到孩子的发散思维，父母要意识到，这是他探索世界的第一步。所以，父母一定要把它当成孩子的一个优点来看待，并积极地鼓励孩子，对孩子说："你真棒！爸爸都想不到这一点！"

3.允许孩子探索未知

不打击孩子想象力的关键，是允许他探索那些未知的失误。例如，孩子都很喜欢拆装玩具，有时候还会把钟表、手机拆得七零八落，这时候父母不要激动，"再拆东西，就打你屁股了"的话不可脱口而出。父母应当鼓励他们去进行探索，引导他们了解为什么手表会转动。当然，对于带有危险的东西，例如电视机、电脑等，这些容易导致孩子触电，我们也应当进行合理的劝阻。我们可以对孩子说："爸爸很高兴看到你对科技感兴趣！但是，现在你还不能完全掌控它们，你要学习相关的知识。当你明白电是怎么回事之后，再来研究它们也不迟！"

方法 3:
鼓励孩子站在对方的立场想问题

【关键词】 自以为是　善解人意　体谅

【要点提示】 让孩子意识到：站在对方的立场想问题，更容易理解和宽容他人。如果父母能这样劝导孩子，孩子的怨气可能慢慢就烟消云散了。

【范例】

小丽非常喜欢看《童话大王》杂志，有一次，她在学校课间时拿出来看，正看得入迷时，她的同桌突然起身了，一下子碰倒了桌上的墨水瓶，墨汁洒到了杂志上，整本杂志变得黑乎乎、脏兮兮的。

这下小丽可来气了，大声嚷嚷着让同桌赔她的杂志，还把这件事告诉了老师，结果，小丽的同桌被老师批评了一顿。回家后，小丽把这件事告诉了妈妈，妈妈劝她："你的同桌不是故意的，他弄脏了你的杂志，又受到了老师的批评，一定也很难过，你就原谅他吧。"

小丽气呼呼地说："哼，我不会原谅他的，他把我最心爱的杂志弄脏了，我一定让他买一本新的赔我！"

晚上吃饭的时候，小丽不小心把一碗汤打翻了，整碗油乎乎的汤洒到了妈妈新买的裙子上面。妈妈知道教育女儿的机会来了，就故意装作非常生气的样子，大声对她喊："你怎么搞的，饭也不好好吃，这是我最心爱的裙子，现在被你弄脏了，罚你今天晚上不许吃饭！"

小丽看妈妈这么凶她，非常伤心，她哭了起来："妈妈，我不是故意的。"

"我知道你不是故意的，你的同桌弄脏了你的书，他也不是故意的，你怎么不原谅他呢？"

顿时，女儿愣住了。这时，妈妈伏下身子，温柔地对她说："谁都有不小心犯错误的时候，妈妈批评了你一句，你就伤心地哭了。你的同桌受到了老师的批评，肯定和你一样难过呢。你现在能体会你同桌的心情了吗？能原谅他了吗？"

女儿点了点头。

【技巧】

故事中的孩子之所以不能原谅同桌无心的错误，在于她无法体会同桌的处境和心情。而她的妈妈则非常聪明，利用一次小小的事件，让孩子意识到：站在对方的立场想问题，更容易理解和宽容他人。

都说现在的孩子是"自我"的一代，他们在考虑问题时，习惯从对自己有利的角度出发，很少考虑别人的感受。他们不能善解人意、不爱关心别人，因此很难受到同龄人的欢迎。成年以后，他们往往会刚愎自用，自以为是，无法处理好人际关系。

父母要想帮助孩子摆脱这种过于自我的思想，就应该让孩子学会站在对方的立场想问题。

站在对方的立场想问题，真切地感受别人的痛苦和困惑，不仅仅是为了宽容别人，赢得友谊，更是为了化解自己内心的怨恨。当孩子们与同学发生冲突时，如果他们能够站在对方的立场想问题，就会化干戈为玉帛，体会到"退一步海阔天空"的美好境界，就会发现，原谅别人和让自己释怀并不是很难的一件事。一个可以体谅别人的孩子，情商势必比其他孩子要高出许多！

那么，怎样做才能让孩子学会站在对方的立场想问题呢？

1.如果我是他，我会怎样

很多孩子之所以不能站在对方的立场想问题，在于无法体会别人的心情。一个有爱心的孩子，何时何地都应该主动去体谅他人的情绪。所以，父母不妨这样引导孩子："我们每个人都会有做错事的时候，如果你做错了，别人得理不饶人，你会是什么感受呢？当我们做错事的时候都希望得到别人的谅解，所以，我们也应该原谅别人。"

当孩子们无法理解他人的时候，不妨让他们问问自己："如果我是他，我会怎样？"当孩子们回答了这个问题，他也就找到了解决问题的办法。

2.尊重别人的想法

不管多么熟络的朋友，对事情的看法都会不尽相同，这常常成为冲突的起因。当孩子们和他的朋友因为某件事意见相左时，不妨这样劝劝孩子："为什么一定要让别人听你的呢？你说的就一定对吗？每个人都有自己的立场，所以才会有和你不同的观点。尊重别人的想法，就是尊重对方的人格。"

如果父母能这样劝导孩子，孩子的怨气可能慢慢就烟消云散了。尊重别人的想法，站在对方的立场想问题，孩子也会因此赢得别人的尊重。

方法 4：
帮助孩子爱上交流

【关键词】 缄默　孤独　爱上交流

【要点提示】 一个没有朋友的孩子，得不到人际交往的锻炼，更走不出孤独的心境。在其他孩子面前，多介绍自己孩子的优点，使其他孩子逐渐改变对他的看法。只有与同龄孩子多接触，他的交往能力才能不断提高。

【范例】

赵晓芳的妈妈，最近遇到了一个大问题。她想了很多办法，却依旧没有效果，于是她找到了医生，忧心忡忡地说："我女儿8岁，以前一直跟外公外婆生活，现在已经是小学三年级的孩子了。她在家时活泼好动，但是到了幼儿园却不跟小朋友玩儿，不跟老师唱歌跳舞，也不参加室外活动，总是一个人在一旁发呆。"

医生问："你们是否采取了什么方法？"

赵晓芳的妈妈说："当然了！4个多月了，可是没一点进展！医生，有什么好办法才能让孩子走出这个困境呢？"

医生经过了一番详细地咨询后，对赵晓芳的妈妈说："您的孩子患上了选择性缄默症。这可不是小问题！"

"选择性缄默症？"听到这个词，赵晓芳的妈妈愣住了。她不知道，这究竟是一种病，还是一种心理问题？孩子能不能从这种心态中走出？

【技巧】

也许，很多父母对"选择性缄默症"这个词并不了解，但它的症状我们再熟悉不过了：无法用语言和玩伴沟通，结交不到朋友。不过这些孩子很可爱，遇到人总是面带微笑。

一个没有朋友的孩子，得不到人际交往的锻炼，更走不出孤独的心境。这样的孩子，何谈高情商？

想要让孩子摆脱"选择性缄默症"的困扰，我们首先要明白造成这种情况的原因。通常来说，没有玩伴的孩子大致可以分为两大类：一类是身心正常，但人际沟通失调或教育不当，导致孩子被排挤而失掉玩伴；另一类则是身心异常，如患缄言症、自闭症或智能不足，自己把自己"关起来"而不去交朋友。

找到了问题的所在，接下来我们就要开始进行"治疗"：

1.父母要引起重视

有的父母会存在这样一种思维：孩子长大后，自然学会交朋友的，现在根本不用着急！但事实上，这种想法大错特错，因为越是任由孩子的性子来，他的状况就会越根深蒂固，因为没有人告诉他这样错了，他会依旧保持这样的心态。即使长大后想要调整，也会因为没有足够的技巧而多次碰壁。

所以，父母要在日常生活中逐渐感化，例如带他们去公园、去旅游、去参加各种他们乐于参加的活动。在这种共同的活动中，孩子会逐渐打开心灵之窗，愿意与其他小朋友进行交流，从而让阳光和友谊照耀心田。

2.要促使孩子与同龄孩子建立起友好关系

如今，绝大多数的家庭都是一家一户，尤其在城市之中，封闭的楼房更让孩子的交流机会大为减小。正因为如此，父母要帮助孩子与同龄孩子建立友谊。例如，父母可以让孩子去邀请邻居小朋友来家玩，小朋友来了，要请他一起玩玩具、看图书，共同游戏，有糖果要分给小朋友吃。在其他孩子面前，多介绍自己孩子的优点，使其他孩子逐渐改变对他的看法。只有与同龄孩子多接触，他的交往能力才能不断提高。

3.善于观察孩子与同伴的关系

观察孩子在同伴中的表现，这是帮助孩子走出"选择性缄默症"的关键。父母应该看看孩子和朋友们玩些什么，是否听从指挥还是指挥别人，关系是否平等，是否互相尊重，如何解决矛盾，是否有欺侮人和强占的行为。要有针对性地进行教育，只有当他在伙伴中能关心帮助人，他才能在集体中取得应有的地位。例如，当我们看到孩子总在欺负他人时，我们应当及时和他说："孩子，你和其他小朋友是平等的，怎么可以欺负他们？也许你很厉害，但是，你应该成为大家的卫士，这样大家才能佩服你、喜欢你！否则，所有人一定会躲得远远的，那时候你即使想找朋友也找不到！"

方法5：
教会孩子与人和睦相处

【关键词】平心静气　协商　以和为贵

【要点提示】想要纠正孩子打架的行为，让孩子提升情商，一味地靠打骂和责罚恐怕都解决不了问题。如果你希望将来拥有更多的朋友，就应该改变打架这个恶习，学会控制自己的冲动，与人和睦相处。

君君是个脾气急躁的孩子，平时不管和谁有一点小摩擦，就忍不住想动手。这不，下午打扫卫生的时候，君君又和同学打架了。

原来，在打扫卫生时同学们拉动了桌椅，以至于本来就不宽的空间显得更狭小了。君君坐下去后，腰都弯不了，很不舒服。他对后面的同学说："你把你的桌子往后拉一下，我这里太窄了。"

同学冷冷地说："不拉！我这里也很窄！"

君君一听同学说话这口气，心里马上来气了，他站了起来，自己去拉同学的桌子。因为心里带着气，动作难免大了些，再加上同学也没防备，被课桌猛地一碰，凳子倒了，同学摔在地上，头还碰到了后面的桌子。

这下同学火了，对着君君骂了句粗话。君君听到同学骂他，想都没想，照着同学下巴就是一拳。同学毫不示弱，扑上来就和君君扭打在一起。不过，君君个子比较高，再加上平时没少打架，身手比较"不错"，几拳就把同学打得嘴巴、鼻子都流血了。

【技巧】

这个故事接下来的场景，父母们一定可以猜得到：君君和同学都受到老师的责罚，特别是君君，毕竟是他先动手。不过君君的父母可能会面临更尴尬的窘境，那就是登门向君君的同学和他的父母道歉。

替君君道歉之后，君君的父母会怎样对待自己的孩子？是用拳头教训爱用拳头解决问题的君君，还是平心静气地坐下来和君君好好谈谈？但也许无论如何，这都不能起到好的作用。

不过，头疼之余，父母更应该深思：孩子遇到问题为什么不能通过合理的方式解决，非要用拳头说话？这其中的原因是什么？和父母的教育有关系吗？

父母教育不了自己孩子的时候，是不是也用打骂来解决问题？

倘若你的回答是肯定的，那么我们就找到了问题所在。因为我们已经告诉了孩子："想要说服别人，就一定要用拳脚！"

因此，想要纠正孩子打架的行为，让孩子提升情商，一味地靠打骂和责罚恐怕都解决不了问题。此时，父母们不禁要问，那有什么好方法吗？让我们一起来看看下面几种方法有没有用：

1.让孩子远离暴力产品

如今，电视、电影，特别是动漫游戏中的暴力情节越来越多，这些暴力情节被包装成勇敢者的行为，孩子们心智还未成熟，还没有足够的判断能力，很容易把这些"古惑仔"、"黑帮老大"当做英雄来崇拜。他们把自己幻想成这样的"英雄"，他们没有觉得打架是件耻辱的事情，反倒引以为荣。

所以，当父母发现孩子有这种暴力倾向时，一定要及时告诉孩子："影视中的作品都是经过艺术加工的，和现实生活是有距离的，现实生活中若遇到一点点小问题就打打杀杀，世界岂不大乱了。遇到了问题一定要通过协商解决，自己协商不了的，可以通过老师和家长，但一定不能打架。"

2.让孩子知道"拳头"并不能解决问题

父母应该让孩子知道，用拳头解决问题只会让问题更糟，和自己的初衷完全背离。例如故事中打架的君君，父母就应该这样教育他："你本来只是希望同学把桌子拉一拉，但最后你却打了一架，这是你的目的吗？你非但没有解决位置狭小的问题，还要让父母和你一块处理打架的问题。你现在知道了吧，拳头永远解决不了问题，只会制造问题。"

3.让孩子了解"以和为贵"的道理

很多打架的孩子并不是十恶不赦的坏孩子，多数都属于一时冲动，其实他们心中是渴望友谊的，甚至是相当讲"义气"的，只是他们不知道如何与他人和睦相处。

这个时候，父母就应该及时告诉孩子："正确地与人相处的方式应该是'以和为贵'，打架只能让人与人之间的关系越来越紧张，让友谊分崩离析。如果你希望将来拥有更多的朋友，就应该改变打架这个恶习，学会控制自己的冲动，与人和睦相处。"

4.给孩子适当的法制教育

给孩子适当的法制教育是必需的，当孩子知道打架的恶习如果愈演愈烈，结果有可能是触犯法律，甚至是坐牢、失去自由，相信他们肯定会想办法控制自己的冲动。因此，父母在平时可以让孩子多看一些法制节目，和孩子一起探讨案例，或者和孩子说一说身边具体的什么人因为打架遭受了恶果，相信这些活生生的例子，一定会让孩子收敛他们打架的行为。

方法6：
培养孩子理性思维，不要意气用事

【关键词】 意气　自控　理性思维

【要点提示】 爱意气用事的孩子总是缺乏理智，只凭一时的想法和情绪办事。意气用事的孩子都有一个特点：吃软不吃硬，他们的情绪犹如"狂风暴雨"，总是不期而至。

【范例】

张华的儿子小强从小就是个脾气急躁、爱冲动的孩子，总是毫无理智地做一些令人担心的事情。不仅在家里经常发脾气、摔东西，在学校也经常和同学们发生口角，甚至大打出手，张华为此没少替儿子"擦屁股"。

这不，今天张华又接到小强班主任的电话，让他赶快到学校一趟。张华急匆匆地赶到学校，得知小强又和同学打架了，这次把同学的鼻子打流血了。

张华向老师和同学们打听打架的原因，原来，小强在中午休息时和同学们打扑克牌，连续输了几局，被同学说了几句，他很不服气，动手打了那个同学。其他同学报告了老师，老师赶来相劝，谁知拉都拉不开，最后，他狠狠一拳打在了那个同学的鼻子上。

张华气不打一处来，质问小强："打个牌你也能把人家打成这样！"

小强还一脸的不服气："哼，谁让他说我笨！"

"说你笨，你回两句就是了，也不至于把人家打成这样啊。"

"没办法，气上来了，控制不住！"

【技巧】

"控制不住！"这句话成了很多爱意气用事的孩子的口头禅。所谓"意气"，就是主观偏激的情绪，爱意气用事的孩子总是缺乏理智，只凭一时的想法和情绪办事。

因为生理发育的不成熟，导致他们情绪的不稳定，遇到顺心的事就高兴，遇到不如意的事就觉得委屈，他们还不能有意识地控制和调节自己的情感，所以，偶尔的冲动在所难免。但一个健康正常的孩子知道什么时候该爆发，什么事情值得冲动，也知道适时冷静下来，不会因为一件小事就拳脚相加。

为什么有些孩子遇事就不能理智，容易意气用事呢？一般有两个原因：生理原因和社会原因。孩子的中枢神经系统发育不够完善，特别是大脑皮层兴奋和抑制过程还很不平衡，一旦遇到紧张刺激，就会非常激动而不能自控，这是意气用事的生理原因。

社会原因是指父母对孩子百依百顺，过分地"保护"和限制孩子，使孩子不懂得谦让、迁就和与他人合作，形成了"以自我为中心"的思想，容易对他人滋生不满情绪。此外，环境的不良刺激，家庭气氛的紧张，父母对待孩子的态度不一致等原因，都会造成孩子的意气用事。

当孩子不能理性思维，因意气用事发生事端的时候，很多父母只会生气，但却不知道该怎么办，这时，父母不妨试试以下几种方法：

1.纠正观念：朋友就是讲义气

随着年龄的增长，孩子们渐渐有了自己的圈子、自己的朋友，友情的意识越来越浓。特别是男孩，他们有了好哥们，上学在一起，玩耍也在一起，感情非常好。他们认为朋友之间就要讲义气，朋友有难，自己就要两肋插刀，义不容辞！例如有的孩子因为自己的朋友受了别人的"欺侮"，就帮朋友出头、打架，并把这种蛮干、鲁莽的行为当做英雄所为。

这时，做父母的一定要纠正孩子们的错误观念：友情就是讲义气。告诉他们：真正的友情是讲原则的，如果不辨是非，不顾后果地迎合朋友的不正当需要，这并不是真正的友情，只是一种无知和盲从，是与现代文明社会极不相容的。

2.让孩子知道意气用事会带来可怕的后果

中国有这样的古话："小不忍则乱大谋"，莫要"因小失大"，可见意气用事会带来可怕的后果。就像有些孩子因意气用事帮朋友打架，被学校批评、开除，甚至进了少管所，耽误了一生的前途。这样的孩子，不要说拥有高情商，即使能在人生的路上走得平坦已是万幸。

做父母的如果发现了自己的孩子有意气用事的苗头，就要让他们提前知道这些可怕的后果，教导他们：遇事冷静，理智思考，就会"忍一时风平浪静，退一步海阔天空"!

3.父母莫要"以暴制暴"

意气用事的孩子都有一个特点:吃软不吃硬,他们的情绪犹如"狂风暴雨",总是不期而至。如果父母此时和他们针锋相对,"以暴制暴",只会令天空更阴霾,局面更加不可收拾。因此,父母一定要先冷静下来,等孩子抵抗的情绪过了之后,再和他沟通,此时一定能收到良好的效果。

方法 7:
培养孩子正确的观点,能够分辨是非

【关键词】分辨是非 自我保护

【要点提示】多讲道理,多辩论、分析,来培养他们正确的观点,养成良好的生活习惯! 有了明辨是非的能力之后,孩子们就有了自己独特的见解,不再盲目地相信别人和跟随别人。

【范例】

孔子的一位学生在煮粥,他发现锅里好像有一点脏东西,他连忙用汤匙把它捞起来,本想把它倒掉,可又想到,一粥一饭来之不易啊,于是便把它吃了。

刚巧孔子走进厨房,看到自己的学生正在吃东西,非常生气地说:"让你煮粥,你怎么可以偷吃呢?"

他的学生连忙解释说："老师，我没有偷吃，是这粥里有点脏东西，我舍不得倒掉，就把它吃了。"

孔子听了说："是我错怪你了，看来，我亲眼看见的事情也不是事实，何况是我们道听途说的事情呢？"

【技巧】

孔子这么智慧的人，尚不能在第一时间分辨事情的对错，何况我们普通人，尤其是孩子们。

有些父母觉得孩子年龄小，道德观念尚未形成，是非判断标准还很模糊，模仿性强，控制能力差，所以不让孩子过早接触到一些不好的事物。一是怕他们对不好的事情没有免疫能力，二是怕丑恶的东西会在他们纯洁的心灵中留下阴影。但孩子并不是生活在童话世界中，到了一定的年龄，家长就应该让孩子去了解这个世界的善恶美丑，培养孩子分辨是非的能力，让孩子提高警惕，增加自我保护的意识。

在孩子有了对是非的基本判断之后，父母就要客观地跟孩子讨论一些社会现象，特别是不良现象，让孩子认识到，世界上不仅有善良的白雪公主，还有凶恶的大灰狼。

多讲道理，多辩论、分析，来培养他们正确的观点，养成良好的生活习惯！有了明辨是非的能力之后，孩子们就有了自己独特的见解，不再盲目地相信别人和跟随别人。

培养孩子分辨是非能力，要按照孩子们心理、生理的特点，从平凡的、点滴的事情做起，下面我们一起来看看，父母们要从哪几方面培养孩子分辨是非的能力。

1.利用讲故事的形式让孩子知道什么是对错

在培养孩子是非观的时候，父母一般会给孩子讲道理，但对一些小的孩子来说，他们很难在一时半会儿明白这些道理，而且说多了也容易招致他们的厌烦，不如讲故事更容易让孩子接受。

比如，孩子在某个阶段特别喜欢打人，但他自己却不知道这是不好的行为，妈妈就可以给他编个故事："有一只小狗，走到哪里都喜欢打别人，谁也不喜欢跟它玩。"

也可以让孩子看一些有道德文明、情绪管理、行为习惯等内容的图画书，让他们对是非对错有更清晰直观的认识。

2.让孩子多做是非判断

培养孩子的是非观要成为家长的一种习惯，抓住生活中的任何机会，对孩子进行是非教育：就像老师如果告诉父母，今天孩子拿小刀划课桌了，父母就要及时告诉孩子："课桌是公物，大家都要爱护，可不能随便划。"

再比如，孩子听见别人说了脏话，跟着学，这时父母要告诉他："这句话是骂人的话，不好听，不文明，不能学！"经常这样教育，孩子就知道什么是好，是可以做的，什么是不可以做的，分辨是非的能力也就在不知不觉中提高了。

方法8:

把坏情绪挡在门外，才能更好地教孩子

【关键词】 分辨是非　自我保护

【要点提示】 父母总是带着情绪与孩子交流，就等于放弃了了解孩子内心世界的机会。父母千万不要以为，提前告诉孩子自己的情绪变化，就等于拒绝了孩子。

【范例】

小雅的爸爸是某报社编辑，平常工作很繁忙。这天，他因为受到上级的无端指责，心情很是烦躁，回到家后心情还不能平静，一直坐在沙发上生闷气。

然而，小雅不过是个三年级的小学生，自然无法察觉爸爸的情绪。她和往常一样，跟爸爸说着自己在学校的开心事："老爸，我告诉你一件特逗的事情，我们班的王磊，今天上课睡觉被老师抓了个正着……"

尽管孩子手舞足蹈，但是爸爸依旧没什么心情。他没精打采地回应着："哦，是吗？"

小雅此时更加兴奋了，说："对呀！您猜他怎么被老师发现的呢？"说完，她还故意眨了眨眼睛，和爸爸卖起关子。

这时候，爸爸已经有些不耐烦了，他点燃一根香烟，说："我怎么可能知道？好了，你自己玩去吧！"

小雅说得正高兴，没注意到爸爸的神情在改变，继续自顾自地往下说："您猜一下嘛！您猜啊！哈哈哈哈……原来，他上课睡觉打呼噜啦！"小雅一边说，一边笑着推爸爸的肩膀。

这下子，爸爸终于无法忍耐了，他跳了起来，一把将小雅推开："够了！你这孩子怎么这么不懂事！没看见我正烦着吗！做你的作业去！"

爸爸突如其来的吼叫，吓得小雅一脸惨白。她委屈地回到了自己的房间，关上门，小声抽泣起来。一连几天，她也不敢和爸爸说话。

【技巧】

我们都知道，孩子对情绪是十分敏感的。谁都有心情不好的时候，有情绪可以理解。但是，如果父母常常将在外面工作的情绪带回家，以这种粗暴的态度面对孩子，时间一长，就会扑灭孩子亲近父母的热情。甚至，有些敏感的孩子还会因此染上心理疾病，在父母的面前唯唯诺诺，再没了孩子应有的天真烂漫。

有的父母则以为："我在单位受了气，回来和孩子发火，这难道还有错吗？毕竟我是他老子！"但事实上，发脾气不会增加父母的权威，结果往往适得其反。因为在别人看来，发脾气是缺少办法时采取的办法，是一种无能的表现；在孩子面前失态，也会给人一种缺少修养的感觉。发脾气还容易被孩子模仿，经常被应用的事例是：老板对丈夫吼叫，丈夫回家后和太太争论，太太对孩子叫骂，孩子踢小猫出气。家里成了战场，孩子的成长自然没有保障。

那么，我们该如何行动，才能把坏情绪挡在门外呢？

1.发火前，自己先照照镜子

谁都知道生气不好，尤其那张"臭脸"，没有一个人会喜欢。所以，父母在准备向孩子咆哮时，不妨用镜子照一下自己，镜子中扭曲的面孔往往会让自己都吓一跳。自己意识到现在的表情很难看，那么自然而然地就会进行情绪调整。

2.向孩子直接说明

也许，你在职场上遇到了非常严重的问题，必须要将其带回家解决，那么你不妨用商量的口吻告诉孩子："爸爸（妈妈）很累，需要休息一下，静静地思考些问题。你能不能待会儿再来说话呀？"孩子一般都很善解人意，当父母这样说时，他一定不会再对父母"死缠烂打"，而会静静去做自己的事。甚至，他还会安慰你，帮助你放松心态，回归平静。

父母千万不要以为，提前告诉孩子自己的情绪变化，就等于拒绝了孩子。其实，这种拒绝会让孩子感受到父母对他的尊重。

3.主动向孩子道歉

情绪这种东西，有时候真的很难控制。倘若父母真的控制不住自己，对孩子发了脾气，那么应该把对孩子的伤害降到最低，尽量避免"闭嘴"、"笨蛋"这样的词汇。意识到自己的错误后，也不要等待，而是应当及时向孩子道歉。

也许你拉不下面子，那么，你可以采取书信的方式，向孩子说声"对不起"；你还可以利用短信、E-mail、QQ 聊天等现代化方式，取得孩子的谅解，化解孩子心中的委屈。

归根到底，父母要记住，孩子之所以和自己说话，说明父母是他最信任的人，父母总是带着情绪与孩子交流，就等于放弃了了解孩子内心世界的机会。不了解孩子，你又何谈教育？

方法9：
让孩子摆脱"蛋壳"心理，提升情商

【关键词】自由探索　自信心　尝试

【要点提示】当孩子热衷有兴趣的事物时，大人应放手让孩子自己做，避免干预。父母应当尊重孩子的选择，让他感受到："这是我的梦想，别人谁也不能打碎！"

【范例】

昨天晚上，皓皓的妈妈接他放学时，和另外一位家长说起前天有个孩子放学时坐错班车了，最后好不容易才找回来。结果这个对话让皓皓听见了，他非常害怕，睡到夜里哭了。

妈妈被他的哭声惊醒了，急忙询问怎么回事。他说梦到在幼儿园里玩得很高兴，忘记坐车了，结果别的小朋友都上车回家了，就剩下他自己没有坐上车，非常害怕所以就哭了。

孩子的话，让妈妈大吃一惊，她没有想到孩子居然如此胆小。

其实，皓皓一直都是这个样子。在学校里吃午饭，他比别的小朋友吃得都慢，老师批评了皓皓几句，他就哭着要回家，怎么劝说也不行。只好让皓皓的父母来接他回家。

路上，爸爸问皓皓："皓皓，你是不是不舒服啊？为什么想回家呢？"

皓皓抹着小鼻涕说："老师批评我吃饭慢了，我觉得在其他小朋友面前很没有面子。"

爸爸妈妈说起了这件事，他们没有想到，为什么 7 岁的孩子就像一个蛋壳一样，一碰就碎？

【技巧】

像皓皓这样的孩子还有很多，有一个专业的词汇，就是用来形容他们的：蛋壳心理。

所谓蛋壳心理，就是指一触即破的心理，脆弱是它的本质。这种孩子的突出表现就是他们没有勇气听到别人的批评，稍微一说便感到世界崩塌了。令人担忧的是，许多父母尚未认识到它的危害，因此孩子蛋壳心理的形成有增无减。所以，很多父母就发出了这样的抱怨："现在的孩子是打也打不得，骂也骂不得，动辄就以离家出走或自杀相威胁。"

冰冻三尺，非一日之寒。孩子出现蛋壳心理，这和父母的影响不无关系。作为父母，谁也不愿意让孩子经历苦难，尤其是那些在艰苦岁月中长大的父母更是不想让孩子吃苦。因此，父母总是千方百计为孩子设计美好的明天；给孩子无微不至的关怀；对孩子百依百顺，有求必应；对孩子极尽赞美之词，却不舍得批评和管教……

还有的父母，就是对孩子的期望值过高，导致了这种现象的出现。这些孩子学习优异、表现良好，父母、老师及其他小朋友都会对他寄予很高的期望，经常拿他作为标杆。外界的这种高期望，使得他们总是担心因某次表现不佳，改变自己在众人心目中的良好形象。

找到了原因，我们就要对症下药，让孩子摆脱蛋壳心理，提升情商。

1.尊重孩子的能力

作为父母，首先要认识到，孩子是具有能力的天生学习者。他们会循着自然的成长法则，不断使自己成长为"更有能力"的个体，这是父母首先要改变的观念。所以，孩子无论做什么事情时，一定要尊重孩子。哪怕孩子暂时只能打扫屋子，我们也不要阴阳怪气地说他们"不中用，比不上其他小朋友"。

2.鼓励孩子自由探索、勇敢尝试

父母应当经常鼓励孩子做有兴趣的事情，并尊重他的选择。孩子获得了尊重与信赖后，就会在环境中自由探索、尝试，在自然而然中遗忘蛋壳心理。就像我们来到公园，倘若孩子想要尝试一下过山车的滋味，那么只要他的身体允许，我们就应该让他参与。当孩子从自我探索发现了乐趣，那么他就不会总是感到什么都不敢做、什么都不愿做。

3.培养孩子的自信心

想让孩子摆脱蛋壳心理，关键点就在于：让他们建立积极的自信心。对孩子来说，如果他能独立完成一件事情，会感到满足和兴奋，经常有这种体验，则使他们对自己的能力充满信心。更重要的是，要让孩子保持个性、保持愉快的心境，有不服输的态度，就会想办法干得更好，更容易成功。所以，诸如像打水、买小东西、送信这样的事情，我们就应该让他们去做。只有成功的经验越来越多，他们才会不恐惧挑战。

4.适时协助而不干预

当孩子热衷有兴趣的事物时，大人应放手让孩子自己做，避免干预。不过，这并非要丢下孩子，完全不管，而是适时予以协助、指导。例如孩子正在尝试学滑旱冰，那么我们不要说得太多，而是应当进行近距离观察。当我们发现他的动作有问题时再去提醒，这远比不停地讲述要更有用。总之，父母应当尊重孩子的选择，让他感受到："这是我的梦想，别人谁也不能打碎！"

方法 10:
如何让孩子懂得感恩

【关键词】 自私 感谢

【要点提示】 一个不懂得感恩，不知道说谢谢的孩子，永远不会被他人喜欢，也永远得不到高情商。作为成年人，我们总会与很多陌生人进行来往，彼此间都会进行互帮互助。

【范例】

这天，赵小明和爸爸一起去爸爸的同事家做客。看到赵小明非常可爱，那位叔叔就给了赵小明一颗棒棒糖。赵小明高兴地接了过来，然后塞进嘴里。

看到赵小明这个样子，爸爸不好意思地说："真对不起啊……"

赵小明瞪大了眼睛，说："我怎么了？"

爸爸没有和他说话，继续和叔叔攀谈了起来。回家的路上，爸爸严肃地说："叔叔给你东西，你为什么不说谢谢？"

赵小明有点委屈地说："叔叔掏出来不就是要给我的吗？那我还说'谢谢'干什么？"

赵小明的话让爸爸无话可说。他知道，必须用其他的方法来教育孩子。

这个周末，爸爸带着赵小明去参加一个影展。在一组系列照片中，赵小明驻足了许久。这组照片讲了一件事：一位老人捡到钱包，独自一人坐在路边从早到晚等待失主。临近半夜，失主终于到来，却冷漠地从老人手里夺走钱包。

最后一张照片，是老人默默地哭了。看着照片，赵小明生气地说："爸爸，那个人真坏，老爷爷是在等他，可是他却连声'谢谢'都不说！"

爸爸微微一笑，说："孩子，你说得很对。可是你自己呢？叔叔给你棒棒糖，难道就是应该的吗？想一想，老爷爷和叔叔是不是一样难过？"

爸爸的话，让赵小明愣住了。几天后，爸爸收到了赵小明写给自己的一封信，其中有这样一句话："爸爸，我想了好多，也经历了好多。昨天，我帮同桌打扫卫生，他对我说了声'谢谢'。这个时候，我又想起来影展上的那个老爷爷了。对不起，爸爸，我知道你为什么让我说'谢谢'了！从今以后，我一定会改掉自己的毛病的！谢谢你，爸爸！"

【技巧】

你看，一次充满积极意义的影展，让爸爸没有去说什么大道理，就让孩子懂得了感恩，懂得了说谢谢。正是通过这组照片，赵小明得到了这样一种暗示：老爷爷辛苦等待失主，最后却换不到一声谢谢。联想到自己，他接受叔叔的礼物，却也没有丝毫的表示，叔叔一定也会无比失落。通过直观地对比，孩子明白了感恩的重要性，更懂得了说"谢谢"。

其实，现在不懂得感恩，不会说谢谢的孩子太多太多了。作为掌上明珠的独生子女，如今的孩子们，"自私"成了共同的标签。也许是一切来得太容易了，这些孩子们会认为一切都是理所应得，即使收到了礼物，他们也会毫不客气地接在手中，甚至连声"谢谢"也没有，扭头便扬长而去。

这样的抱怨，父母们一定不会陌生："小姨买了一个闹钟，孩子特别喜欢，小姨只好就送给她。谁知她接过来以后撒腿就跑，连句'谢谢'也不说。哎，你是不知道，小姨当时的脸色多差啊！"

一个不懂得感恩，不知道说谢谢的孩子，永远不会被他人喜欢，也永远得不到高情商。所以，我们就要运用各种手段，让孩子产生感恩意识：

1.让孩子明白，"滴水之恩，当涌泉相报"的道理

不懂感恩的孩子，不要说情商，就是未来的人生路，也是充满艰辛的。这样的孩子长大后，不仅不懂得孝道，不知回报亲人，更不会帮助他人，自然也不会得到他人的相助。

所以，面对那些自私的孩子，父母应当告诉他们："一旦受到别人的帮助，要真诚地表达谢意，说一声谢谢；而他人需要帮助的时候，自己也要伸出援助之手，这才是感恩的回报。"也许，孩子并不理解这样的语言，但我们也要要求他这样做。当他在与人交往的过程中体会到了"谢谢"的作用时，就自然会懂得父母的一片苦心。

2.父母学会说"谢谢"

俗话说，近朱者赤，近墨者黑。一个不懂得感谢的父母，一个只知道索取的父母，怎么可能教育出习惯说谢谢的孩子？所以，我们就要为孩子树立正确的榜样。当我们接受了他人的帮助时，一定要说："感谢你为我所做的一切。""感谢你的帮助。"孩子很善于模仿，当他看到父母如此，自然也会学会说"谢谢"。

3.让孩子学会感谢自己身边的人

这一点，依旧需要父母做出榜样。作为成年人，我们总会与很多陌生人进行来往，彼此间都会进行互帮互助。在得到他们的帮助时，我们要把自己的感恩之心传递给孩子，让孩子也感觉到受了别人的恩惠。我们不妨说："我代表全家人，包括我的孩子谢谢您的帮助！"这样一来，孩子就会感到这份帮助不仅是针对父母的，还包括了自己，自然就会产生感恩之心，主动去说一声"谢谢"。这种方法是非常重要的：不仅可以帮助孩子学会感恩，更能学会与人交流的技巧，可谓"一石二鸟"的情商教育课！

方法11：
让孩子走出"心灵沙漠"

【关键词】 爱　温馨　乐趣

【要点提示】 一个充满爱的家，必然会感染孩子，让他们变得越来越开朗。日常生活中，我们要多鼓励孩子帮助别人，让他去感受人与人之间的交流。

【范例】

蒙蒙今年六年级了，然而却表现出了和年龄完全不相符的冷漠。每天放学之后，蒙蒙总是把自己关在房间里，不到吃饭的时间不出来，吃完饭后又把自己关在屋子里。以前，蒙蒙遇到了什么不开心的事，都会和父母说；遇到解决不了的难题，也都会和父母去商量，可是现在，蒙蒙宁愿把话憋在肚子里也不愿意和父母沟通，弄得父母不明所以。

后来，妈妈从老师那里打听到，蒙蒙在学校里也是这个样子，她不愿和同学交流，看到同学需要帮忙只是冷冷地走开。

妈妈为了这件事，不知道烦恼了多长时间。后来她无意中看到了蒙蒙的日记。蒙蒙如此写道：

"我不喜欢家里，我不喜欢和爸爸妈妈在一起！他们根本就不了解我，更谈不上什么理解了，平日里就为了那么一件小事唠唠叨叨那么长时间。他们根本就不知道我想要的是什么，每天还在那儿说什么现在的孩子多幸福，要吃有吃、要穿有穿的风凉话，他们知道我现在一天活得有多累吗？还有那些同学，为什么总是那么多的事情？难道他们不能安静一点吗？"

这篇日记，把蒙蒙的妈妈打晕了。她根本想不到，才 11 岁的孩子，居然有这样的心理！可是，她又不敢去问蒙蒙，她害怕女儿知道自己偷看了日记，关系会越来越僵。

【技巧】

蒙蒙，正是"情感冷漠"型的孩子代表。这种孩子有着一种明显的特征：对情感不敏感、反应迟钝、对人或事无兴趣、无责任感，不关心别人，不喜欢与人打交道，即使最亲近的家人，也无法与之建立真实的、更深刻的情感依赖。

这样的孩子，自然会让家人忧心忡忡。我们想帮助他走出疑惑，却又没有合适的方法。于是乎，有的父母拳脚相加，用暴力来掩饰自己的能力不足……

情感，这是孩子的情商重要组成部分，想要解决这个"谜案"，暴力是万万使不得的！我们要做的第一步，是分析究竟为何造成了这样的结局：

1.生活缺乏乐趣

众所周知，如今的孩子生活、学习压力都很大，他们不仅要应付如山一般的作业，还承担着家人的期望。所以，他们会感到压力太大，对现实产生失望，因此变得非常冷淡。文学、艺术，这是唤醒一个孩子情感的关键，但孩子们被语文、数学、英语团团包围，又何谈去感受艺术的启迪？

2.父母的教育不当

如今，太多的父母将孩子的关注点放在了智商、学习之上，却忽视了孩子的情商培养。很多父母都会这样：如果孩子的学习成绩好就呵护有加，并给予一定的奖赏；反之，就会进行无休止的批评。在这种环境中长大的孩子，怎么可能不冷淡？

3.父母只培养孩子的竞争意识

为什么，孩子对同学们很冷淡？关键就在于：父母总是在鼓励竞争、竞争、再竞争，却忘了孩子最重要的应该是建立友谊、学会分享。父母总是在强调孩子们的对立关系，他们又怎么可能和同学们亲近？

4.网络的"危害"

不可否认，如今的计算机网络发展极快，不少孩子成了一名不折不扣的网虫。毕竟，相对于现实，网络中的交友更加快捷和神秘，这正是孩子们热衷的。一旦上网成瘾，他们就会对外界刺激缺乏相应的情感反应，对亲情、友情冷淡无兴趣，缺乏内心体验，拙于表达，对一切都漠不关心……

了解到了造成孩子冷漠的原因，接下来父母就应该进行针对性的调整，让孩子走出"心灵沙漠"：

1.营造温馨的家庭氛围

一个充满爱的家，必然会感染孩子，让他们变得越来越开朗。所以，那些经常吵架，甚至大打出手的父母，此时请消停片刻吧。只有我们表现得恩爱、体贴，孩子才能感受到家庭的温暖，才能远离冷漠。当然，夫妻吵架是正常事，但是我们不要在孩子的面前爆发，我们不妨学着去冷静，学着在另一个环境里去"打仗"，从而给孩子一个温暖的家。

2.强化孩子的热心行为

日常生活中，我们要多鼓励孩子帮助别人，让他去感受人与人之间的交流。当孩子扶起倒在地上的自行车，当孩子给正在上坡的三轮车助了一把力，当孩子把自己的新书送给贫困地区的小朋友，当孩子为正在口渴的奶奶送上一杯茶，我们还要送上诚挚的表扬和鼓励。当孩子听到了他人的感激和父母的赞扬后，内心的坚冰，自然就会慢慢融化。

3.用身体融化孩子的冷淡

我们已经说过，孩子冷淡的原因，很大程度上与父母的不关心有直接关系。所以，我们就应该用身体融化孩子的冷淡。

例如，有的孩子喜欢睡前让父母进行背部按摩，就算他的精力依旧很旺盛，但是按摩带来的舒服感觉，能让孩子满足地入睡，而且能感受到父母的关爱。而当早晨离开孩子的时候，父母给他一个温暖的拥抱，会让孩子一天都充满安全感。这些方法，都有助于孩子走出冷漠的心境，从而提升情商。除此之外，让孩子多听音乐、参加美术班，这都是非常棒的方法！

方法12：
学会感恩，伸出援助手

【关键词】 漠视 援助

【要点提示】 培养孩子的感恩之心，这是提升孩子情商的关键。父母的榜样作用是无穷大的，培养孩子乐于助人也需要家庭成员特别是父母树立的榜样。

【范例】

5岁的汉克和爸爸、妈妈、哥哥一起到乡下去玩，突然下起了大雨。可是，他们只带了一件雨衣。于是，爸爸把雨披给了妈妈，妈妈给了哥哥，哥哥又给了汉克。

汉克问道："为什么爸爸给了妈妈，妈妈给了哥哥，哥哥又给了我呢？"

爸爸回答道："因为爸爸比妈妈强大，妈妈比哥哥强大，哥哥又比你强大呀。我们都会帮助和保护比自己弱小的人。再说了，这个家正是因为有你们，才会如此美满。所以，我要谢谢你们！"

听完爸爸的话，汉克将雨披撑开挡在了一朵风雨中飘摇的娇弱小花上面，然后说："我不是最弱小的，我也可以帮助和保护别人。再说了，小花和小草会进行光合作用，给地球带来充足的氧气，同时将地球装扮得非常美丽，所以它们才最应得到帮助！"说完，一家人会心地笑了。

【技巧】

一个懂得感恩的孩子，必然会在他人需要帮助之时，伸出自己的援助之手。因为他明白，正是人与人之间的互帮互助，我们的社会才会美好，我们的家庭才会和谐！

面对这样的孩子，你敢说他的情商不高吗？所以，培养孩子的感恩之心，这是提升孩子情商的关键。

然而，现实的状况让人忧心忡忡：如今的孩子多为独生子女，享受着两代甚至是三代人的宠爱，所以他们在家中总是处于被照顾的地位，很少有人想到让他们帮助别人。虽然这一切看来都是顺理成章的，但是这对孩子情商的培养是非常不利的，它不利于孩子优良品格的形成，长此以往，孩子形成的对他人的漠视和毫不关心将会妨碍他们在学业和事业上的发展。

想要纠正孩子的这种心态，就必须让他们学会关心别人、感激别人：

1.用实际行动感化孩子

十句话，抵不上一个动作。培养孩子的感恩之心，不能只凭口头教育，否则他们只能左耳进、右耳出。我们只能从实际行动入手，让孩子明白其中的道

114

理。比如，妈妈蹲着择菜，爸爸就可以启发孩子给妈妈送个小板凳；爷爷卧床生病，妈妈就可以让孩子送水、送药。

当孩子做了这些事情后，父母应当送上及时的肯定，强化他们的这种行为。经过这样的锻炼，当孩子看到不相识的陌生人遇到困难时也会伸出援助之手。

2.告诉孩子为什么要帮助他人

只有让孩子明白帮助别人的意义，孩子才能主动去帮助别人。所以，当我们要求孩子帮助别人时，就要解释为什么这样做，就像事例中的汉克，当他听到爸爸说的那些话，就会理解其中的道理，因此不用多说他就会主动给别人伸出援助之手。

3.给孩子树立一个帮助他人的榜样

父母的榜样作用是无穷大的，培养孩子乐于助人也需要家庭成员特别是父母树立的榜样。我们可以毫不夸张地说孩子就是父母的一个缩影，父母的绝大部分品质都能在孩子身上反映出来。所以，家庭成员的相互关心、邻里之间的相互帮助都能给孩子以良好的刺激，促进他们乐于助人品质的形成。

作为父母，我们不能忽视自己对孩子带来的影响，他们的种种行为在很大程度上都是模仿父母得来的。亲爱的父母，如果你想拥有一个乐于助人的孩子，请先在你的身上培养这种品质吧。

4.让孩子组织慈善活动

为了让孩子能够更加明白帮助别人的意义，我们不妨鼓励孩子组织一场慈善活动。你可以鼓励孩子召集住在同一个社区的小朋友们，在小区花园里摆一个“跳蚤市场”，卖自己家闲置的二手货，用得来的钱捐献给需要帮助的人或是慈善机构。在这个过程中，孩子会了解到为什么要帮助别人，有哪些人需要帮助，还能掌握与人交流的技巧和方法。如此一箭双雕之举，我们一定要大加鼓励！

第四章
用最好的方法给孩子最棒的财商教育

CHAPTER 04

"授人以鱼不如授人以渔"。

给孩子金山银山，不如教会孩子如何理财。

财商的教育要从小培养，培养孩子的理财意识，

激发孩子的财商天赋，

让孩子从小就养成理财的习惯，

拥有理财的能力，不虚荣、不攀比、不浪费，

做一个会理财、会投资、会消费的人。

方法1：
提升财商，从独立劳动开始

【关键词】独立劳动　积极性

【要点提示】要成为对社会有用的人，就离不开劳动，更要从心底里尊重劳动。

【范例】

5岁的小雅聪明好学，又懂礼貌，深得老师和父母的喜爱。但这个小姑娘有一个坏毛病：无论什么事情都要妈妈代劳，自己从来不动手去做。

早晨，被妈妈叫醒的小雅仍懒洋洋地躺在床上，等着妈妈为她穿衣服，接着，刷牙和洗脸也要妈妈在一旁帮忙。到了晚上，妈妈要帮她铺好床铺，洗好脚，她才肯上床睡觉。本来妈妈上班已经够累的了，回家还要伺候她，所以，这位妈妈是非常的辛苦。可小雅根本就体会不到妈妈的辛苦。

这个周末，小雅和妈妈一起到公园玩，小雅玩得很累，就和妈妈说："妈妈，你帮我买瓶矿泉水吧，要凉的！"

妈妈说："为什么你自己不去呢？宝贝，这么小的事情，你自己就可以做到的！"

这时候，小雅大声地嚷道："不嘛，我好累，妈妈去，妈妈去！"

妈妈有些生气，说道："那你以后怎么挣钱，什么都要靠妈妈来做吗？"

小雅说："当然呀！妈妈劳动赚钱给我花！我就是这么想的！"

小雅的话，让妈妈顿时愣住了。

【技巧】

在现实生活中，类似小雅的现象很普遍，虽然父母为孩子的成长付出了很大的努力，但却在无形中剥夺了孩子劳动的权利，使孩子的生存能力低下，并且在孩子心中播下了"不劳而获"的种子。

所有的父母，都渴望自己的孩子将来能成才，能自立于社会。但要成为对社会有用的人，就离不开劳动，就要从心底里尊重劳动。

提升财商，提升内心的充实感，就要从独立劳动开始。这一点，西方研究机构早已得出结论。美国哈佛大学经过四十多年的研究发现：适量劳动可使孩子快乐。那些童年时参加过劳动，甚至做过简单家务劳动的人，要比那些小时候不做事的人生活得更愉快。并且，他们在成年后，也比那些不劳动的孩子能更加适应社会，赚到更多的钱。因为孩子在劳动中，不仅获得了才干，而且会意识到自己的社会价值。

所以，对于我们习惯溺爱的中国父母来说，过去的教育方式真的要改一改了。父母们忽视孩子的劳动教育，不重视孩子劳动习惯的培养，使孩子的生活自立能力降低，自己的事情不会做或不愿做，这样的孩子不要说赚钱，就是在社会上独立生存都是问题。

当然，要求孩子进行独立劳动，这也是要讲究方式方法的。以下几方面，都可以培养孩子的劳动习惯：

1.培养孩子的劳动观念

无论何时，父母都要给孩子灌输这样的理念：劳动是伟大而光荣的。在孩子做家务的过程中，父母不仅要教孩子掌握一些简单的劳动技能，养成劳动习惯，还要培养孩子的责任心和义务感。例如，父母可以告诉孩子："给小树浇水的目的，就是为了让它能够茁壮成长。要知道，人类没有了树，就没有了氧气，那么也就无法生存。所以，我们要承担给小树浇水的义务！"

除了语言上的灌输，一些歌颂劳动的电影、电视剧，我们也应当和孩子一起观看。在这个过程中，他同样会对劳动产生积极的认识。

2.让孩子做力所能及的家务劳动

对孩子进行劳动教育，不但要鼓励支持孩子参加学校、社会公益劳动，还要让孩子承担必须完成的家务劳动。父母要根据孩子的年龄，给孩子分配一些力所能及的家务，比如穿衣、洗脸、洗手帕等，都应该让孩子学着自己做。

需要注意的是，父母在给孩子分配家务时，要注意孩子的安全，同时不要让孩子劳动太久，以免孩子产生厌烦和畏惧家务劳动的心理。还有那些难度过大的劳动，例如爬在高处擦玻璃、进到下水道疏通水管之类的事情，就不要让孩子参加。

3.适时地表扬和鼓励孩子

一旦孩子养成独立劳动的习惯，父母就要第一时间做出肯定，表扬孩子的劳动行为，从而保护孩子的劳动积极性。父母不妨说："孩子你真棒！继续做下去吧，大家都在看你究竟还有多少潜力没有挖掘！"

当然，由于孩子能力有限，所以常常好心办坏事，但即便如此，父母也不要呵斥甚至嘲笑孩子，而是要告诉孩子如何做是正确的，对孩子循循善诱。就像对于刷碗不小心打破盘子的孩子，我们不妨这样说："没关系的，谁都有犯错的时候，只要下次注意就没有关系。那么，这次是为什么打碎盘子了呢？"当孩子回答出结果后，我们还要进一步鼓励他，"那么，我们下一次就不要再犯这样的错误啦！妈妈相信你能做好！"

归根到底，让孩子学会独立劳动，这对他的成长是有百利而无一害的。记住苏联教育家苏霍姆林斯基的一段话吧："不要把孩子保护起来而不让他们劳动，也不要怕孩子的双手会磨出硬茧。要让孩子知道，面包来之不易。这种劳动对孩子来说是真正的欢乐。通过劳动，不仅可以认识世界，而且可以更好地了解自己。劳动是最关心、最忠诚的保姆，同时也是最细心、最严格的保姆。"

方法 2：
财富意识比财富更重要

【关键词】 理财能力　金钱观

【要点提示】 有的时候我们会发现，即使再节俭省钱，手里的钱还是不多。我们很有必要在青少年中开展理财教育，让他们树立财富意识。

【范例】

老摩根是美国著名的"大财阀"，当年靠卖鸡蛋和开杂货店起家。由于知道成功的不易，在经济条件改善以后，他对孩子的要求仍然非常严格，规定孩子每个月必须通过干家务来获得零花钱。

为了多得到一点钱，几个孩子都抢着干家务。托马斯的年龄是几个孩子中最小的，所以他老是抢不到活干，因为没有那么多钱，他反倒非常节省。老摩根知道后，意味深长地对托马斯说："不要一直想着去怎么节省，而应该想想怎么才能多干活多挣钱。"

在那之后，托马斯想了很多能干活的点子：去发报纸、收废品、卖饮料……通过自己的努力，托马斯手里的零花钱也渐渐多了起来。

长大以后，托马斯拥有了自己的公司，回想自己的童年时光，他十分感谢父亲对自己的财商教育。

【技巧】

老摩根教育孩子的方法是西方人崇尚的一种教育理念——"再富不能富孩子"。富翁们都意识到：让孩子拥有天生的金钱优越感对成长是有百害而无一利。所以，他们通常给孩子的都很少，并鼓励孩子自己去打工挣钱，从而让孩子明白金钱的获得并不是轻而易举的，只有自己付出努力，才能获得真正的财富。

有的时候我们会发现，即使再节俭省钱，手里的钱还是不多。导致这种结果的原因就是因为我们没有意识到开源比节流更重要，只有学会如何挣钱，才能拥有更多的财富。所以说，让孩子在头脑中树立财富意识非常重要。

一项研究调查表明，青少年每个月可以动用的金钱，100元以下的占36.5%，101元至200元的占22.1%，201元至400元的占19.2%，401元至600元的占12.9%，601元以上的占9.3%。青少年把零用钱主要花在了衣服鞋袜、休闲刊物、参考书、到西式快餐店消费以及看电影等。

后续的调查还显示，39.6%的青少年认为"自己有很多用了不久便不再用的东西"。由此可见不少青少年在购买东西时，很可能是因为旁人的影响或只是被商品的外观所吸引，在冲动之下购买了商品，买回来后却发现并非自己所需要的而闲置一旁。这是很多孩子都存在的一种乱消费、高消费、理财能力差的问题。

综上所述，我们很有必要在青少年中开展理财教育，让他们树立财富意识。然而，大多数的中国家长便会感到困惑，我国传统的金钱观念是"君子喻以义，小人喻以利"的价值观，这也导致很多家长都不愿意在孩子面前谈钱。

对于美国家长来说，他们鼓励孩子从小就通过正当的渠道去赚钱。美国每年大约有300万中小学生在外打工，他们有一句口头禅："要花钱打工去!"

国内外儿童教育专家一致认为：孩子越早接触钱，越会理财，长大后也就越会赚钱。而进入21世纪的孩子，更需要这种生存的基本素质——金钱观念和理财能力。那么，应该让孩子知道哪些财富理念呢？

1.让孩子树立赚钱观念

父母要让孩子从小就认识到，只有通过正当的手段去获取钱财，才是正确的做法；不择手段地获取不正当的利益是可耻的，会受到法律的制裁。父母可以让孩子先做一些家务，从而获得相应的报酬，培养理财观念，但同时还要避免孩子形成金钱至上的观点。

2.让孩子养成储蓄的好习惯

储蓄是我们最常用的理财手段，父母可以给孩子买一个储蓄罐，让孩子把平时省下的零花钱储蓄起来；或者和孩子一起去银行开一个储蓄账户，让孩子知道如何获得利息。

3.让孩子学会精打细算

虽然现在很多家庭的经济状况都比较好，但也要注意培养孩子勤俭节约的好品质。因此，父母可以给孩子制订一个消费计划并监督其严格执行，时间长了，孩子自然也就懂得应该如何节约了。

另外，父母还要让孩子认识到财富是人类劳动的结晶，它凝结着父母和广大劳动者的智慧、心血和汗水，所以对于孩子来说，一定要珍惜父母所给的零花钱。

4.不要盲目地追求财富

在我们追求财富的过程中，更重要的是可以获得积累了一些理财和分析判断的经验。我们要让孩子明白，拥有必要的财富是个人基本生活的保障，但财富不是人生的终极目标。父母可以给孩子讲一些媒体上所报道的因为钱而锒铛入狱的事例，让他明白什么样的钱可以挣，什么样的钱千万不能挣。

方法 3：
让孩子健康成长，避免成为金钱的奴隶

【关键词】理财教育 抵御诱惑

【要点提示】金钱是人生旅途中一个致命的诱惑。人生的旅途中本来就充满了各种各样的诱惑，如何战胜这些诱惑是任何人都要面临的问题。

【范例】

有一天，小路和妈妈走在回家的路上，路过了一家俄式面包店。妈妈买了四个面包，给了售货员50元钱。售货员本应该找回42块钱的，可是妈妈仔细一数，售货员多给了10元，于是毫不犹豫地把那多给的钱还给了售货员。

接到钱后，那个售货员很惊异，脸上的表情更多的是对小路妈妈的感激，就连其他的顾客都对小路和妈妈投来了敬佩的目光。售货员连声道谢，妈妈笑了笑，带着小路离开了。

小路把这一切看在眼里了，回到家里，他对妈妈说道："妈妈您真傻。"

妈妈笑了笑，对儿子说："拿了不该拿的钱就傻吗？不属于自己的东西，就算拿了心里也不会踏实的，你看售货员阿姨，那么辛苦，她多找给了我们钱，她这半天可就白忙乎了。难道，你愿意让阿姨被老板骂，甚至被开除吗？也许，她需要这一份工作来养活家，养活和你一样大的孩子。再说，是我们自己赚的钱，花起来才心安理得。"

小路听了以后做出若有所思的样子，暗暗点了点头。

【技巧】

人生的旅途中本来就充满了各种各样的诱惑，如何战胜这些诱惑是任何人都要面临的问题。而金钱，是其中一个比较致命的诱惑。

要想让孩子健康成长，避免成为金钱的奴隶，我们就得让孩子从小学会正确面对金钱的诱惑，这样才能保证他们长大后也不会因为诱惑而误入歧途，也就有可能成为一个正直、坚强的人。当然，战胜金钱的诱惑需要很大的勇气，更需要坚定的决心，这个过程是很漫长的。

在对孩子进行理财教育的时候，我们一定要告诉孩子不能为了牟取金钱而不择手段，卑躬屈膝，辱没人格。人人都想要拥有更多的钱，切不可过分追求，就像对待自己的孩子，不可以过于溺爱以至于丧失了基本的原则。很多人为了钱财争得你死我活，可最终得到的只是凤毛麟角，只有凭自己的诚实劳动挣来的钱才花得心安理得。

1.教育孩子正确地面对诱惑

小简刚过 6 岁，平时还是很听话的。可最近发生的一件事情让他的父母很生气。他偷拿了家里的 40 元钱出去买零食。小简的父母知道孩子正处在价值观的塑造期，方法不当很容易让孩子产生反叛心理。于是父母并没有严厉地批评他，而是耐心地说服，告诉他这样做是不对的，只会帮助他养成坏的习惯。

最后小简很诚恳地承认了自己的错误。

其实小简的故事并不是一个个案，在现实生活中，经常发生这样的事情。因为对孩子来说，金钱不仅可以买好多玩具，还可以买好多美味的零食。所以发生这样的事情也是情有可原的，最重要的是父母要及时地引导，告诉孩子要抵御这些诱惑。

2.还有比金钱更重要的东西

俗话说："有钱能使鬼推磨"、"人为财死，鸟为食亡"……这些话，充分地说明了金钱的巨大能量。但尽管如此，还是有一些事情是不能靠金钱来解决的，比如说获得尊严、获得别人真诚的友谊等。要让孩子理解这一点，父母不妨给孩子讲一些名人典故来帮助孩子理解，比如可以这样说："视死如归、放声高唱《正气歌》的文天祥，他拒绝了高官厚禄的诱惑，选择了一身正气，历史上才多了一副'留取丹心照汗青'的民族脊梁；还有誓死不要美国救济粮的朱自清，他们都是我们学习的榜样。先辈如此，我们后辈岂能丢脸？"

通过这样的历史实例，可以帮助孩子更好地理解金钱并不是万能的，比金钱更宝贵的东西还有很多。

方法 4：
教孩子恪守正确的求财之道

【关键词】 追求财富　良知　求财之道

【要点提示】 培养孩子建立正确的世界观和价值观，可以帮助孩子更好地理财。

【范例】

在美国的一座小城镇里，有这样一个家庭：父亲是银行的一名非常普通的职员，每月只有可怜巴巴的一点工资。即使在这样的条件下，他们还要节衣缩食，把一半的收入送给他们患病的叔叔。而母亲经常给儿子说的一句话就是："做人一定得有骨气，有了骨气就有了一笔无形的财富！"

有一天，一辆最新款的奔驰汽车出现在城镇里最大的百货商场里面，这辆车不是用来卖的，而是作为彩票中奖的奖品。一时间，这座城市没有了以往的宁静，取而代之的是人们的种种猜测，他们都好奇着将会是谁开走这辆车。

终于等到了开奖的那一天，当广播里喊出父亲的名字时，他们一家简直不敢相信自己的耳朵。

可是在一阵惊喜之后，父亲的脸色又变得凝重起来，孩子不明白为什么中奖了父亲这么不高兴，于是便询问母亲，母亲意味深长地说道："你父亲正在思索着一个有关道德的问题，我想不久之后就会有答案了。"

孩子听了母亲的回答后就更加不解了，他说道："妈妈，难道我们通过买彩票中奖得来的汽车是不道德的吗？"

"可是这辆车应该是属于别人的。"母亲看着儿子认真地答道。

"这是怎么回事，广播里明明说的就是父亲的名字啊？你们为什么要这么说。"儿子怒气冲冲地嚷道。

看着恼羞成怒的孩子，母亲递给了他两张彩票，让他看看两张有什么差别。

孩子拿过去看了一下，一张彩票的号码是957，另一张彩票的号码是958，中奖的正是后者。孩子又仔细地观察了几遍，发现中奖的那张彩票上有一个用铅笔写的字母K。

"K代表的就是凯恩。"母亲说道。

"是父亲的那个领导吗？"儿子满脸狐疑地问道。

"没错，K代表的就是他。"母亲答道，接着她把事情的来龙去脉给儿子讲了一遍。原来这是凯恩让父亲帮忙买的，后来他就把这件事情给忘了。为了区别，父亲就在彩票上标注了一下，但是他万万没有想到中奖的就是那张彩票。

听完母亲的讲述之后，孩子沉思了片刻，然后接着说："凯恩家那么有钱，他们根本就不会在乎这一辆车的。"

"你父亲知道该怎么做。"母亲说道。

不久之后，父亲就领走了那辆汽车。到家之后，父亲拨通了凯恩家的电话，把这个消息告诉了对方。

没过多久，凯恩和妻子就来到了他们家，他们给父亲拿来了一盒香烟，然后就高兴地开着崭新的汽车走了。

通过自己勤奋的努力，这个孩子长大后拥有了自己的第一辆小汽车，而且成为了一名非常成功的商人。这时他才体会到母亲的话的真正含义。

【技巧】

每个人都有追求财富的欲望，但是人们不应该在这个过程中丧失自己的良知和正直。当人们面对金钱的诱惑时，如果能够坚定自己做人的原则，说不定还会观赏到另一番美景。

同样，当父母指导孩子理财的时候，这一点也是不能忽略的。让孩子明白什么是"君子爱财，取之有道"，培养孩子建立正确的世界观和价值观，可以帮助孩子更好地理财。

指导孩子用正确的方法来获取财富不是说说就可以的，那么，父母应该做些什么呢？以下几种方案，也许会提供一点帮助。

1.让孩子明白两种获取财富方式的不同之处

父母可以通过对比来让孩子明白这个道理。比如，可以告诉孩子，如果一个人是靠自己的劳动来获取金钱的话，那么，当他享用这些财富的时候，就会觉得很充实、很满足。可是如果一个人通过不正当的手段获取了大量财富，就像那些小偷一样，他就有可能整日提心吊胆，害怕东窗事发，他自己也就不会心安理得地享受那些财富。

2.让孩子恪守正确的求财之道

明白了两种求财方式的不同之处，接下来就要教孩子恪守正确的求财之道。告诉他们哪些钱可以赚，哪些不义之财是坚决不能碰的，让孩子学会理智的对待金钱的诱惑。例如父母可以给孩子讲一下那些因获取不义之财而锒铛入狱的实例，让他们明白那样做只能让自己得到一时的享受，最终将会得到法律的制裁，而且还会给自己的家庭带来不可磨灭的伤害。

方法5：
和孩子一起快乐理财

【关键词】贪念 支配 快乐

【要点提示】人在快乐的情绪中做事情都会非常的顺利，理财也是如此。只有让孩子处在这种快乐的心境下，他才更能体会到理财的乐趣。

【范例】

当斌斌6岁的时候，妈妈就开始为他提供零用钱。于是，每个星期都会给他20元用来买零食。一开始，他每天都要去买一点东西，每次买完东西，妈妈就会告诉他余额。有时还不到一周，他的钱就花得差不多了。

慢慢地，斌斌开始明白商品和钱的关系，他发现只要自己买的东西越少，那么坚持的时间就会越长，倘若一周的零花钱没有用完，那么和下周的钱累积起来就会有更多的钱。而且，斌斌在买东西时，也开始关注起商品的价格，妈妈告诉他，如果想要买贵一点的东西，可以将钱攒起来然后再买，但是斌斌却不愿意这么做，宁可买便宜的东西，也不愿意将钱攒起来，因为他觉得买东西的时候非常快乐。同时，他开始控制所买东西的价格和数量，这样，他每周的零用钱都会有剩余。

随着斌斌对玩具的需求越来越多，妈妈又单独给了他一些买玩具的钱，让他自己管理和支配。在这个过程中，妈妈建议他在网上购买，这样会节省一些钱。但斌斌往往都会在商店买一件玩具，剩下的就选择在网上购买，这样既省钱又能满足他立刻拥有玩具的需求。渐渐地，斌斌在购买零食和玩具的过程中，也学会了一些简单的价格计算公式，利用几元几角，斌斌还学会了小数点的计算。他计算的准确度和速度常令妈妈感到吃惊，就这样，在快乐的购买中，斌斌的理财能力逐渐提高。

【技巧】

人在快乐的情绪中做事情都会非常的顺利，理财也是如此。在培养孩子财商的时候，父母一定要注意方式的选择，要用那些孩子比较乐于接受的方式，这样孩子学习起来才会比较轻松。

从前面的案例中我们可以看到，虽然妈妈给了斌斌一些指导，但斌斌有自己的想法，妈妈的方式并不一定适合自己，最终他自己找到了一种让自己很快乐的理财方式。这其实正是提升孩子理财能力的最高水准。只要我们能够正确引导孩子，那么孩子就能成为和斌斌一样的理财小达人。

1.学会智慧地用钱

很多人都觉得自己的钱不够花，不是他们赚得不多，而是因为不当的用钱方式，因此，我们一定要指导孩子提前做好各种开支的预算工作。除了习惯性储蓄，不使用未来的钱以外，也不要让他们养成随便借钱的习惯。另外若以一些不正确的手段去赚钱，最终只会伤害自己和家人。只有踏踏实实地赚钱才是根本。

为了帮助孩子更好地理解智慧用钱的重要性，父母每过一段时间可以和孩子一起来分析一下零花钱的消费方向，看看是不是合理地支配。一旦发现孩子有不合理的消费现象时，父母一定要及时地给予纠正。

2.学会快乐地支配钱

钱的作用就是用于流通，我们要让孩子明白这一点，如果每天能够这样对自己说："我愿意与别人快乐地分享我的钱。"我们在支配金钱的同时也会收获一种别样的快乐。只有抱着这种豁达的态度，我们在支配自己钱的时候才会更加的从容，不必因为一时的失去郁闷不已。只有让孩子处在快乐的心境下，他才更能体会到理财的乐趣。

3.消费符合孩子的价值观，拒绝贪念才能快乐

有的人花钱的时候挥金如土，有些人却"一分钱掰成两半花"。那么，父母应该怎么教育孩子正确地看待金钱呢？

父母可以这样告诉孩子："钞票只是一种财富的象征，因为有了钞票，我们的交换行为变得更加的方便，世界也因此而渐渐地融为一体。钱多的话固然可以买到很多难得的物品，但一味地追逐金钱只会让我们变得越来越不开心，而且很有可能会因此而失去一些像亲情、友情这些珍贵的东西。因此我们一定要树立正确的金钱观念，只有拒绝贪念才能获得真正的快乐。"

方法 6：
让孩子了解供求间的微妙关系

【关键词】 供求 价格

【要点提示】 在对孩子进行财商教育的时候，千万不要忘了让他们学习一下供给和需求。让孩子尽可能多地学习到相关的经济知识。

【范例】

有一天，妈妈带着 6 岁的小凯到超市购物，当小凯走过水果区的时候，他忽然摇着妈妈的手说："妈妈，我想要吃葡萄，咱们买点回家吃吧！"妈妈停下来看了看价钱，竟然是 18 元一斤。

"儿子，上周阿姨来看你的时候不是买过吗，过几天咱们再买好吗？"妈妈很认真地对孩子说道。

"我不想再等几天！我现在就要吃！"小凯不情愿地嘟囔着。

"那好吧，不过你先要帮妈妈去看一下，葡萄是多少钱一斤！"妈妈说道。

"嗯，好的，我现在就去看。"看到妈妈有买的意向，小凯变得很高兴，他蹦蹦跳跳地来到货架前，仔细地看了看，然后回来对妈妈说道："葡萄的价钱是 18 元一斤。"

"你说的没错，可是你知道吗，现在我们拿 18 块钱只能买一斤葡萄，等到夏天的时候，我们几乎可以买到 6 斤葡萄。你知道这是为什么吗？"妈妈想用自己的方式引导孩子加深对商品的供求与价格的思考。

"对啊，妈妈你快点告诉我，为什么现在的葡萄这么贵，到了夏天却又那么便宜呢？"小凯充满好奇地问妈妈。

看到小凯已经有了兴趣，妈妈知道自己应该切入正题了。于是开口说道："因为现在是冬天啊，葡萄不是在这个季节成熟的，我们现在看到的葡萄是通过一系列的保鲜技术手段才保留下来的，因为数量有限，价格自然也就高点。等到夏天来的时候，葡萄差不多都是同时熟的，批发商会一车一车地从果农那里批发葡萄来出售，由于产量很大，价格自然也就低了。"

"哦，原来如此！既然现在这么贵，那我们就少买一点葡萄吧！"小凯似乎已经领悟到了妈妈的意思。

【技巧】

小凯妈妈的做法很聪明，她能够及时抓住机会，运用发生在自己身边的例子来告诉孩子一个深刻的道理。让孩子尽可能多地学习到相关的经济知识。如果只是一味地说教，很可能还会产生相反的效果。

也许有的父母会觉得，这种知识孩子有必要知道吗？其实，这种简单的供需关系，很有必要让孩子了解一下。美国著名的经济学家萨缪尔森说过这样的一句话："只要你能够掌握供给和需求的关系，你就会成为一个精明的经济学家。"由此可见，在对孩子进行财商教育的时候，千万不要忘了让他们学习一下供给和需求。

对于我们大多数人来说，供需关系最直观的表现就是商品价格的波动。当商品供大于求的时候，价格自然就会低一点。当商品供小于求的时候，商品的价格就会相应地拔高。只要让孩子参与到经济活动中来，孩子就能慢慢体会到供需对市场的影响。

为了达到这个目的，父母们不妨从以下几个方面做起：

1.父母要让孩子知道什么是供求

为了帮助孩子学会合理地理财，非常有必要让他们了解一下供求的关系。父母可以告诉孩子，生产者在利益的驱使下，一定要考虑消费者的需求。这样就可以避免了因为过度生产而造成的资源浪费，同时也可以避免因为生产的产品数量过少而错过了市场良机。

2.让孩子知道供求和价格的关系

价格往往就是供求关系的直接表现，在市场经济中，价格可以起到调节供应和需求的关系。父母可以利用生活中的一些实例来帮助孩子理解这个问题，比如可以这样对孩子说："当市场上的某一种商品数量过多的时候，就会经常搞一些打折促销的活动，就像我们经常可以看到各种各样的饮料的促销活动；相反，当市场中的商品比较少的时候，商家就会以提高该商品的价格，就像商场的那些奢侈品专柜一样，价格总是高得惊人。"通过讲述这样的实例，孩子自然也就明白供求与价格的关系了。

3.购物的时候让孩子留心商品价格的变化

在日常生活中，父母应该多给孩子出去购物的机会，让孩子留心商品的价格有什么变化。比如说，妈妈可以带着孩子去邻近的农贸市场，通常情况下，一些产地较近的时令蔬菜的价格就比较低，而那些产自外地或是非时令蔬菜的价格相对来说就会高些。只要孩子进行稍微的对比和观察，就会发现供求和价格之间的微妙关系，这对孩子了解供求关系是一个既简单又实用的办法，父母们不妨尝试一下。

方法 7：
可以爱，但不溺爱

【关键词】 宠爱　娇纵　原则

【要点提示】 要纠正孩子错误的行为习惯，帮助孩子树立正确的消费观。父母们要知道，爱与溺爱只有一线之隔，一不小心跨过这条线，结果就会大相径庭。

【范例】

晓星是小学三年级的一名学生，由于是家里面的独生子，晓星的父母总是尽量满足晓星的所有要求，在这种娇生惯养之下，晓星渐渐养成了一种大少爷脾气。

有一天，晓星的父母带他到超市购物，在手机专柜，晓星看上了一款新出的手机，于是非吵着让妈妈给自己买下来，妈妈看了一下手机，对晓星说道："上个月不是才给你买了一部新手机吗？还没用多久你就不想用了？"

"那部手机我已经用了好长时间了，我不想再用了！"晓星吵闹道。

虽然父母不想给晓星买，但在晓星的哭闹之下，父母还是给晓星买下了那部手机。

【技巧】

每个父母都宠爱孩子，但是过分溺爱孩子就是在害孩子，就像我们事例中的晓星一样，父母总是一味满足他的各种要求，这只会让他在错误的道路上越走越远，对他以后的发展也是极其不利的。

父母对待孩子一定也要有一个分寸，既不能不管不顾又不能助长他们娇纵的习惯。对待孩子提出的要求，如果合理的话父母可以满足，如果是不合理的要求，父母们一定要敢于说"不"。而且还要纠正他们那些错误的行为习惯，帮助孩子树立正确的消费观。

那么，为了尽量避免孩子提出不合理的要求，父母应该怎么做呢？

1.坚定自己的原则

马克·吐温曾经说过："孩子的童年只有一个"，父母对孩子有着不可推卸的责任。随着家庭条件的越来越好，父母总是想要给孩子最好的东西，可是除了在物质上面满足他们，还要培养他各种品质与习惯。当面对孩子无理的消费要求时，也是他们不良消费习惯的一个先兆，父母应该果断地拒绝，同时还要对他们进行财商教育，这不论是对孩子心理的成长还是性格的养成都是大有裨益的。

2.从小抓起

老一辈的人经常说这样一句话，"三岁看大，七岁看老"。心理学家桑代克也说："三岁是人生的一半。"因此，对孩子进行财商教育的时候一定要从小抓起。一旦孩子长大后，有了自己的想法与观点，如果再去纠正他们不良的行为和习惯，就会花上更多的时间与精力，并且还不见得会有效果。

让我们看看小鑫妈妈的做法，这非常值得其他父母去学习的：

从小鑫开始懂事的时候起，妈妈就让他去楼下的超市买一些小的物品，所以小鑫很小就有了对金钱的概念，再加上妈妈的指导，他的理财能力非常强，总是把自己的零花钱计划得井井有条。

3.从零花钱抓起

对于没有经济基础的孩子来说，零花钱是他们的一项主要的来源。在给孩子零用钱时，究竟怎样给合适？应该给多少？这也是很多父母比较关注的一个问题。其实这需要父母和孩子一起来商量，根据孩子的日常开销来定零用钱的数量，不能过多也不能太少，在潜移默化之中也会提高孩子的理财能力。

4.父母要善于观察

父母是孩子最亲近的人，在日常生活中，父母可以深入地了解孩子的思想、言行，并适时给予辅导和关爱。同时，父母也需要不断地学习，尽量能够和孩子多一点共同语言，这样在教育孩子的时候就不会让孩子觉得有距离，觉得和父母有代沟了。在培养孩子理财观念的时候也要如此，不能把自己所有的观点都强加在孩子身上，你也需要听听孩子的意见，也许他的想法会更适合他。

5.可以爱孩子，但不要溺爱孩子

随着生活水平的提高，父母不希望自己的孩子受到委屈，别的孩子有的，自己的孩子也要有。也许这对父母来说并不是一种溺爱，只是因为比较爱孩子，但是父母们要知道，爱与溺爱只有一线之隔，一不小心跨过这条线，结果就会大相径庭。现如今，很多孩子就是因为父母的溺爱，才会养成娇气、爱慕虚荣等不良的习惯。

因此，父母一定要让孩子懂得金钱的来之不易，让他能够理解父母对他的爱，体谅父母的良苦用心，从小就给他灌输良好的思想，培养孩子正确的金钱观。

方法9：
管理压岁钱：理财的重头课

【关键词】 压岁钱　挥霍　合理支配

【要点提示】 孩子的年龄毕竟比较小，如果不能合理地支配自己的压岁钱，很容易造成不必要的浪费。要想提高孩子的财商，我们必须得从压岁钱开始抓起。

【范例】

在一节理财课上，李先生给很多父母讲了他的孩子和零花钱的故事。

他说道："前几年过年的时候，一家人总是围在一起吃饭，共享天伦之乐。当外公外婆给孩子红包的时候，小家伙就会高兴地接过去，以最快的速度打开红包，把里面的钱都倒出来，当他发现里面除了一些钱之外再找不到其他的东西的时候，就会显得十分失望，然后就把那些钱直接交给妈妈，让妈妈替他保管。

后来孩子渐渐长大了一点，也有了自己的"小算盘"，这种情况渐渐发生了改变。

又到春节的时候，孩子依旧得到了很多压岁钱，当他妈妈像通常一样要帮他保管的时候，孩子摇了摇头，很认真地说道："还是我自己保管吧，如果我把钱给了妈妈，等我再想花的时候就要不回来了！"看着孩子一本正经的样子，我和妻子都忍不住地笑了出来，他们突然意识到孩子已经长大了，开始有自己的看法了。我好奇地问孩子："你准备怎么花这些钱？"

孩子兴高采烈地盘算着："我先要去肯德基饱餐一顿，还要买一个奥特曼，夏天的时候我要买很多很多的糖。"

我和妻子平时都是严禁孩子吃那些高热量食品的，于是我对他说道："宝贝儿，爸爸妈妈不是和你说过很多次了吗？咱们家不是没有去吃肯德基的钱，爸爸妈妈也不是小气鬼，可是那里面的东西都是高热量的，你是不是想要变成一个小胖子呢？"

儿子看了一下我，用力地摇了摇头。

于是我接着说道："糖的确很好吃，但是如果吃得太多就很容易导致蛀牙，到时候就算你想补救也太晚了，你总不想这么小就装一口假牙吧？"

听完我的话后，儿子连忙说道："我再也不会吃这些东西了，这些钱还是给妈妈保管吧。"

【技巧】

春节是很多孩子都喜欢的一个节日，一到这几天，孩子们再也不用像以前那样一直把自己埋在做不完的题海中，而且长辈还会给很多的压岁钱。以前的压岁钱只是一种象征性的礼物，可是随着人们物质生活水平的不断提高，压岁钱的数额也是越来越高。很多孩子拿到压岁钱之后会肆意地挥霍，养成了胡乱花钱的习惯。其实当孩子收到压岁钱的时候，也是父母对孩子进行理财教育的大好时机。

从理财的角度来讲，压岁钱是孩子的一份固定的收入，要想提高孩子的财商，我们必须得从压岁钱开始抓起，只有让孩子学会了管理自己的压岁钱，处理起其他财务问题自然也就游刃有余了。

那么，父母应该从哪些方面做起呢？

1.从压岁钱上面学会金融管理

压岁钱的数目虽然有限，同样需要孩子去进行合理的支配。借助压岁钱，让孩子学到资金管理方面的知识，不失为一个很好的办法。

王先生在这一方面一直都做得很好，在儿子有了压岁钱之后，他就给其准备了一个账本，让他把所有的收入和支出都清楚地记在上面。当儿子的钱积累到一定的数量的时候，就会让爸爸妈妈帮忙存起来，有时爸爸妈妈着急用钱，可是又来不及去银行取的时候就会向儿子"借款"，双方还要签协议来约定一些还款事宜。在这样的教育之下，王先生的儿子对金融管理方面很有兴趣。

2.合理地支配压岁钱

孩子的年龄毕竟比较小，如果不能合理地支配自己的压岁钱，很容易造成不必要的浪费。因此父母在这一方面一定要加强引导。有这样一个事例，就可以供我们参考：

小雷的父母在小雷领了压岁钱之后，就这样对他建议道："咱们可以利用这笔钱做一些有益的事情，比如说给你订一份学习资料，或者是买一份保险，还可以拿出一部分用来献爱心，帮助那些上不了学的山区孩子。这些都是非常有意义的事情，你觉得呢?"

3.让孩子用压岁钱去参与一些收藏活动

多余的压岁钱也可以让孩子搞收藏。邮政部门经常会销售一些限量版的、有纪念意义的邮票，如果父母每年都让孩子用压岁钱购买一两套邮票的话，既增长了孩子在这方面的知识，又得到了收藏品，真可谓一举两得。

方法9：
让孩子体验"积少成多"的乐趣

【关键词】存储 积少成多 理财

【要点提示】养成良好的储蓄习惯之后，孩子就会对自己的金钱有一个合理的规划。财富是需要一点一点积累起来的。

【范例】

小李的儿子8岁了，在日常生活中，小李很注重孩子理财能力的培养。例如他很早就开始给孩子提供零用钱，孩子拿到钱的时候很高兴。他把那些钱紧紧地攥在手里，好像一不小心就没有了一样。

第一次小李给了孩子两元钱，可是好几天过去了，那两张皱巴巴的纸币还在孩子的口袋里。小李告诉儿子，既然把钱给了你，你就有权利去支配它，可以随意购买自己想买的东西。

在小李的指导下，孩子渐渐地学会了支配自己的零花钱。有一次儿子见到了一款很帅气的玩具机器人。可是自己手里的钱还远远不够，他把这件事情告诉了爸爸，小李对他说："要想买机器人就必须自己去解决。你可以先把自己的零花钱存起来，等到自己的存款足够多的时候，就可以买自己想要的东西了。"

儿子听取了爸爸的意见，花起钱来也更加谨慎了。过了两个多月，儿子终于凑够了买玩具机器人需要用的钱，于是小李陪着孩子再次来到了商场的玩具专柜，毫不犹豫地买下了自己心仪已久的玩具机器人。

小李就这样一步步地培养孩子的财商，现在孩子已经养成了良好的储蓄习惯。每当小李给他发了零花钱以后，他都会留出一部分暂时放到储蓄罐当中，存到一定数额的时候，就会让小李把这些钱存到银行去。

储蓄不仅让小李的孩子学会了如何节俭，还让他明白了通过储蓄可以不断地积累财富，因此父母一定要让孩子明白积少成多的道理。

【技巧】

每个父母都不可能陪伴孩子的一生，所创造的财富也是如此。因此，父母需要做的不是努力地帮孩子存钱，而是让孩子学会合理地规划自己的金钱，怎么存钱以及怎么赚钱。

美国的一名富豪在 12 岁的时候就拥有了自己的第一份工作，当他拿到自己的第一份工资的时候显得特别高兴。但他并没有急着拿自己的钱去买东西，而是全部都存到自己的银行账户中，并且还自言自语地说道："唉，我又没钱了！"

也就是从那时候起，他养成了良好的储蓄习惯。当他晚年回忆自己一生的时候，觉得储蓄的好习惯给自己带来了很大的影响，大大地提高了他的理财能力，所以他才有了现在的成就。

现实生活中总是存在着各种各样的诱惑，很多成年人会因为无法抗拒诱惑而购买一些自己原本不太想要的商品。由于孩子的自控能力比较差，想要抵御各种诱惑就更难了。当孩子学会了储蓄之后，这个问题就会迎刃而解。

养成良好的储蓄习惯之后，孩子就会对自己的金钱有一个合理的规划。制定一个长期的消费目标之后，就可以在平时把自己的财富慢慢地积累起来，用来完成自己的长期目标。

具体来说，父母应该怎样做才能让孩子明白积少成多的重大意义呢？

1.让孩子明白储蓄的意义

凡事都有一个过程，创富的道路也是如此，财富是需要一点一点积累起来的。父母要让孩子明白"积少成多，聚沙成塔"的道理。在平时的生活中应该注意节俭，及早树立财富意识。父母可以这样对孩子说："良好的储蓄习惯不仅可以让你的财富越变越多，而且还可以用它处理一些应急情况，比如说当你想买一件比较贵的玩具时，就可以把自己的储蓄拿出来，也就不会为自己没有钱而发愁了。"

2.别让孩子小看小钱

古语有云："不积跬步，无以至千里"，这句话就说明了小事的重要性，不管一个人有多大的能耐，也必须脚踏实地一步一个脚印地走。父母应该让孩子明白，不要小看一些小钱，很多富翁都是白手起家，他们都是从一些小事做起，逐渐走上了一条宽广的富裕之路。还要让孩子明白的是，孩子可以在那些经济活动中学到一些知识，不断地提高自身的素质和各种能力，这对孩子的一生都会产生很大的影响。

3.给孩子准备一个存钱工具

为了能够让孩子更能理解每分钱的珍贵，父母可以根据孩子的兴趣爱好给孩子准备一个别致的存钱工具，或是一个制作精美的存钱罐，或是一个简洁方便的小抽屉，一旦孩子被这些物件所吸引，也就有了存钱的乐趣。

方法 10:
从小教育孩子学投资

【关键词】死钱变活 投资 受益

【要点提示】要想让孩子理解投资，还必须要和储蓄相比较。当孩子意识到温饱并不是生活的最高需求之后，就会渐渐明白投资是一件很好的事情。

【范例】

小静的父亲在银行工作，十分注重对孩子理财能力的培养，他常常和孩子玩一个游戏——怎样使自己生活得更好。这个游戏的主角不是人，而是一只狗。小静的父亲喜欢用资料去说服孩子，而这个资料通常是由小静算出来的。

有一次，小静对父亲说道："把那些剩下的狗粮先存起来，等没有食物的时候就可以拿出来使用了。"

这是我们通常用到的一种理财方式：饱时不忘饿时饥，储备粮食，这和到银行存钱的储户心理相差不远。

小静的父亲并没有直接夸赞孩子，他希望听到一个更好的方案，但是由于小静年龄比较小，没有多少社会经验，一时之间她也想不到什么好办法。

"把狗粮储存起来，就可以保证狗什么时候都有食物吃。可以想到，狗的基本生活已经有了保障，可是它的生活并没有过得更好。"小静的父亲已经悄悄地在影响孩子的观念。

"那么，我把剩余太多的狗粮以较低的价格卖出去怎么样？这样，这些狗粮既避免了放太长时间坏掉，我又能拿这些钱买些更好的肉骨头之类的，爸爸你说怎么样？"小静说。

"太棒了孩子！这就是一种投资！"爸爸兴奋地喊道。

【技巧】

小静的爸爸用一个有意思的游戏告诉了孩子投资的概念，为了让狗的日子过得更好，小静就会想着把多余的狗粮换成其他的东西，其实这也是投资的意义所在，把多余的东西转换成其他自己所需的东西。

要想让孩子理解投资，还必须要和储蓄相比较。父母可以这样告诉孩子："咱们把钱省下来并不是为了存到银行里，储存是为了积累投资的资本，而投资则可以使我们的钱越变越多，提高我们的生活品质。当然，投资的前提是我们的基本的生活需求已经得到满足。"

当孩子意识到温饱并不是生活的最高需求之后，就会渐渐明白投资是一件很好的事情。作为一种理财的手段，投资的目的是把死钱变活。父母可以告诉孩子，快乐不是靠物质去衡量的，我们更应该注重精神上的东西。让孩子知道，投资并不仅仅是为了让钱越变越多，还是为了缔造和享受快乐。

凡是投资都会有风险存在，因此，父母在指导孩子投资的时候，一定要注意以下几点：

1.让孩子正确地看待投资

态度决定行为，在指导孩子投资的时候，父母一定要端正孩子的投资态度。让孩子明白，投资作为一种常见的理财方式，并不仅仅是为了得到更多的金钱。在投资的过程中我们还会收获很多的快乐，这是金钱所买不到的，善于投资的人往往过得比较快乐。

如果孩子在投资的时候只关注收益问题，那么他们就会时常因为投资收益的变化而感到焦虑、烦躁等，反而对孩子的成长不利。

2.投资数目并不是越多越好

父母还要让孩子明白，投资的时候应该以不影响自己正常的生活为前提。让孩子首先对自己的经济状况有一个清醒地认识，并把自己的基本日常开支拿出来，然后把剩下的钱用于投资，这样做是对自己负责的一种表现。只有在自己的基本生活需求得到满足之后，人们才能全身心地投入到自己的事业中来。如果孩子一味地只想赚更多的钱，不考虑自己的现实状况，把大部分资金都用于投资的话，只能会降低自己的生活水平，也就得不偿失了。

3.投资与风险

投资与风险总是如影随形，父母一定要让孩子知道这一点。在投资的过程中，父母要帮助孩子尽可能多地了解市场信息，根据市场的变化采取相应的策略，争取把风险降到最低。刚开始的时候可以投资的少一点，这样即使有了突发情况，也不会损失太多。另外一种方法就是分散投资，孩子可以把自己的投资资金分成好几部分，然后把这些资金用于不同的投资项目中，这也是一种比较好的理财办法。

4.从游戏当中获得启示

为了让孩子更好地理解投资，父母可以和孩子玩一些投资的小游戏，比如说：父母可以在纸上画十几个圆，并且标上位数，然后用抽签方式决定双方占有的圆圈；大家可以在自己的圆圈里盖房子，也可以在圆圈内建造自己觉得满意的设施和投资方案；在游戏开始的时候，双方都会有20万元的原始资金，谁的圆圈里投资所获得的收益最大，谁就是获胜者。

通过这样的投资小游戏，孩子很乐于而且可以很直观地了解到关于投资的一些方式，父母们不妨尝试一下。

方法 11：
引导孩子合理消费，学会放弃

【关键词】 冲动消费　消费习惯　理性消费

【要点提示】 用金钱来换取自己喜欢的商品的过程，对这类孩子来说只是一种神奇的体验。在孩子出现冲动消费的行为之后，我们一定要及时安慰孩子，不能让孩子因此而产生不自信和自责的情绪。

【范例】

小芳是一名小学三年级的学生，过年的时候，她拿到了一千多元的压岁钱。小芳计划着，存够两千多元的时候就去买一台自己仰慕已久的学习机。

在一个星期天，小芳和同学们一起去逛超市，在一个布偶的专柜，小芳看上了一款新出的维尼小熊娃娃，可是价格就要好几百元，刚开始小芳还在犹豫着一旦买了这个小熊娃娃，自己就要晚点才能买学习机了。经过一番挣扎之后，小芳最终没能抵制住诱惑，买下了那个小熊娃娃。

又过了几个星期，小芳看上了一套新的运动服，在说服自己之后，她又买了下来。就这样，一看到自己喜欢的东西，小芳就克制不住要买下来，没过多久，所存的一千多元钱就所剩无几了。

到了放暑假的时候，小芳在商场看到了自己所喜欢的那款学习机，这时她才意识到学习机才是自己最想要的，可是自己已经没有钱去买了，小芳别提有多后悔了。

【技巧】

看到什么就要买什么，这是每个孩子都会有的消费冲动。尤其是年纪比较小的孩子，就更不容易抵制这种诱惑了，再加上一种攀比心理，就更加容易出现消费的冲动。虽然孩子的这种行为还算不上是购物狂，但也属于一种不合理的消费行为。

大多数的孩子对金钱都没有概念，手里有钱就花掉，花完就伸手向家长要，根本没考虑所买的东西到底是不是必需的，也说不出来钱究竟用到了什么地方。用金钱来换取自己喜欢的商品的过程，对这类孩子来说只是一种神奇的体验。

不过，因为孩子还小，消费习惯也是可以重新塑造的，父母一定要利用这个机会进行积极的引导。在孩子出现冲动消费的行为之后，我们一定要及时安慰孩子，不能让孩子因此而产生不自信和自责的情绪。

那么父母应该怎样帮助孩子避免"冲动购物"的问题呢？可以从以下三个方面着手：

1.帮孩子分清楚"需要"和"想要"

要想避免冲动型的消费，我们首先要帮助孩子分辨"需要"和"想要"的不同。这对他们现在或是将来的理财能力起着决定性的作用。在去商场购物的时候，父母可以带着孩子，让他们自己去挑选想要的东西，然后帮助他们区别出哪些是必需的，哪些是一些不必要的东西，这样会让孩子区分得更清楚。

日常生活中，父母还要从言语方面有所注意。是否把"需要"用在了必需的事物上？如衣食住行方面的开销。是否把"想要"用在了希望拥有能令你感到舒适与快乐的事物上？如零食、课外书、玩具等。

例如，当孩子想要购买一个不必要的玩具时，父母可以引导孩子去思考为什么要买这件玩具，应该什么时候去购买，让他自己分析出对这个玩具到底是"需要"，还是"想要"。

2.货比三家的冷却策略

如果"需要"和"想要"的方式还不能抑制孩子的消费欲望时，父母可以采用货比三家的消费办法，多去比较一些同类型的商品。

当他看到同类型产品的不同价格时，也就明白了一时冲动可能买不到物美价廉的商品，继而就会学着进行理性消费。同时，这个办法还可以分散孩子的注意力，暂时平缓消费的冲动。

3.父母多用缓兵之计

当孩子要钱买一些不必需的东西时，父母一定不可以盲目拒绝，那样只能会让孩子产生更大的抵触情绪。这时，父母不妨用一些缓兵之计，不马上答应，但也不完全否定，利用这段时间的冷却，耐心地帮助孩子分析什么是必需，什么是想要，让孩子学会暂时放弃。

第五章

用最好的方法给孩子最棒的责任教育

CHAPTER 05

孩子的责任心有多大，撑起的天空就有多大。

缺乏责任心的孩子，即使赢在当下，也会输在未来。

父母要重视对孩子责任心的培养，

帮助孩子把责任感树立起来，

激发孩子内心崇高的责任使命，

为孩子补充责任的能量，

让孩子学会承担责任，帮助孩子走向成功的未来。

方法 1：
替孩子做一切事，实际上是害了孩子

【关键词】责任 家务

【要点提示】孩子不论年龄大小都是重要的家庭成员，所以告诉孩子他们在家庭中应该负起责任是很重要的。从简到繁，从易到难，在家庭中给孩子布置一些适当的任务。

【范例】

刘柳和美国丈夫带着孩子回国，准备在父母身边发展。让刘柳没想到的是，丈夫和妈妈之间为了教育孩子，却发生了意见。

刘柳有两个孩子，一个 7 岁，是男孩，另一个是 5 岁的女孩。外婆很疼爱他们，他们想要买什么外婆就给他们买什么，想要玩什么外婆就陪他们一起玩。

然而，刘柳的洋丈夫却不领情，他认为孩子不能这么宠着，不能让他们单纯地认为人的生活就是衣来伸手，饭来张口。只有工作、付出才能得到想要的。

妈妈认为女婿说的有道理，不过，她按照中国传统的思想，觉得完全不需要让这么小的孩子就了解什么生活，长大了，他们自然就懂了。

洋女婿给孩子们设定起了家务计划：本周家务如下，请两个孩子进行认领：每天早上扫地、拖地板；每天晚餐为大家摆碗筷；隔两天浇花；每天喂鱼；每天收拾玩具……

在这份家务计划里，还包括为外祖父拿眼镜，帮外祖母择菜、洗菜，甚至还有为爸爸擦皮鞋和为妈妈的大衣作除尘清理，其中还有付费劳动。

刘柳的妈妈一看，心疼得不行："怎么能这样对待孩子呢，他们还这么小。我们随手就做了，孩子们做不了。"

洋女婿不乐意了："他们也是家庭里的一分子，他们应该分担家务，这是他们的责任。"

刘柳的妈妈认为孩子没有能力做这些家务活，还是不同意，但刘柳站在丈夫这边，家务计划还是呈现在了两个孩子面前。没想到，两个孩子竟然对这个计划挺感兴趣，大的孩子不但认领了扫地、拖地板、喂鱼的家务劳动，还抢着认领了两样可以挣到钱的劳动。小的孩子不太明白经济效益这回事，收拾玩具、摆碗筷就成了她的家务劳动。

看着两个孩子每天做这么多事情，刘柳的妈妈就事先帮孩子们干完他们的家务，让他们无事可做。刚开始的时候，两个孩子还一个劲儿地反对，但孩子毕竟是孩子，见轻松下来，不用做这么多事，也就慢慢地接受了这个现实。

这样的日子本来相安无事了，不过有一天，刘柳的妈妈正在帮外孙拖地板时，女婿回来了。看到岳母正在干孩子分的家务，女婿赶紧给妻子打电话，刘柳也马上从单位请假赶了回来。这就让刘柳的妈妈不明白了，只是做些家务活，为什么女儿女婿如临大敌一般。

刘柳说："他们既然认领了家务工作，就应该负起责任，如果您替他们，就等于让他们养成凡事推脱、不负责任的习惯。"

刘柳的妈妈不同意，还是认为他们长大后就什么都会懂得了。

女婿见这样争下去解决不了问题，便拉走了刘柳，后来两人决定，如果刘柳的妈妈再这样干扰他们教育孩子，他们就将回美国。

从那以后，刘柳的妈妈很生洋女婿的气，很长时间里都不愿理他。到后来，刘柳的妈妈发现，孩子们做起事来还真是有板有眼，看来，女儿女婿的这套家务计划还是挺有道理的。

【技巧】

孩子不论年龄大小都是重要的家庭成员，所以告诉孩子他们在家庭中应该负起的责任是很重要的。孩子们需要知道这个家庭里的有些事是他们可以做的，参与做家务可以帮助孩子们更好地体验自己是家庭中一员的感觉。

美国有一个专业的表格，表格里写明了不同年龄的孩子可以做哪些家务劳动。

2~3岁：可以在家长的指导下把垃圾扔进垃圾箱，或当家长请求帮助时帮忙拿取东西，帮妈妈把衣服挂上衣架，使用马桶，浇花，刷牙，晚上睡前整理自己的玩具。

3~4岁：更好地使用马桶，洗手，更仔细地刷牙，认真地浇花，收拾自己的玩具，喂宠物，到大门口取回地上的报纸，睡前帮妈妈铺床，如拿枕头、被子等，饭后自己把盘碗放到厨房水池里，帮助妈妈把叠好的干净衣服放回衣柜，把自己的脏衣服放到装脏衣服的篮子里。

4~5岁：自己使用厕所，洗手，更仔细地刷牙，认真地浇花，收拾自己的玩具，喂宠物，到大门口取回地上的报纸，到信箱里取回信件，帮忙擦桌子，自己铺床，准备餐桌，饭后把脏的餐具放回厨房，把洗好烘干的衣服叠好放回衣柜，把脏衣服放到装脏衣服的篮子里，自己会准备第二天要穿的衣服。

5~6岁：自己使用厕所，洗手，刷牙，浇花，收拾自己的玩具，喂宠物，到大门口取回地上的报纸，到信箱里取回信件，帮忙擦桌子，铺床，换床单，准备餐桌，饭后把脏餐具放回厨房，把洗好烘干的衣服叠好放回衣柜（会正确整齐地叠不同的衣服），把脏衣服放到装脏衣服的篮子里，自己准备第二天要穿的衣服，自己准备第二天去幼儿园要用的书包和要穿的鞋（以及各种第二天上学要用的东西），收拾房间（会把乱放的东西捡起来并放回原处）。

6~7岁：自己使用厕所，洗手，刷牙，浇花，收拾自己的玩具，喂宠物，到大门口取回地上的报纸，到信箱里取回信件，帮忙擦桌子，铺床，换床单，准备餐桌，饭后把脏餐具放回厨房，在父母的帮助下洗碗盘，自己准备第二天要穿的衣服，自己准备第二天去幼儿园要用的东西，收拾房间。

7~12岁：照顾宠物，做简单的饭，帮忙洗车，擦地，清理洗手间、厕所，扫树叶，扫雪，会用洗衣机和烘干机，把垃圾箱搬到门口街上（在美国，各家定时把垃圾箱放到街边，有垃圾车来收）。

13岁以上：换灯泡，换吸尘器里的垃圾袋，擦室内门及低处窗户的玻璃（里外两面），清理冰箱，清理炉台和烤箱，做饭，列出要买的东西的清单，洗衣服（全过程，包括洗衣服、晾衣服、叠衣服以及放回衣柜），修整草坪。

据美国权威人士研究，那些童年劳动得分最高的人，成年后交游广阔的可能性比童年劳动少的人高出10倍，获得高薪的可能性大4倍，易失业的可能性要小15倍。那些童年时很少劳动的人，犯罪被捕的可能性较高，精神不健全的可能性比经常劳动的孩子大10倍。专家们普遍认为，那些替孩子做一切事情的父母，实际上是害了孩子。

从简到繁，从易到难，在家庭中给孩子布置一些适当的任务，如：浇花、打扫卫生、洗洗自己的袜子等，看看孩子能不能独立完成。

当孩子认真完成了家长交付的事，要及时给予孩子鼓励。

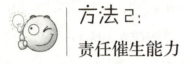 # 方法 2：
责任催生能力

【关键词】责任心　催化剂

【要点提示】孩子对于责任心的认识并不是很充分，这就需要父母多加引导。有责任心的孩子能够凸显更多的优点。

【范例】

诺诺是个初中二年级的女生，聪明活泼、成绩优异。但是，据诺诺的任课老师们反映，如果诺诺改掉一些小缺点的话，她的成绩会更理想。原来，诺诺有一个很明显的问题，就是不懂得承担责任，总把责任推给他人。比如，有一次，她上课迟到了，老师问她为什么迟到，她随便找了个借口说："妈妈做早餐的时间晚了，我才会迟到的。"还有一次，诺诺放学以后只记得跟好朋友去踢足球了，忘记了做家庭作业，第二天早上交作业的时候，她告诉老师说："我做好了，只是忘在家里，没带来。"前段时间的期中考试，诺诺的语文成绩考得很不理想。妈妈问她："语文不是你的强项吗，怎么考成这个样子？"诺诺又找了一个借口说："语文老师普通话讲得不太清楚，我都听不懂。"

妈妈说："聪明的孩子从不会为自己的过错找借口，他们会虚心地接受别人的批评，默默改正。其实，考得不好没有关系，积极总结经验，争取下次考得更好就是了。"

诺诺反复考虑了妈妈的话，想想也是，老师也提醒过自己这个毛病，于是这次她没有像往常那样反驳妈妈的说法，而是决心改正自己的这个缺点。

【技巧】

类似诺诺这样爱找借口的孩子，或许你也遇到过，甚至你的孩子就是如此。对于这种情况，父母应该反思一下，是不是自己也有这样的推卸责任的言语。是不是在孩子做错事情的时候，自己以严厉的责怪、打骂的态度来对待他。如果真是如此的话，请父母一定要改变对待孩子的做法和态度。否则，孩子即便再聪明、再勤奋，也会因为缺乏责任心而失去很多进步的机会，失去专注从事一项事情的机会，也失去获得他人更多信任的机会。

责任心不像知识、技能和能力那样明晰可见，但它是能力发展的催化剂。一个有责任心的孩子，自觉的意识高，专注能力强，让家长省心。有责任心的孩子表现出很多优点：自觉、自爱、自立、自强。可以说，责任心是一个人走向成功和幸福的必备条件，而缺乏责任心的人与成功无缘，与幸福擦肩而过。因此，要想自己的孩子拥有良好的专注力，能够在学习、生活及将来的工作中取得骄人的成绩，那么就要从小培养他负责任的意识和习惯。

1.让孩子认识到责任的重要性

孩子对于责任心的认识并不是很充分，这就需要父母多加引导，让他们知道每个人都该承担一定的责任。比如爸爸妈妈要工作，把上级交代给的任务完成好；孩子要认真学习等，这会让孩子认识到自我价值，增强对责任感的认识。

2.鼓励孩子做事情要有始有终，承担责任

孩子的好奇心重，但随意性也很强，做事总是虎头蛇尾或有头无尾。所以，父母交代给孩子某件事情后，即使是很小的事，也要随时监督、检查并督

促孩子按时完成，并对其结果做出客观评价。

比如，孩子要养一只小狗，父母在答应孩子的要求之前，要先和他说明，养狗需要怎样去照顾，否则小狗就不会健康成长；同时让孩子承诺他能够给小狗定时喂饭，按时洗澡，遛弯等等。当然孩子在照顾小狗的过程中，难免三天打鱼两天晒网，这时候家长应该进行监督，并告诉孩子疏于照顾的后果，让孩子负起责任来。

3.自己的事情自己做

从孩子的天性来讲，他们是很希望自己做些事情的。但这种天性往往被父母提前伸出来的手给剥夺了。要想让孩子负责任，可以设定一些规则，比如叠被子由妈妈来做，疏通下水道由爸爸来做，洗澡由爸爸妈妈帮助宝宝来做，而宝宝的衣服，则需要自己整理，袜子也要自己洗。这样，孩子就会对自己的任务有一个明确的承担范围。当然，对于不同年龄的孩子，任务可以有所不同，但大体上，父母可以遵从这一原则，绝不要包办代替，不能总是替孩子承担责任。

4.对自己的行为负责

孩子做一件事，不会像大人那样考虑行为的结果，而只注重过程本身。但父母要让孩子知道，责任感离不开结果所带来的影响。因此，要培养孩子的责任感，就要注意从小教育孩子为自己的行为结果负责，不要给他推卸责任的机会。

方法 3:
吹响责任"小喇叭"

【关键词】 承担责任　美好品质

【要点提示】 孩子一旦缺乏责任心，做事就会消极被动，甚至拖延。将孩子看作是平等的家庭成员会让孩子有主人翁意识。

【范例】

7 岁的钟瑞是一个活泼开朗、聪明可爱的小男孩。但是，钟瑞就是有点儿不太懂得负责任。他做错了事情，要是被家长指出来，他就会为自己辩解，把责任推到其他人身上。比如，他刚玩完积木，妈妈让他收拾起来，他则说："过一会儿我还玩呢！"可是过一会儿后，妈妈发现钟瑞并没有收拾，于是就提醒他，钟瑞则说："我累了，想休息一下。"

有一回，楼上的伙伴默默来家里玩。默默走后，妈妈让钟瑞收拾玩具，钟瑞却说："默默玩的，凭什么让我收拾？"

听钟瑞这么说，妈妈又像往常一样叹了口气，无奈地摇了摇头。妈妈知道，钟瑞仿佛什么事情、什么道理都明白，但就是不愿意自己做。对这个虽然聪明但不好说服教育的儿子，她感到实在没办法。

后来有一次，钟瑞的妈妈和同样有小孩的同事谈论起孩子责任心不强的事。那个同事说她的女儿以前也缺乏责任心。后来她看了一些教子书籍，才知道原来是自己为孩子做得太多了，没有给孩子进行责任心教育。

钟瑞妈妈由此受到启发，她想到儿子从小跟着姥姥姥爷长大，直到上小学才回到自己身边。在之前的 6 年时间里，姥姥姥爷事无巨细什么都管，所以让钟瑞失去了锻炼的机会。

意识到这一问题后，钟瑞的妈妈开始采取补救措施，利用生活中的点滴小事来培养孩子的责任心。渐渐地，情况有所好转，钟瑞变得有些负责任了。

妈妈见到儿子的变化，非常高兴，并按照书上的指导，对儿子进行了一番鼓励。又是几个月过去，钟瑞已经比以前好多了，再不是那个不懂得承担责任的孩子了。

【技巧】

事实上，承担责任是完美人格的重要部分，是非常值得孩子拥有、发展和保护的品格。遗憾的是，不少家长随意把孩子弥足珍贵的东西丢弃了，亲手把孩子赖以立身的美好品质毁坏了。这对孩子来说，无疑是巨大的损失。

孩子一旦缺乏责任心，做事就会消极被动，行事作风里永远离不开等待、拖延。做什么事都需要老师、家长的督促和监督。不难想象这样的孩子长大进入社会后很难把事情做好，而且还会厌烦别人的催促，觉得自己受制于人，认为人家是故意找自己麻烦。这样的人，谁会喜欢呢？

了解了责任心的重要性，接下来要做的就是培养孩子的责任心了。这是一个长期的任务，家长可以从以下几点入手。

1.给予孩子权利的同时也将责任赋予他

孩子没有责任心有一大部分原因是他不懂得对自己的行为负责，父母什么都为孩子解决，让孩子产生了很大的依赖感，认为这些都是父母该做的，自己没有任何责任。时间久了，自然就会让孩子变得没有责任心。

作为家长，不要总是担心孩子会受委屈，不管孩子犯了什么错都为他收尾，这样孩子永远不会懂得责任感是什么。平时可以给予孩子一些自我选择的权利，但也要让孩子自己承担后果。同时也要让孩子明白责任是和权利并存的。比如孩子放学想先看电视，那么不妨偶尔放任他一次，如果因为看电视没能按时完成作业，那么就要适当地惩罚他一下。时间久了，孩子会意识到自己应当承担责任。

2.扭转思维，把他当做"大人"看

孩子总有一天会成为坚强的人，所以家长不要总觉得孩子柔弱、需要保护，该让孩子独立的时候就要让他独立，该让孩子担当的时候就要让他担当。适当地给孩子一些"长大了"的信号，有利于孩子责任心的培养。

你可以和孩子站在平等的立场上对话，和孩子商议后签个"协约"，这样会让孩子有自我约束的意识。当这种意识成为一种习惯之后，自然孩子就有很强的责任心了。

3.孩子也是家庭的一分子

孩子并不是家庭的附庸，家长应该给予孩子一些家庭成员该有的权利和义务，这样有助于提升孩子的责任感。

将孩子看作是平等的家庭成员会让孩子有主人翁意识。有了责任感就会有所约束，时间久了，责任感自然有所提升。另外，在有关家庭的一些事情也不要将孩子排除在外，而将他看作是家庭的一分子，征求孩子的意见，这样孩子会从负责任的角度出发思考问题。

家长也可以适当地赋予孩子一些权限，一些作为家庭成员的权限，这样孩子会有主人翁意识，也会尽最大的努力做好。比如可以给孩子一些钱，让孩子来支配短时间内的家庭开销，这样还能培养孩子健康的消费观；或者在出游的时候让孩子来计划都是可以一试的方法。

方法 4：

培养孩子的时间观念

【关键词】拖拖拉拉　合理利用时间

【要点提示】对孩子时间感的培养不仅仅是为了让他们对时间有一定的认知，更重要的是让孩子对时间有一定的把握和感觉。父母都知道"时间就是金钱"这句话，但实际上，时间有时候比金钱还要珍贵。

【范例】

聪聪的妈妈非常为女儿聪聪担忧，因为她没有什么时间观念，对待作业，能拖则拖，完全不懂得善用时间。聪聪平时放学回家首先就是打开电视，一看就是一两个小时，直到吃晚饭。而作业一直要拖到快睡觉的时候才开始做。自然，她经常做不完作业，只好第二天早上匆匆赶到学校去补；到了休息日，聪聪最喜欢的就是睡懒觉，有时还结伴外出玩耍，到了约定的时间也迟迟不归，经常耽误了休息日兴趣班的上课时间。对于女儿这些不善用时间的行为，聪聪的妈妈不知该如何帮她改正，为此很是苦恼。

【技巧】

生活中，有些父母常会抱怨孩子做起事来不利落，总是拖拖拉拉的，缺乏时间观念。而孩子自己呢，却总嚷着时间不够用，太紧张。

其实，时间对每一个人都是均等的，所不同的是，时间只善待那些珍惜它的人。

作为父母，我们有责任培养孩子对于时间的认识，并帮助孩子建立良好的时间观念。

聪聪的拖拉虽说比较典型，但这种情况在这个阶段的很多孩子身上都存在，从而使他们的学习和生活都不能井然有序地进行。针对孩子这些表现，父母可以为孩子讲一些名人名言或者名人成才的相关实例，让孩子从中认识到合理利用时间的重要性。

帮助孩子树立时间观念，父母还可以利用身边的正反典型事例进行引导和说服。

或许有些父母认为，对于孩子时间观念的培养不用很早进行，当孩子长大后，自然会慢慢懂得的。

其实，这种认识是有失偏颇的。对孩子时间感的培养不仅仅是为了让他们对时间有一定的认知，更重要的是让孩子对时间有一定的把握和感觉。如果孩子具备较强的时间观念，那么他通常做起事来会主次分明，有条理，能够合理地使用和分配时间。这种时间感的培养，是离不开父母的引导和培养的。

当然，"时间"这个看不见、摸不着，却又相当重要的概念，通过口头方式来告知孩子的话，会存在一定的难度。但是只要父母耐下心来，根据孩子的理解能力，通过利用他所熟悉的事物来联结时间观念的话，将会使孩子更容易了解时间的意义。

1.从生活中增加练习的机会

对于已经有一定时间概念的孩子来讲，父母可以把描绘时间的词汇运用在平时和孩子的对话中，比如：明天是周六，我们上午分两个阶段进行安排，10

点之前打扫卫生，10 点之后看动画片等等。这样，会有助于孩子加强生活事宜和时间词汇的联结，从而能够更精准地认识和使用这些表示时间的词汇。

2.父母以身作则，为孩子树立榜样

对孩子来说，父母一直都是他们学习和模仿的范本。因此，要想让孩子时间观念强，父母就先得做到，如果父母的作息混乱，那么孩子必然会受到影响，并且会效仿父母。只有父母以同样的标准严格要求自己，遵守规律的作息时间，才能以身作则培养孩子的时间观念。

假如父母常在某个需要马上做的事情或者计划中要执行的任务面前，用"等一下"来敷衍，然后自己却沉迷在电视或者原先的工作中，那么孩子便会用同样的态度来处理自己的事情。

3.运用计时器，帮孩子告别拖拖拉拉

有些时候，可能需要特别强调时间的段落性，比如 6 点钟要起床，7 点至 8 点钟要吃早餐，中午 12 点要睡午觉等等，这时候父母可以选用诸如小闹钟、手机等可以设定时间的计时器，让孩子知道当铃声响起的那一瞬间，他就要进行事先安排好的活动了。当然，在孩子表现良好，或者主动准备一些事情时，父母别忘了给予肯定，对孩子的做法说一些鼓励的话。

4.帮助孩子确立时间安排表

父母可根据现实情况，和孩子一起商议来确定日常生活中的常规事项，比如起床、晨练、吃饭、家庭作业、休息等，规定好从什么时间开始，到什么时候结束。通过这样的方法，让孩子练就在规定时间内完成某项事物的能力和习惯。

父母都知道"时间就是金钱"这句话，但实际上，时间有时候比金钱还要珍贵。如果我们能在对孩子的早期教育中，帮他养成良好的时间观念，那么就相当于为孩子学习知识、积蓄力量带来了一个美好的开端。因为善于利用时间的人，将会拥有高效率的办事效果，也往往是最能干出成绩的人。

方法5:
从小培养孩子负责任的意识和习惯

【关键词】增强责任意识　思想教育　负责行为

【要点提示】责任心的培养需要从小进行。要想让孩子学会承担责任，最简单易行的办法就是通过日常生活来培养。

【范例】

一家工厂由于战略调整，需要裁员。下岗名单公布了，有内勤部的张平和李松，规定1个月后离岗。那天，同事们都小心翼翼地和他们接触，不敢多说一句话，因为大家注意到，他们俩的眼圈都红红的，这种事摊在谁身上都难以接受。

第二天上班后，张平由于心里憋气，表现得情绪很激动，一会向同事哭诉，说自己好歹是厂里的老员工了，一家老小还靠自己的收入来养呢；一会向主任伸冤，说自己没功劳还有苦劳，怎么就这么让自己下岗了呢？

光顾了抱怨和哭诉，张平将自己本该做的订盒饭、传送文件、收发信件等工作，全扔在了一边，由其他同事替他干。

再看李松，虽然也被辞退，但他想难过归难过，毕竟还有一个月才离开工厂，工作不能不做。于是，他还和往常一样勤勤恳恳干着他的打字员工作。在同事们面前，李松也表现得比较放松，他特地和大家打招呼，主动揽活。

165

他说："是福不是祸，是祸躲不过，反正也就这样了，不如好好干完这个月，以后想给公司干都没机会了。"

一个月的时间很快过去了，结果却是张平下岗，李松被留下来。主任当众宣布了老总的话："李松的岗位谁也无法代替，像李松这样的员工公司永远也不会嫌多！"

【技巧】

这个案例虽然是个成人的例子，但却让父母们看到责任心对于一个人的重要性，而且责任心的培养是需要从小进行的。

所以，在培养孩子的过程中，父母有必要为他灌输对自己、对他人"负责"的观念。但是看看我们周围，更多的孩子常常是自己能做好的事情却不自己做，做错了事情不承认；习惯在别人身上找原因的现象，在其他孩子身上也普遍存在。这类问题的关键是孩子没有建立一定的责任心。

那么，是什么原因造成如今的孩子缺乏责任心呢？

究其根源，主要还是来自父母的教育。一方面，父母没有给孩子独立负责的机会。这是因为很多父母给予孩子过度的保护，本该由孩子自己负责的事情父母也承揽过来，久而久之，孩子必然会越来越依赖父母，甚至把父母为自己做事看作是理所当然。一方面，父母没有教会孩子怎样对自己、对他人、对社会负责。我们总说父母是孩子的第一任老师，在负责任这一点上，父母同样负有不可推卸的责任。所以，父母应该在平时以身作则，教会孩子要对自己、对他人、对社会负责。

1.合理引导，增强孩子的责任意识

很多孩子之所以缺乏责任心，首要因素是其对责任的认识不足。为此，父母有必要把孩子应该做的事情，诸如学习、做家务等的作用和目的告诉孩子，

使孩子认识到其中的意义和价值，比如生存、自我实现、报效祖国等。同时，父母还要不断强化孩子的责任意识，并告诉孩子怎样才能履行自己的职责。

2.从"心"入手，帮助孩子建立责任感

这里所说的"心"主要指的是思想教育。父母可由此入手，向孩子灌输建设社会、建设祖国的重任。这不仅会帮助孩子建立责任感，而且还能增强孩子的自我意识，认识到自己的主体地位。这样，孩子就会主动想办法来发挥自己的作用。当然，对于孩子负责任的行为，父母要及时给予评价，正确引导，让孩子认识到自己在履行责任方面的对或错。

3.通过生活点滴，培养孩子的负责行为

妍妍是一个非常聪明、性格开朗的孩子，周围有很多一起玩的小朋友。但是，妍妍有个小毛病，就是"常有理"。当她犯了错，她总会找借口为自己辩护，把责任推到其他事物或者别人身上。这不，刚玩完玩具，妈妈让她收拾。她说："一会儿我还玩呢。"过了一会儿，妈妈再让她收拾，她就说："我累了，想休息休息。"可是如果有小朋友来自己家里，她就责问人家为什么不收拾玩具。妈妈说："你是小主人，你应该带头收拾呀!"她却说："玩具是他玩的，应该他收拾，小朋友要自己的事情自己做。"妍妍仿佛什么事情、什么道理都明白，但是什么都不愿意自己做。对于这个聪明却不好说服教育的孩子，妈妈真是拿她没有办法。

要想让孩子学会承担责任，最简单易行的办法就是通过日常生活来培养。像上面案例中的妍妍，如果父母不及时引导，那么她找借口的行为会愈演愈烈。相反，如果在发现妍妍有推卸责任的苗头后，父母能够及时引导，让她知道该怎么做，不该怎么做，那么，妍妍责任心的培养将会指日可待。

其实，父母在日常生活中，可以通过提供和创设各种履行责任的机会来对孩子负责任的意识进行培养。例如，要求孩子必须对自己居住的环境负责，提

出整理内务、打扫清洁等目标，看他是否能自觉地坚持不懈地做好。

我们知道，责任心并不像知识、技能或者能力那样清晰可见，但它对一个人能力的发展起着举足轻重的作用。通常看来，一个对自己有责任心的孩子，自觉水平高，处理问题的能力强，让父母省心；一个对他人有责任心的孩子，有更多的伙伴，更多的乐趣，让父母宽心；一个对集体、对社会有责任心的孩子，从小志存高远，怀抱梦想，让父母放心。

因此，那些有责任心的孩子往往会表现出自觉、自爱、自立、自强等优点，而这些又是一个人成才成功至关重要的法宝。因此，要想自己的孩子更加优秀，需要父母从小培养他负责任的意识和习惯。

方法6：
让孩子承担本该承担的责任

【关键词】独自承担 对自己的行为负责

【要点提示】对孩子进行必要的惩罚对孩子的成长是有价值的。只有让孩子懂得自己的行为将会产生什么后果，他才会对自己的行为负责任。

【范例】

曾经，一个11岁的美国男孩在街巷中踢足球的时候，不小心把球踢到了邻居家的窗户上，玻璃一下子被打碎了。男孩知道自己闯祸了，面对着生气的邻居他赔礼道歉，但是邻居并不买账，仅仅道歉还不够，还要他赔付 13 美元。

当时，对于一个小孩子来讲，13 美元着实是个不小的数目。无奈之下，男孩只好硬着头皮到父亲那里寻求帮助。

他先是向父亲承认了自己的错误，原以为父亲会大发雷霆一顿，然后帮他赔偿给邻居。没想到父亲却并没有这样做，而是很平静地说："你必须对自己的过失负责！"

"可是，我哪有那么多钱赔人家？"男孩非常为难。

"我可以借给你。"父亲拿出 13 美元，接着提出条件："但一年之后你必须还我。"

于是，男孩开始了艰苦的"打工"生活。经过半年的努力，男孩就挣够了 13 美元，将钱还给了父亲。

这个男孩名叫里根，后来成了美国总统。在里根看来，是父亲教他学会做一个负责任的人，这种负责任的品质让他一生受益无穷。

【技巧】

责任心，能够让人对他人、对自己、对社会学会承担，学会尽责。应该说，里根有一个给了他良好教育的父亲，正是父亲的培养，让他懂得了什么是责任以及负责任的重要性。

看完里根的故事，再反观我们的现实，是不是很多父母都已经习惯于代替孩子承担责任和后果？孩子在外面惹了事，家长替他们"擦屁股"；孩子犯了错，家长代替他去道歉。

在这些父母看来，孩子犯错在所难免，让他们去承担犯错带来的压力实在太残忍了。可是，事实上，如果父母经常性地给孩子推卸责任的机会，那么孩子就不会意识到自己的行为后果所带来的影响和责任，从而就建立不起责任感，这给孩子带来的伤害和影响可能会超乎你的想象。

所以，父母们，如果真的爱你的孩子，就不要把他当作自己的私有财产，也不要把他看作是自己的"克隆"。而应该认识到，孩子是一个独立的、完整个体，我们必须要让孩子懂得责任感，应该由他们自己负责的事情，放手让他们独自去承担。

1.让孩子自己记下要做的事情，学会对自己的事情负责

珠珠家有一项家庭"内部规定"，就是要求每个人洗澡后把换下的衣服放进洗衣机。可是6岁的珠珠经常把这件事给忘记。聪明的珠珠妈妈想了个办法，她让珠珠用本子记录，比如洗澡后该做什么事，提醒自己不要忘记；写完作业后要收拾好文具，然后再看电视等等。实施一段时间后，珠珠开始自觉地把脏衣服放进洗衣机，其他方面也都做得很好，他为自己的进步感到自豪，爸爸妈妈也为儿子的巨大变化而欣喜不已。

有些家长反映，提醒孩子四五遍都不见有行动，甚至到头来还得自己替孩子做。其实，与其大人经常提醒，还不如让孩子自己记下要做的事情，这样孩子也慢慢地学会了对自己的行为负责。

2.让孩子懂得自己行为的后果

著名教育家茨格拉夫人说："必须教育孩子懂得，他们不同的一举一动会产生不同的后果。只有这样，随着时间的推移，孩子们才会学得很有责任感。"

事实确实如此，只有让孩子懂得自己的行为将会产生什么后果，他才会对自己的行为去负责任。在现实生活中，父母要试着把孩子生活中的每一项责任都放到他自己的身上，让孩子自己承担。

比如，当孩子遇到麻烦的时候，你应该说："这是你自己选择的，你想想为什么会这样?"而不要对孩子说："你已经努力了，是爸爸没有帮助你。"虽然只是一句话，却反映出了观念的不同。如果你无意中帮助孩子推卸了责任，孩子将会认为自己无须承担责任，这对他以后的人生道路是很不利的。

行为心理学认为，在孩子的成长过程中，对失责的惩罚虽然使孩子感到痛苦和厌恶，然而对孩子进行必要的惩罚对孩子的成长是有价值的，因为它对孩子责任心的养成有一定的促进作用。这里所说的"惩罚"不单指父母施加于孩子的责备和批评，而更注重于孩子由于自己的"失责"所要承担的责任以及孩子的自责。

总之，要想培养出一个有出息的孩子，在教养孩子的过程中，父母就一定要懂得让孩子承担自己本该承担的责任是多么有必要。

方法 7：
让孩子成为集体中的积极分子

【关键词】集体　全面发展　积极分子

【要点提示】人的发展离不开交往，离不开集体，集体是人全面发展的最有利的环境。让孩子成为集体中的积极分子，既有利于集体的发展，也有利于孩子的进步。

【范例】

10 岁的琪琪又一次被选为少先队中队长，并且再次获得了"三好学生"称号，并被评为优秀班干部。

琪琪刚上小学一年级时，老师把教室门的钥匙交给琪琪保管，所以在这4年中，她一直拿着班上的门钥匙，冬季天气很冷，早上也很黑，她每天为开门就早出家门15分钟，生怕有哪位同学在门外受冻，甚至有时有一两位同学在门口等开门，她回家后就很内疚地说："今天迟了，某某在门口等开门。"年复一年，日复一日，她天天如此，她有时也自言："谁让我是班长，班长就应该为班级服务。"她从未有过怨言，心甘情愿，从不曾放弃，天天保持一颗责任心。

二年级时，她早上到校把门打开，就去温习功课。预备铃打了，可老师还没来，她就拿起语文书，走上讲台，让大家拿出纸听写，大家准备好了，她就开始念词。

琪琪的责任心使老师和同学都十分喜欢她，她也在不断完善自己责任心的过程中茁壮成长。

小玫刚入学的时候就当上了班长，老师要求她每周的周二、周四两天于7点25分到教室带领同学们早读。第一周小玫积极地按老师的要求做了。从第二周开始她的行动就有些懒散了，有时7点40分才到学校。

有一次小玫放学回家满脸不高兴地对妈妈说："同学们不听我的话，吵吵闹闹地不读书。老师发现了批评了我。"

妈妈看着小玫沮丧的样子，问她说："同学们为什么不听你的话？老师为什么批评你？"小玫说："同学们告诉老师说我来得很晚，有时几乎迟到。老师就批评我没有给同学们做个好榜样。"妈妈明白了事情的症结所在，又问："老师还给你机会当班长吗？""老师说要看我这一周表现得怎样。如果做到老师的要求了，就继续当班长。"吃过晚饭后，妈妈耐心地教育小玫说："同学们不听你的话，你觉得自己有做错的地方吗？"

"有，就是到教室的时间太晚了。""小玫，你知道吗，你来晚了就是做事没有责任心的表现。当了班干部就要负起责任来，要比同学们来得早，要把老师交待的工作做好。这样才像当班长的样子。"经过这次谈话后，小玫去上学时再也不磨蹭了，还协助老师把班级管得井井有条，在同学中也树立了威信。

【技巧】

对于愿意不愿意孩子在班上当小干部，支持不支持孩子多为班集体做事情，大多数家长的态度是积极的。也有的家长不愿意孩子在班上当干部、多做事情，怕孩子太辛苦；另有一些家长觉得孩子当干部为集体做事情都可以，但不能耽误孩子的学习，不能傻干。

马克思有一段名言："只有在集体中，个性才能获得全面发展其才能的手段。""一个人的发展取决于和他直接或间接进行交往的其他一切人的发展。"这很明确地告诉我们，人的发展离不开交往，离不开集体，集体是人全面发展的最有利的环境。一个人总是属于大大小小的集体的，割开个体与集体的联系，人就像离开水的鱼，不能生存，更谈不上发展。谁与集体的融合度高，谁才是集体的真正主人，谁就会得到最好的发展。因此，让孩子成为集体中的积极分子，既有利于集体的发展，也有利于孩子的进步。

我们应该想一想，孩子生活、学习在班集体中，与集体是什么关系？是融合在集体中做集体的主人，还是只做一个"随行"成员呢？有些家长的想法比较简单，孩子在班上，无非上课、开会、做值日，好好上课，参加开会，按要求做值日就行了；关键是学习要好，对集体积极不积极无所谓。实际上并不如此简单，一个人在集体中，会发生各种各样的人际关系，会关心集体的目标、纪律、风气，会产生集体荣誉感或耻辱感。在集体中的每一个时刻，都会有各种各样的情绪反应，这是客观规律。一个人对集体的投入程度，与他的身心发展密切相关，在集体中，只顾自己的游离状态是非常难受的。

责任感是从一点一滴的小事情上培养的，孩子认真写好每一个字，认真完成每一项作业，认真改正每一道错题，这也是责任感的体现。如果发现孩子字迹很乱，说明学习态度有问题。字写好了，作业本干净整齐了，学习态度端正了，作业的正确率自然就提高了。可见认真的学习态度正是学生责任感的体现。

家长要真正关心孩子所在的集体。经常了解班集体的情况，跟孩子一起讨论班上的各种问题，有时候还需要跟班主任老师交换意见。

家长应支持孩子当班干部或承担一定的集体责任。职务不论大小，责任不论轻重，都对培养孩子的主人公精神有好处，而且能培养孩子的多种能力。

孩子在班上的处境总有有利的时候和不利的时候，或者因为人际关系问题，或者因为活动角色问题，或者因为表扬批评问题，或者因为学习成绩问题，都会带来处境变化、情况变化。

家长应注意了解孩子在班上的处境，特别是孩子的情绪反应，及时给予指导。

方法 9：
培养孩子的责任感要从小事做起

【关键词】小事　大事　渐进

【要点提示】责任感是一种非常重要的素质，是做一个优秀的人所必需的。做父母的应善于观察、理解孩子的需要，要通过对话解决争端，让孩子有一个积极的心态，乐于去做事。

【范例】

已经上二年级的建建很聪明，但妈妈最头痛的是他不爱读书，而且没有什么责任感。

这天，建建同往常一样回到家。一家人在吃饭的时候，妈妈突然想起一个念头来——何不让孩子当我的老师呢，说不定还能培养建建的责任感。

吃完饭后，做完了家务，妈妈检查建建的作业。妈妈发现他的拼音错了不少，就让他去当一下爸爸的老师，让他一遍一遍地教爸爸读。以前建建对读拼音十分反感，可现在教爸爸读拼音，他一直不厌其烦地读，到要睡觉的时候才想起来："妈妈，我忘看电视了！"

妈妈一看儿子的认真劲儿，不由偷着乐，决定再让建建当自己的老师，培养他读书的兴趣和习惯。于是妈妈对建建说："儿子，你这么聪明，教妈妈英语好不好？"

建建说："不行，我又懂得不多！"

妈妈鼓励他说："行的，儿子。在学校，老师教你什么，你回家就教妈妈什么，妈妈保证能学会。儿子老师，不相信你的妈妈啊？"建建一听，快乐地答应了。

就这样，每天妈妈都跟建建读半个小时的英语，建建越教越认真，因为要回家教妈妈，所以在学校里上课也变得十分认真了。一学期下来，建建终于养成了一回家就读书的好习惯，而且每门功课成绩都很优秀。

责任感是一种非常重要的素质，是做一个优秀的人所必需的。

现在有些父母不太重视培养孩子的责任感，当孩子遇到一些事情的时候，父母总想替孩子完成，希望能为孩子留出更多的时间去学习，甚至还会有意无意地扼杀孩子的责任感。

培养孩子的责任感，不是说孩子只应对大事负责，而小事就无关大体。事实上，不能做小事的人也成就不了大事业。俗话说："一屋不扫何以扫天下。"孩子责任感的养成有个渐进的过程，应从小开始培养，从小事做起。父母不能有等孩子长大再说的思想，如果失去了从小培养的机会，孩子长大了也不可能突然具有对人对事的责任感。

【技巧】

有的家长认为：孩子毕竟是孩子，还小，树大自然直，长大了自然就行了。因为是独生子女，父母将所有的爱都倾注在他们身上，对孩子娇生惯养，百依百顺，舍不得放手，事无巨细都替孩子安排得妥妥当当。对孩子能够做的事情，能够处理的问题，父母也大包大揽，予以代劳。正是在家长的这种全包之下，孩子自身无任何责任而言，久而久之，其责任意识就逐渐被扼杀或退化了。岂不知，孩子的责任感是应该从小培养的。很难想象缺乏责任感的孩子长大后能体谅父母，关心他人。

教育孩子，应该从整理玩具、收拾书籍、吃饭、穿衣、系鞋带、睡觉、看电视等日常琐碎的小事入手，每件事只要孩子能够自己做，就必须让孩子亲自去做。

不要认为孩子做事慢、做得不好而不让他做，否则他永远也不会做好。

碰到孩子不想做事的情况，父母不要强制或武断地认为就是孩子想偷懒，每个人都会有各种各样的情绪冲突体验，不同时期对自我的认定也会有差异。做父母的应善于观察、理解孩子的需要，要通过对话解决争端，让孩子有一个积极的心态，乐于去做事。这样做事才能取得应有的成效，也才能帮助孩子树立克服困难的勇气和决心，从而磨炼孩子的意志。

父母应在尊重孩子选择的基础上，通过协商，引导孩子分步骤解决不同需要的问题，可以根据事情的轻重缓急，也可以根据事情发生的先后顺序，或者根据孩子的能力大小，逐步地解决问题。这样不仅可以培养孩子的责任感，而且可以提高孩子办事的能力。

 ## 方法 9：
带着孩子做些力所能及的家务

【关键词】衣来伸手　自理能力　劳动能力

【要点提示】家长有必要让孩子做一些力所能及的事。孩子做家务的过程，也是正确的劳动态度得以培养的过程。

【范例】

娜娜是个 11 岁的大女孩了，随着年龄的增长，她变得越来越爱美，最直接的表现就是她换衣服的频率越来越高。

衣服换得勤了，可是洗衣服的活，娜娜却始终不做，全由妈妈来完成，这无形中增加了妈妈的负担。妈妈意识到这样下去问题的严重性，她决定和娜娜谈谈。妈妈说："娜娜，妈妈每天上班，下班后还要做家务，很忙，也很辛苦，你现在已经是 11 岁的大孩子了，可以做一些事情了。妈妈希望以后你的衣服都由你自己来洗。如果你忘记的话，就只好穿脏衣服了。"

听了妈妈的话，娜娜很痛快地点点头，一点儿情绪都没有。

一周的时间眨眼便过去了，妈妈发现洗衣机里塞满了娜娜的脏衣服，她很生气，于是很严厉地批评了娜娜，娜娜答应妈妈下次不会忘了。接下来的一周，妈妈发现娜娜的脏衣服更多了，连洗衣机里都已经放不下，而娜娜则直接把它们堆在自己的卧室里、衣柜里。

妈妈没有责备娜娜，但也没有帮她洗，而是采取了冷处理的办法，她决定用对此置之不理的方法来好好教育教育女儿。

这样一来，娜娜只好把曾经穿过的衣服里比较干净的拿出来换着穿，可终于有一天，她实在找不到一件可以穿的比较干净的衣服了。至此，娜娜终于决定自己洗衣服。当她把一件件衣服洗干净后，娜娜发现，原来洗衣服并没有自己想象的那么难。

从那之后，娜娜的衣服都是由她自己来洗，也时不时帮妈妈做一些其他的家务，娜娜不但没感觉累，反而体会到很多快乐了。

【技巧】

看得出，娜娜妈妈的做法是聪明的，她用"冷处理"的方法促成了女儿自己动手洗衣服及做家务的行为。如果不是妈妈这样做，恐怕娜娜还会过着衣来伸手、饭来张口的生活，也就无法形成一定的生活自理能力。

"我家那个小公主，每天早上刷牙连牙膏我都要给她挤好，否则她就不刷，真是没办法！""我家那个小少爷，玩过的玩具到处扔，从来不知道收拾，姥姥都成了专门跟在他屁股后面捡玩具的了。""真不知道现在的孩子怎么这么娇贵，让他做点儿家务比登天还难，想想我们小时候可不是这样"……

类似体现着家长们或抱怨、或无奈的话时常会响在我们的耳边。可是家长们自己是否想过，孩子不做家务，难道和做父母的一点儿责任没有吗？你是否曾经想过，孩子还小，做家务会累着？或者孩子学习任务太重，还是不要让他做家务了？事实上，正是家长对孩子的娇惯，才导致孩子衣来伸手、饭来张口。

殊不知，这样不但让孩子形成凡事依赖大人的习惯，而且也不会体会到父母的艰辛。相反，如果我们放手让孩子做一些力所能及的家务，则会让孩子理解生活的不容易，意识到自己曾经的无理要求给父母带来了麻烦。

所以说，为了培养孩子爱父母之心、体谅父母之情，我们有必要让孩子做一些力所能及的事。

作为家长，很有必要引导孩子从小养成劳动的观念，即使两岁大的孩子，也要逐渐培养他懂得收拾自己的玩具、睡衣之类。而一个十几岁的孩子应当成为有能力独立做大部分家务活的帮手，比如负责决定家庭菜单和简单的烹调、收拾与打扫房间，等等。

实际上，孩子在做家务的过程，也是正确的劳动态度得以培养的过程。对孩子来说，劳动实践是学习知识、了解和认识社会的重要途径。如果在孩子的记忆里除了书本知识而缺乏运用这些知识指导实践的体会，那么将很难激发孩子的求知欲望和学习热情。

1.根据年龄，为孩子布置家务活

我们不要为了训练孩子做家务而让一个3岁大的孩子拖地板，也不要让一个5岁大的孩子扛米袋。换句话说，我们得根据孩子的年龄，给他们布置合适的家务活。比如，3岁大的孩子可以用百洁布擦拭茶几上的灰尘，也可以用鸡毛掸子清扫椅子之类的大型坚硬物体。到了4岁，孩子可以承担浇花、收拾自己小衣服的责任了。再大一点儿的时候，孩子就可以管理自己的用品了，比如收好自己的玩具、整理床铺，等等。到了八九岁以上，就可以学着做菜、洗衣服，等等。

2.新鲜感和持久度，一个都不能少

如果让孩子总是用同样的方法做同一件事，那么对于好奇心强烈的他们来讲，可能会感到乏味，做家务活的积极性也就会降低。

所以，这需要父母们给孩子安排家务的时候要把握新鲜感和持久度之间的平衡。比如，一个 4 岁大的孩子一会儿是"厨师助理"，喜欢拿着各种瓜果蔬菜，一会儿又是卫生"保洁员"，可以帮爸爸妈妈扫扫地板。除了要孩子体会到乐趣之外，更要让他们能够长期地承担某些工作。比如，让孩子照顾几盆花，每天给花浇水，这种定期地浇水和看护有助于孩子形成持久的习惯，从而养成持之以恒的能力。

3. 不要对孩子所做的家务活吹毛求疵

孩子的劳动能力毕竟没有大人那么强，做起家务活来也就没有家长那么完善，甚至有时候还会出错。对此，父母不必去责怪孩子，而应该学会接受孩子做事过程中不完美的地方，并想办法帮助孩子解决问题。

方法 10：
教育孩子不做"啃老族"

【关键词】 依赖心理　独立性　劳动能力

【要点提示】 家长们应该加强对孩子独立性的培养，避免你的孩子长大后成了心理上不断奶的"啃老族"。作为家长，不管在什么情况下，都不要轻易向孩子妥协。

【范例】

郭凯中年得子，对孩子呵护备至，从不舍得让孩子承受一点点痛苦。孩子上幼儿园之前，每顿饭都是由家人来喂，等到 3 岁的时候入园了，却连勺子还不会拿，连手都不会洗。

3 年后，儿子上小学了，为了照顾孩子方便，郭凯一家到学校附近租了一套房子。再后来儿子上大学了，一星期回家一次，每次回来都带回来一大包脏衣服，让妈妈帮他洗。甚至有时候，他周末不回家，爸爸妈妈就亲自到学校帮他把新衣服送去，把脏衣服带回来。

大学毕业后，在父母的帮助下，郭凯的儿子进入一家不错的事业单位。可是，没待多久，儿子就嫌工作乏味而辞职。父母虽然不开心，但嘴上却一句也没舍得说。

就这样，儿子从"铁饭碗"的事业单位进入了风险颇大的商业领域。可是天有不测风云，他的经商之路非常不顺，不到一年就赔了个精光，从此便一蹶不振，天天赖在父母身边吃吃喝喝，终日以上网打游戏为"业"。

【技巧】

作为父母，或许你会同情事例中的郭凯夫妻俩，辛辛苦苦养大的儿子居然到现在还依赖自己，心安理得地当着"啃老族"。可是，我们是不是也可以看出，之所以导致孩子这样，和郭凯对他从小到大的培养有着直接的关系。我们甚至可以毫不客气地说，是郭凯和孩子的妈妈害了他们的儿子！在孩子本该练习独立吃饭的时候，他们继续喂食；在孩子本该自己洗衣服的时候，他们代劳……这些都是助长孩子依赖心理的做法。

鉴于此，家长们应该加强对孩子独立性的培养，避免你的孩子长大后成了心理上不断奶的"啃老族"。

1.培养责任感，让孩子懂得承担

一些孩子之所以"啃老"，主要是依赖心理过强、缺乏责任感导致，这主要是由于父母在教育孩子的时候，方式不当而造成的，比如，有的父母想培养孩子爱劳动的习惯，就会对孩子说"来，帮妈妈洗洗碗"，或者"宝贝，你可以帮爸爸擦地板吗"，等等。

实际上，这样会让孩子认为做家务是父母的事，和自己没有直接的关系，不属于自己的责任范围；他向父母"伸出援手"不过是在自己乐意的情况下所进行的偶然行为，而根本不会把这看作是自己份内的事。

为此，我们应该让孩子明白他作为家庭中的一员，也应该和爸爸妈妈一样承担相应的责任，这样孩子才会从小建立起对责任感的概念，并学会为一些事情承担责任。

2.狠下心来，不要轻易对孩子妥协

有时候在孩子的软磨硬泡下，家长狠不下心来，便答应孩子一些不合理的要求。其实这样做只会让孩子无法无天，所以，作为家长，不管在什么情况下，都不要轻易向孩子妥协，这样孩子才会知道父母的"厉害"，于是孩子也就不会任性妄为、过于依赖了。

3.有所保留，不要对孩子用尽"全心全力"

毋庸置疑，没有一个父母不爱自己的孩子，但是，爱不能缺乏理智，不能爱得太盲目。要知道，即使父母为孩子做得再多，也不能替代他一辈子。聪明的做法是：早日放手，让孩子学会自己照顾自己，让孩子学会自己"走路"。

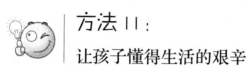

方法11：
让孩子懂得生活的艰辛

【关键词】 艰辛　困难　面对生活

【要点提示】 只有让孩子从小就懂得生活的艰辛，才能让他们知道父母的不易，才能成为一个有素养、能独立的孩子。在爱孩子方面，我们建议父母们一定要把握好度，不要把自己对孩子的爱变成溺爱。

【范例】

刘思洋今年9岁，上小学三年级。刘思洋的妈妈自从孩子出生以后就辞掉了工作，做起了"全职妈妈"，照顾好女儿成了她最重要的工作。对此，她的原则是：照顾好孩子的生活起居，打理好孩子的衣食住行；事事都为孩子做好准备和打算，不用孩子操心，不让孩子为学习以外的任何事分心，让孩子把全部精力都集中在学习上。

在生活中，刘思洋的妈妈也确实是这样做的，她包揽了孩子所有的事情：早上起床给孩子穿衣洗漱，并且要选择孩子哪天穿哪件衣服，哪天梳哪个发型；把早饭做好端到孩子面前；替孩子背书包，送她到学校；接孩子放学回家；看着孩子做作业；就连刘思洋和哪个朋友有矛盾回来不高兴了，妈妈也会亲自找到刘思洋的那个同学了解情况，然后百般劝慰孩子们要好好做朋友，相互体谅，不要吵架。可以说刘思洋的妈妈在照顾孩子的问题上尽心尽力、面面俱到。

在这样的环境里长大，现在刘思洋几乎什么都不会自己做，就连去小卖部买东西都不会，更不用说料理自己的生活了。

【技巧】

看完刘思洋的事例，可以反观一下我们自身，在教育孩子的过程中，我们是否也像刘思洋的妈妈这样不舍得让孩子经受风吹雨打呢？可以想见，像刘思洋这样的孩子能体会到什么生活艰辛？她又怎么能独立地、正常地面对生活？

俗话说"不当家不知道柴米贵"，这一点在很多已为人父母者看来或许深有体会。的确，当我们在父母的关照下无忧无虑地生活，哪里能够尝到生活的艰辛？现在的孩子们更是非常娇惯，家长根本不舍得让孩子感受一下生活道路上的一些坎坷、困难和挫折，以至于在孩子的生活体验里会产生这样一种感受：家长会帮自己安排好、做好所有的事情。他们买东西的时候，不考虑花费，只顾自己满意；和同学、伙伴进行攀比，比别人差点儿就不行……

这些想法和行为都是令家长们备感头痛的，他们此时才感受到孩子的不懂事，而全然不会去想自己曾经给了孩子怎样的教育。

虽然说父母对子女的爱是世间最无私、最深厚的爱，但我们要知道，只有让孩子从小就懂得生活的艰辛，才能让他们知道父母的不易，才能成为一个有素养、能独立的孩子。

事实上，生活是现实的，也是残酷的。对于还在成长中的孩子们来说，未来属于他们的社会竞争必将更加激烈。而无论现在家长怎样娇宠、溺爱孩子，孩子未来的生活道路都必须由他们自己去走，这样的孩子才是能够沉着应对挫折，努力开创未来的识大体、懂礼貌的孩子。而这，才是我们能给孩子的最宝贵、最有帮助的爱。

1.孩子不是宠物，要把孩子当做一个真正的人

很多父母怕孩子承受痛苦，便把孩子当做宠物一样养着。这样做，从本质上讲是不尊重孩子的。父母真正应该做的是，让孩子自己去体验生活，摔了跤，鼓励他，而不是禁止他继续往前走，更不是抱着他走。

2.只给孩子适度的爱

一个被父母娇惯的孩子，其言谈举止往往流露出对他人骄横、不屑一顾的样子，这都是父母把满腔的爱和关怀全部都倾注在孩子身上，从而使孩子没有了为他人着想和付出的空间。

所以，在爱孩子方面，我们建议父母们一定要把握好度，不要把自己对孩子的爱变成溺爱。

3.给孩子创造接近生活现实的机会

孩子如果在过于安逸的环境中成长，往往会形成依赖、懦弱、退缩的心理状态，这样的孩子缺乏顽强的进取精神，经不起挫折，所以，家长应在孩子成长的过程中有意识地让孩子参与生活，参与家庭事务，让孩子获得适应能力。

第六章
用最好的方法给孩子最棒的信心教育

CHAPTER 06

信心是一切力量的源泉，

是每个人都应该追求的一种品质。

拥有良好的自信心可以让孩子面对困难不退缩，

不气馁，勇往直前，坚持到底。

培养孩子的自信，

就要多鼓励、多赞美、多夸奖，

让他的心里充满阳光，

从而激发出孩子潜在的正能量，走出人生精彩。

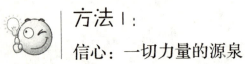

方法1：
信心：一切力量的源泉

【关键词】乐观 坚强 挑战

【要点提示】相信自己，这是一切力量的根源。父母们要像故事中的爸爸一样，帮助孩子树立信心，成为孩子人生路上的助跑员。

【范例】

冉冉唱歌很好，有一次，市里组织少儿歌手大赛，爸爸就给她报了名。冉冉没受过专业的训练，只是在学校的联欢会上表演过，所以只是抱着试试看的态度，没期望获得什么好名次。也许正是因为冉冉的心态轻松，她竟然一路过关斩将到了最后的总决赛。

这下冉冉紧张了，总决赛的比赛场地在电视台，而且电视台还要录像。她还没到过那么大的舞台，当着那么多观众唱歌，她能唱好吗？

很快到了总决赛那天，马上就要上场了，冉冉的心情紧张到了极点，她的手心都在冒汗，心里想："现在都这么紧张，等会儿要是忘了歌词怎么办？"越想，她心跳得越快，甚至有点想退出比赛了。

这时，陪同她参加比赛的爸爸走了过来，将一个纸卷塞到她的手里，轻声说道："这里面写着你要唱的歌词，如果你在台上忘了词，就打开来看。"她握着这张纸条，像握着一根救命的稻草，匆匆上了台。她把那个纸卷握在手里，心里踏实了许多，结果她发挥得相当好，完全没有忘词，最后，获得了比赛的亚军。

她走下舞台后高兴地对爸爸说："爸爸，多亏你那张纸条，不然我肯定不会唱得这么好。"

爸爸微微一笑说："你打开纸条看看。"冉冉打开纸条一看，上面一个字都没有，只是一张白纸。

爸爸说："帮你赢得比赛的，不是这张纸条，而是你自己，是你自己战胜了自己，找回了自信。你握住的这张白纸，并不是一张白纸，而是你的自信啊！"

【技巧】

人的一生就是一场比赛，就像故事中的父亲说的那样，能否取得这场比赛的胜利，关键在于是否相信自己。所有外在的力量都比不上相信自己，相信自己，这是一切力量的根源。

相信自己，即便你暂时还不如别人；相信自己，哪怕别人对你恶意打击，你也要不为所动；即便别人把你打倒了，你也要重新爬起来，重塑自信。这就是一个自信的孩子的心理。一个自信的孩子敢于对自己提出更高的要求，并在失败中看到成功的希望，鼓励自己不断努力，从而接近自己的目标。这样的孩子，自然是一位情商达人。

孩子若充满自信，就会变得乐观和坚强，才会更积极地投入生活，勇于尝试，接受挑战；反之，他就会在各种事物面前表现出柔弱、害羞、被动、恐惧的心理，从而失去很多学习和锻炼的机会，影响了自身的发展。

所以，父母们要像故事中的爸爸一样，帮助孩子树立信心，成为孩子人生路上的助跑员。父母们可以按照下面几种方法帮孩子树立自信心：

1.自信心要在生活点滴之中慢慢建立

并不是每个人都是天生的自信者，谁都可能会因为失败和挫折的打击而失去自信，自信既然不是凭空消失的，也就不会从天而降，要想重拾自信，需要在点滴的生活中慢慢建立。

当孩子状态不佳时，父母不要妄想一句鼓励或一顿大骂孩子就会有大的改变，要给孩子适当的空间和时间，让他们重新找到自我和自信。肯定他们身上所有值得肯定的地方，哪怕是不很明显的进步。

比如："虽然这道题你还没有解出来，但你已经找到方法了。""这学期你的每门功课都及格了，这样下去，你和其他同学的差距会越来越小。"

自信心不但需要"自我暗示"，也需要他人强调。除了孩子自己相信自己以外，父母也要不断告诉孩子：你能行！

2.成功的喜悦感有助于加强自信心

"屡败屡战"者总是少数，谁也不可能在一条道上走到黑，一直不成功会让人的自信心受到严重的打击。心理学研究和生活经验都告诉我们：一件事情若有小小的困难，通过我们的努力克服了，我们会感到非常快乐，并且愿意继续做下去。所以，让孩子体会到成功的喜悦感，会有助于增强他们的自信心。

父母要给孩子制定一些比较容易达成的目标，让孩子相信自己的能力。从孩子的实际出发，起点低一点，步子小一点，从而使孩子层层有进步，处处有成功。因为成功能强化自己的自信心，弱化自己的自卑感，而一连串的成功则会使这个人的自信心趋于巩固。

方法 2:
自信，让你的孩子无惧挫折与失败

【关键词】 充满恐惧 努力和进步

【要点提示】 要想让孩子充满自信，父母必须先给予孩子积极的肯定，即便孩子经过一番努力最终并没能取得成功，父母也要从保护他们的自信和热情出发，多给他们肯定，从而激发孩子积极向上的精神。

【范例】

松松是小学四年级的一个学生，他在班主任老师那里获得的评价一直是：胆小，不积极回答问题，即使被老师叫起来，说话的声音也很小。

一次家访中，班主任向松松的父母透露了这一现象。

事后，妈妈问松松为什么这样。松松说，他担心自己回答错了，同学们会笑话他。

又经过一番了解，松松妈妈得知，班上要是开展什么文艺活动，文娱委员找松松表演一个节目，他也总是担心自己演不好，不愿意上台表演。平时，松松和同学们的交流也很少，他总是一个人孤单地在自己的小圈子里面，其实他也很想和同学们一起玩的，但他怕别人不接受他，不知道该怎样和同学们相处。

面对这样的儿子，松松妈妈很焦虑，她一时也找不到什么好的办法来引导孩子。

【技巧】

其实，在生活中，我们会看见一些像松松这样的孩子，不论做什么，他总是担心地认为自己"不行""做不好"，怕自己把事情搞砸了。这显然就是缺乏自信的表现。

缺乏自信的孩子，很多表现也很类似。一般来说，他们会有下列一些表现：

对新事物充满恐惧，不敢面对。他们在新事物面前，总认为自己缺乏能力，如果面对肯定失败，于是不愿意去面对。如果日常生活中发生一些变化，比如搬家后换了环境，去新的学校就读等等，都会令他们感到不安和烦恼。

对于家人过分依赖，不管是家里还是外面，都不敢独自面对问题，缺乏独立生活的能力。

与外人特别是陌生人接触时，常把头低下，不敢说话，害怕别人关注自己，总试图躲开他人的眼神。这样的孩子也就很难建立友好的伙伴关系，往往比较孤独。

对于自己的行为会非常挑剔，一些无关紧要的事，他总是很在乎自己的行为结果，并常常对自己的行为结果感到不满。比如，他搭积木，只是比图纸上差了一个地方，而实际上又不会影响整体效果，但他还是很懊恼，觉得自己完成得很糟糕。

可能很多家长都听过或看过这样一句话：让每个孩子都抬起头来走路。其实，"抬起头来"，就是意味着要人们能够对自己、对未来、对所要做的事情充满自信。不管是谁，只要他能够昂首挺胸，心怀自信，那么在他的头脑里就会产生这样的潜台词——"我能做到"、"我会做得很好"、"这点问题对我来讲不算什么"……假如你的孩子具备了这样的心态，那么他就肯定能形成健全的人格，能够不断地努力和进步。

当然，孩子的自信很大程度上来自于父母的鼓励和肯定。如果一个孩子从小就能够受到家长的鼓励和表扬，那么他的自信心必然会强于那些总受到批评的孩子。

假如以后的生活和学习中没有遇到意外的挫折，他就会形成"成功型"的个性。因此说来，要想让孩子充满自信，父母必须先给孩子积极的肯定，即便孩子经过一番努力最终并没能取得成功，父母也要从保护他们的自信和热情出发，多给他们肯定，从而激发孩子积极向上的精神。

1.给孩子尊重，才能让他建立自信

在培养孩子的过程中，父母要尊重孩子的爱好和意见，并尽量满足他的合理要求，而不要总是认为孩子就该服从父母，.父母的权威至上，更不应该任意指责甚至打骂孩子。只有尊重孩子，孩子才会感受到父母真诚的爱，也会感觉自己说的话有分量，从而建立信心。

另外，父母不能刻意去改变孩子的爱好和兴趣，父母只能去发现、去引导他们，这样才有助于提高和增强他们的自信心。

2.做到相信孩子和鼓励孩子

只有得到来自父母的信任，孩子心里才会有种踏实感和安全感。同时，由于孩子好奇心强，什么事都愿意自己去做，但有时做得并不好，这时候父母不要指责孩子，而应多给孩子一些鼓励。当孩子把事情做好之后，父母的信任与鼓励会无形中增强他的自信心。

很多年前的一个母亲节前夕，当时就读于哈佛大学的比尔·盖茨给母亲寄了一张贺卡，贺卡上这样写道："你总在我干的事情里寻找值得赞扬的地方，我怀念和你在一起的时光。"当人们问起这段话的意思的时候，比尔·盖茨自豪地说："我一切的成功都源于我母亲对我的信任。"

应该说，比尔·盖茨的成功离不开他这位善于欣赏、赞扬孩子的母亲，是她成就了一位世界上独一无二的电脑天才。

一位教育专家曾说：教育的奥秘在于坚信孩子"行"。的确，孩子内心深处最强烈的需求，就是得到别人的肯定和赞扬。哪怕来自父母的一个小小的鼓励，一次不经意的赞扬，都会让孩子倍感激动，并因此而更具自信。

3.父母以身作则，为孩子做好"范本"

对孩子来说，父母是他们成长过程中最生动直观的榜样，因此父母的示范作用也是无可替代的。要想让你的孩子能够拥有自信，不怕困难和挫折，那么父母就先要成为孩子高尚人格的榜样，做一个健康积极、充满自信的人。在此需要提醒父母们的是：即使遇到了不开心的事，也最好不要在孩子面前表露出自卑或者自负等不良情绪，以免让孩子受到影响。

可以说，自信心是孩子生命中的一把火炬，高举着它就能让孩子将自己人生的每一处照亮。总而言之，自信心是成功者必备的素质，自信心是孩子们通往成功之路的光明大道。

方法 3：
帮助孩子树立有力的、积极的自我形象

【关键词】 自我形象　健康积极

【要点提示】 一个人有着怎样的态度，最直观的反映就体现在其形象上。帮孩子树立一份积极的心态，塑造一个健康有力的自我形象。

【范例】

峰峰本来学习成绩很不错，考试总能在前五名。可是很不幸，因为一场病，使峰峰不得不休学一年。病好之后，妈妈怕峰峰跟不上以前的课程，就让孩子读去年就该上的五年级。

可是，回到学校后，峰峰看到自己曾经同班的同学都升入六年级，明年就能考初中了，而自己才上五年级，不由得自卑起来。他觉得自己身体如果再好些，也可以和同学们一样明年考初中了。

带着这种自卑情绪，再加上一年的时间脱离学校和课堂这样的环境，在新同学们面前，峰峰显得很疏离，对待学习也很消极。课堂上，他再也不像从前那样积极乐观，而是变得沉默寡言，不喜欢回答问题。

每次考试前，峰峰的情绪就表现得更明显，他总是忧心忡忡的，觉得自己作为留级生，再考不好的话，会很没面子。可是，越是没信心，就越学不好。结果考试的时候因为峰峰的心理状态不好，很多会做的题目，也变得不会做了。

195

在这种周而复始的恶性循环下，峰峰的心理越发脆弱起来。对学习也渐渐地失去了信心，他不知道自己该怎样才能学好。他甚至对学校感到害怕和厌倦，他每天都很忧虑。

峰峰的父母看在眼里，急在心上。他们难以接受曾经优秀的儿子在一年之内居然变成这个样子。他们也不知道该怎样帮助儿子排遣压力，为此十分苦恼。

【技巧】

假如你碰上了峰峰这样的儿子或者女儿，肯定也会感到苦恼。哪个父母希望看到孩子面带忧虑，毫无自信的形象呢？这样的孩子在未来会有什么出息呢？一位西方著名的学者指出："毫不夸张地说，一个有力的、积极的自我形象是成功人生的最合适的准备。"

为什么一个有力的、积极的自我形象这么重要呢？因为一个人的形象从一定程度上说明了他对自己的评价，而这个评价又决定了他对生活、职业以及对朋友的选择；决定了他对自己和周围的人的态度、发展和学习的空间等等。可以说，一个人对自己有着什么样的看法，能够树立一种什么样的形象，将深深影响他的整个一生。

而上文中的峰峰恰恰因为不能为自己树立一个积极的形象，而越发地不自信，以致于对学习和生活都看不到希望。不敢想象，长期这样下去，曾经健康活泼的峰峰会成为一个怎样的孩子？

英国作家狄更斯曾经说过："一个健全的心态，比一百种智慧都有力量。"一个人有着怎样的态度，最直观的反映就体现在其形象上。我们注意到，城市里流浪街头的乞丐、精神病院里的慢性沮丧病患者、疯狂吸毒的人，他们对自己明显有着很差的评价。

毋庸置疑，每个父母都不希望自己的孩子成为乞丐、精神病人或者吸毒者，而是希望自己的孩子能够健康、快乐、积极地投入到生活和学习中来。那么，就请帮孩子树立一份积极的心态，塑造一个健康有力的自我形象开始吧！

1.用"降温"和"升温"法来对待孩子的自负和自卑

孩子的情绪很容易因周围的评价而发生180度大转弯。有时候课堂上犯了错误，受到老师的批评或者同学的冷落，便会一蹶不振，以至于产生自我否定的倾向，觉得自己从此"完蛋"了。这时候，父母应为孩子"升温"，适时地鼓励孩子，帮他走出自卑情绪。也有的时候，孩子某些地方做得不错，受到了他人的吹捧，并因此产生了飘飘然的感觉，认为自己无所不能，全宇宙无敌。这种情绪势必影响孩子继续踏实地学习和做事，也会影响他和周围人的关系。所以，父母应及时指出孩子的问题，给他"降温"，让他早点从自负的情绪中走出来。

2.孩子学会正确地归因

心理学上，有个名词叫作"归因"。顾名思义，归因指的是为自己的行为结果查找原因。父母们大都有这样的感觉，当做得出色时，觉得自己的功劳很大，而当失败的时候，却总是觉得别人的问题太多。这是一种心理上的自然倾向，而这种倾向在孩子身上就更为明显。

实际上，孩子的生活比较单纯，影响他们成败的因素也不复杂，一般情况下，做得好是他努力了，做得不好是他没努力。所以，在帮孩子行为的结果归因时，父母可多引导孩子从内心着手，而不是总归咎于外因。否则会给孩子这样一种认识：失败是自己无法控制的。从而觉得自卑无助，克服苦难的自信心也会削弱很多。

3.通过"旁敲侧击"，暗示孩子"能做好"

有些教育并非刻意为之，而是巧妙利用一些时机，见缝插针地对孩子进行引导。所以，父母可以利用生活中的一些小事来对孩子"旁敲侧击"，暗示孩子能做好，或者能达到某种高度。

比如在电视里看到一个非常优秀的人物，父母不妨对在身边的孩子表示出自己对这个人物的肯定；或者当和孩子在外面的时候，父母通过和他人聊天，表示出对孩子的肯定态度。

娇娇语文学得不好，眼看就要进行小学毕业的考试，急得她像热锅上的蚂蚁。妈妈看到孩子的紧张情绪后，开玩笑似的对娇娇说："娇娇，妈妈昨晚做了一个梦，梦到你在考场上答得很顺利，就像在做你的强项科目一样，我一点都不担心你呢！"

娇娇心里知道，这八成是妈妈故意安慰自己，但她心里却还是为妈妈的一番话而舒服了许多。显然，娇娇妈妈用一种明智的暗示方法，缓解了女儿临考前的紧张心理。娇娇妈妈的善意谎言，就好比镇定剂暂时缓解了孩子的焦虑情绪，真是个聪明的妈妈。

美国心理学家塞利格曼认为，一个有着积极乐观的心态的人，不但有迷人的性格特征，还有更神奇的功能，它能使人对生活中的许多困难产生心理免疫力。这样的孩子不容易受到忧郁症的侵扰，而且更容易取得成功，他们的身体素质也往往比悲观的孩子更好。

事实上，积极乐观的情绪能够展现出健康积极的外在形象，不但自己感觉舒服，让旁人看起来舒服，而且他人也因此更愿意与你合作。这样，必将有助于学习和工作效率的提高。

所以，父母们赶快行动起来，为了孩子能有一个美好的未来，努力帮他塑造一个有力的、积极的自我形象吧！

方法 4：
让孩子内心角落的自卑感"见鬼去"

【关键词】 心理障碍　消极情绪

【要点提示】 孩子和大人一样，他们也都有强烈的自尊心，为了这份自尊，他们会追求上进，渴望别人的赞美。要想让孩子达到预期的远大目标，首先要给他确定的是容易实现的目标。

【范例】

阔阔从小生长在农村，但他的学习一向优异，小学毕业的时候，以全镇"状元"的身份考入了市重点初中。

可进入中学后，阔阔有点傻眼了，他发现自己说的普通话带着很浓重的农村腔，听起来总觉得很别扭；并且同学们都是来自全市各个学校的尖子生，和他们一比，自己简直一无是处。论家庭条件，自己不及同学好；论交际能力，自己不如同学强；文体方面，自己更是没有任何特长。一想到这些，阔阔自卑极了。

不仅如此，最让阔阔感到自卑的是学习方面。以前小学的 6 年中，自己每次都是第一名，深得老师们的喜爱，也饱受同学们的羡慕和尊敬。可是现在，连第 10 名都未必能进去。

在这种自卑感影响下，阔阔每天无精打采的，他觉得自己就像一只小蜗牛，背着自卑的壳，一天到晚活在自己的壳中。

【技巧】

从心理学上讲，自卑是一种性格上的缺陷，是消极的心理状态，也是实现个人理想和愿望的巨大心理障碍。有人把自卑比喻成一把锁，锁住了孩子的开朗和勇敢，锁住了孩子的手脚与心灵，让孩子无法向美好的前途奔去。

毋庸置疑，当我们的孩子感到自卑的时候，这种消极情绪会像野火般迅速蔓延，吞噬了他们信心坚守的阵地，让他失去了前进的动力。

父母们都想知道，孩子为什么会有自卑这种情绪呢？怎么才能让孩子驱走内心角落里的自卑呢？

对于这两个问题，我们来逐一探讨。

孩子为什么会形成自卑情绪，主要有 4 个方面的原因。首先是孩子还没有形成成熟的自我概念。父母们要知道，孩子的自我意识的成熟不是一蹴而就的，它是一个相对漫长的过程，孩子会因为自我意识的不成熟，有时候过高或者过低地评价自己。一旦达不到标准和目标，自卑感就会油然而生。

其次，是孩子给予自己的消极暗示。不难发现，在孩子遇到一些新情况或者环境发生变化的时候，心理会迅速紧张起来，并产生一种"我不行""我害怕"的消极自我暗示。在这种暗示支配下，孩子的自信心就会被抑制，能力也就得不到正常的发挥，因此更容易失败，而失败反过来让他产生更强烈的自卑。

再者就是生活中遇到的一些挫折。孩子在学习、生活中难免会遇到各种各样的挫折，大多数孩子心理比较脆弱，面对挫折一时无法适应，就会变得消沉、自卑起来。

最后一点就是生理上的缺陷。有些孩子在外貌、体型、体力等方面的缺陷，会让他觉得见不得人，从而陷入自卑。

一个十四五岁的小姑娘因为自己耳朵上有一个小伤疤而感到自卑。于是，她想从心理医生那里寻求帮助。医生问她疤痕有多大，明显不明显，别人能看到吗？女孩回答说疤痕比较小，而且可以用头发盖住。

听完她的话，医生困惑不解，就问她："既然被头发盖住了，那还有什么好介意的呢？"

小姑娘却回答说："可是我比别人多了一块疤呀，怎么会不感到自卑和苦恼呢？"

显而易见，这个小姑娘的自卑有些大可不必。可是，孩子们的心是脆弱而敏感的，他们希望自己能够具有和他人同样的"无瑕"。但实际上，很多的小缺憾和拿破仑的矮小、林肯的丑陋、罗斯福的瘫痪比起来，又算得了什么呢？这些人都没有因此而自卑，反倒还各自创出一番辉煌的成就，那么作为一点小伤疤，何必耿耿于怀呢？

不过家长们必须看到，孩子的自卑感一旦产生，就会阻碍他们的进步，影响他们对社会、对人生的看法，有些孩子甚至还会因此走向生活的反面。

那么，父母应该怎样帮助孩子来克服自卑心理呢？

1.引导孩子正确地认识自己，接纳自己

作为父母，有必要引导孩子逐步认识自己的品质、性格、才智等，让孩子看到自己的优势，也看到自己的不足。对于自己有优势的地方，尽力发挥，而对于自己的不足，在努力弥补的情况下，更要学会接纳，尤其是那些无法改变的事情。千万不要因为自己某一方面的缺点就讨厌自己。

同时，父母还要告诉孩子不要拿自己的缺点和别人的优点做比较，因为这样越比就会让他越自卑。父母应该引导孩子多看自己的长处，经常给他鼓励，这样才能激发他的信心。

2.父母要戒除比较心理

有些父母很爱拿自己的孩子和别人做比较，当自己家孩子表现得别人好

时，就沾沾自喜；当自己孩子不如人时，就以此来刺激孩子，试图激发孩子前进的激情和动力。

然而父母们不知道，这会对孩子心理造成极大的伤害。

孩子和大人一样，他们也都有强烈的自尊心，为了这份自尊，他们会追求上进，追求别人的赞美。也因此，他们对自己都有一定的期望值，当达不到时，他们也会感到沮丧，这时，如果父母还要拿孩子的短处与他人的长处进行比较，就好比往孩子的伤口上撒盐似的，会让孩子越发觉得自己没用。

所以说，做父母的，不能仅仅从自己认为的角度去做"对孩子好的事"，而应该多关心孩子的心灵，放低标准，给孩子减压。

3.适当降低对孩子的要求

有的父母望子成龙心切，巴不得孩子做什么都能做好，哪怕是超出其能力范围的，父母也幻想着孩子能够做到。其实，这样做，只会让孩子产生强烈的挫败感。

要想让孩子达到预期的远大目标，首先要给他确定的是容易实现的目标。当孩子发觉只要一努力就能实现一个小目标后，父母再帮他加大难度，提高目标，并在此过程中肯定和鼓励孩子，那么孩子的自信心就会越来越强。

说到底，只要父母能够耐心地对孩子进行引导，少一些比较和责备，多一些掌声和鼓励，那么在让孩子感受到父母爱的同时，也会让孩子在实践中感受到自己的能力和成功之后的喜悦。这样，自卑感自然而然就不存在了。当然，对于孩子的自卑情结，父母最需要做的是防患于未然。为此，在教育孩子的过程中，父母切忌因望子成龙给孩子施加过大的压力，或总是拿别人的长处和自己孩子的短处做比较。

202

方法5：
给孩子一个目标

【关键词】有的放矢　正面能量　树立目标

【要点提示】人生只有一次，早一点树立目标，才能够避免不走弯路或少走弯路，也才更容易接近成功。孩子们完成了自己设立的目标，亲身体验到成功的喜悦，就会受到极大的鼓舞，自信心也跟着增强了。

【范例】

一座山脚下堆积着许多石头，有三个人正在对着石头敲敲打打，有路人问他们："你们敲打这些石头干什么？"

第一个人无精打采地说："家里快揭不开锅了，也没有别的生计，捡一些石头拿去卖，混口饭吃。"

第二个人大声地回答："我准备用这些石头盖一座摩天大楼，让别人看看我多么能干！"

第三个人则平静地说："我看看这些石头哪一些能为我所用，我想盖一间房子。"

一年以后，这三个人的境遇有什么不同呢？

第一个人仍然在那里敲打着石头，一脸漠然，他的生活没有任何改变。

第二个人正垂头丧气地坐在那里，他的摩天大楼连地基都还没有打好，他已经没有信心了。

第三个人怎么不见了呢？原来，他已经住到自己盖的房子里去了。

【技巧】

古人说"有的放矢"，而做事情也要有目标，有了目标就有了前进的方向。而如果孩子没有目标，就会像故事中的第一个人一样，长期停留在一种生活状态中。这些孩子总是喜欢抱怨，每天的日子不过是"做一天和尚，撞一天钟"，长此下去，必定要和他人拉开差距。而故事中的第二个人，他不是没有目标，他是目标过高，所以，他所做的一切最终不过是白费力气。

清晰的目标直接导致良好的行为结果，但目标必须是合理的、正确的，好高骛远、不切实际的目标只会让人像一只无头苍蝇一样，处处碰壁，所以说方向正确，往往比速度更重要，因为方向对了，路才会走对，长远地看，也更节省时间。正确、合理的目标犹如人生海洋中的指南针，指引着我们前进的方向。

人生只有一次，早一点树立目标，才能够避免不走弯路或少走弯路，也才更容易接近成功。所以，父母要帮助孩子，设立正确、合理的目标。孩子们完成了自己设立的目标，亲身体验到成功的喜悦，就会受到极大的鼓舞，自信心也跟着增强了。这种成功的体验越来越多，他们的心态就会越来越好，也能够激发自己更大的潜能。

那么，父母应该怎么做，才能帮助孩子制定合理的目标呢？

1.从孩子的兴趣出发制定目标

我们不止一次强调过兴趣的重要性，因为一个人如果对一件事物产生了浓厚的兴趣，用不着别人督促，他自己就会全神贯注地去做，兴趣会使人对某一事物的钻研、探索达到废寝忘食的程度。由兴趣制定目标，能够使孩子的学习从自发走向自觉，从而更容易达到目标。

比如，父母发现孩子喜欢画画，不妨对孩子说："爸爸给你报一个美术班，爸爸希望你将来能画出好多人都喜欢的画。"

2.既要有长远目标也要有短期目标

除了不要给孩子设定太高的目标，也不要给孩子设定太大、太空泛、太长远的目标，比如说孩子刚上小学，父母就天天在孩子耳边说："你的目标就是要考上某某大学！"或者说："你现在要好好上学，将来找个好工作，你工作的目标就是要月薪两万。"这样的目标对孩子一点用处都没有，甚至会招致孩子的厌烦。

这个时候，父母不妨这样给孩子制定目标："妈妈希望你将来能考一所好大学，不过，目前你的目标是各科的成绩要达到良好。"这样的目标孩子们一般都能接受，并愿意为达到目标而付出努力。

3.谁的目标也代替不了孩子的梦想

很多父母在年少时，都有自己的梦想，但因种种主观和客观的原因未能实现，所以就特别希望自己的孩子能完成自己未完的梦想。例如有的父母喜欢音乐，但因自己小时候没有条件去学，就希望自己的孩子能在音乐方面有所成就，天天逼着自己的孩子练钢琴，弄得孩子痛苦不堪。

还有的父母有急功近利的思想，认为学习的目的就是为了考上好大学，找到好工作，赚到更多的钱，有更优越的社会地位。把成人的功利观念强加在单纯的孩子身上，把孩子异化为满足自身欲望的工具。殊不知，孩子的梦想就是想简单快乐地成长。

4.偶像也可以是自己的目标

每个孩子都有自己的偶像。就像宋人秦观曾以苏东坡为人生楷模，写下了极富哲理的名言："我独不愿万户侯，惟愿一识苏徐州。"人生就是一个不断模仿、提高与创新的过程，孩子在成长过程中，心智尚未成熟、可塑性强，正需要正面能量的带动。父母要利用孩子合理的偶像崇拜，正面引导，让他为走向成功的那一天积累力量。

比如孩子喜欢周杰伦，父母就要这样教导孩子："周杰伦从小就喜欢音乐，他练习钢琴从来就不需要妈妈督促，非常刻苦踏实，所以才能达到今天的成就。你要想像他那样，就必须从今天开始，努力学习，不荒废时光。"

方法6：
激发孩子上进心，帮助他迈向成功

【关键词】不进则退　自觉性

【要点提示】唯有上进心，才能激发孩子积极主动地学习。既然父母是孩子的第一任老师，那就要严格要求自己的孩子。

【范例】

父母想把可可转到一所更好的学校去，这遭到了可可班主任的反对，理由是可可成绩一般，尤其是性格内向，对学习的积极性也不高。让她到更好的学校去，万一她不能适应，跟不上其他同学怎么办。

但可可的父母坚持让孩子转学，他们希望新的环境和更优秀的同学能刺激可可的上进心。

一个学期过去了，班主任向可可父母问起可可的情况，她的父母非常骄傲地说："孩子的转变非常大。"

可可的父母说了两个具体的事例：

一天晚上，可可做完了作业，爸爸妈妈看了看，又工整又正确，非常满意，可是可可却不满意，因为有个地方涂过了，太难看了，于是就把作业撕了，重新写了一遍。

还有一次，老师让办一份手抄报，可可回到家就非常认真地做，将近10点钟的时候终于做好了，这时她突然想起老师要求是纵向的，而她做成了横向的。于是坚决把已经做好的手抄报撕了，重新又做了一份。

对自己的要求高了，孩子的学习积极性也得到了提高，上进心更强了，学习成绩有了明显的提升，在班级里已经是前几名了。

可可的转变让父母感到非常惊喜，他们问可可："你们老师用什么办法鼓励你们？"

可可说："没用什么办法呀！"

爸爸妈妈问她："那你学习怎么这么用功啊？"

可可说："我们小组在班级是第一名，我要非常努力才能留在这个小组里。我要第一，不要最后。"

可可的父母知道，他们的目的达到了，孩子的上进心已经被激发出来了！

【技巧】

从可可身上，我们看到了孩子上进心的迸发。只有孩子内在的上进心得到启动，孩子才可能有真的进步。唯有上进心，才能积极主动地学习。那些让父母看着才能做作业的孩子，学习成绩一定不会太好。因为，不爱写作业的孩子总是想尽办法在父母和老师之间糊弄，实在糊弄不过去，就抄同学的；自己的分数多一分少一分都无所谓，班级的荣誉更和他们没关系。像可可这样为了保留住小组的荣誉而在深夜写作业，实在不能不让父母感到欣慰。

上进心，就是努力向前，立志有所作为的一种心理品质。孩子有了强烈的上进心，就有了学习的积极性和接受教育的自觉性，就能发挥自身的潜能，朝着健康、有序的方向发展。俗话说："笨鸟先飞。"如果一个孩子上进心比较强并且一直保持下去，即使不太聪明，也能取得较好的成绩；反之，一个聪明的孩子但没有上进心的辅助，成绩也不会太理想。因此，培养孩子的上进心是十分重要的。

从长远来说，人生如逆水行舟，不进则退。没有上进心的人，迟早有一天会被社会无情地淘汰。"早起的鸟儿有虫吃"，孩子们不要怕自己努力了不优秀，因为优秀的人有可能比你更努力。

父母对子女的爱是天下最无私的，即使不盼着孩子成就大的事业，至少也都希望孩子衣食无忧，生活安逸，顺顺利利的。但过于安逸会蚕食孩子的上进心，父母不可能庇护孩子一辈子，所以从小培养孩子的上进心，让他具备竞争的能力，是父母迫切需要做的一件事。

那么，怎样才能较好地激发孩子的上进心呢？父母们不妨试试下面几种方法：

1.父母不要挫伤孩子的上进心

有的孩子原来有上进心，但是父母对他的上进心不屑一顾，说话中常常露出讽刺、挖苦、轻蔑的意思。孩子的积极性被打击，有的干脆就放弃了努力。

比如，有的孩子本想努力一把，但听到父母这样说："你脑瓜本来就不聪明，再努力有什么用？你爸妈才初中毕业，你能学成个啥，你家祖坟上就没烧这炷香。"孩子听到这话还有劲学吗？

2.要做个有上进心的父母

我们一再说父母是孩子最好的老师、最好的榜样，但有的父母就是不能成为孩子的榜样。他们自己就缺乏上进心，工作上混日子，生活上自甘平庸，对孩子也听之任之，没有更高的要求，孩子照样学样，自然也就没了上进心。

父母的行为对孩子会产生潜移默化的作用，父母若在自己的工作领域积极进取，孩子们也会想："爸爸妈妈这样努力，这么优秀，我作为他们的孩子，只能给他们争光，不能给他们丢脸。"

3. 父母也要做"严师"

都说"严师出高徒"，既然父母是孩子的第一任老师，那就要严格要求自己的孩子。俗话说："严是爱，松是害，不管不教要变坏。"只有使孩子在家庭生活中，既感到爸爸妈妈的柔情与温暖，又感受到父母严格要求自己的拳拳之心，孩子的上进心才能被激发。例如，晚上放学后，孩子写作业总是拖拖拉拉的，父母就要让孩子先做完作业，否则不能看电视、玩游戏。

方法 7:
培养孩子良好的竞争习惯

【关键词】竞争心理 科学地引导

【要点提示】对于孩子竞争习惯的培养，父母一定要把握好尺度，不要陷入盲目鼓励孩子竞争的误区，正确的做法应该是有目的、有针对性地、科学地引导孩子采纳与竞争。

【范例】

思彤的父母为了不让女儿在未来激烈的社会竞争中惨遭淘汰，他们便运用一切能用到的方法来鼓励女儿参与到和同学们的竞争中。思彤也很争气，从小学到初中一直都是前三名，丝毫没有辜负父母对她的期望。

看到女儿所取得的成绩，思彤的父母倍感自己的鼓励措施发挥了巨大功效。但是，就在思彤面临中考的时候，传来了不幸的消息。

原来，中考前进行的一次模拟考试，思彤没有像往常一样名列前三甲，只是取得了第五名。

这让一直没出过前三名的思彤难以接受。她反复寻找原因，最终确定是前面有两名同学在考试中有作弊行为。

一时气不过，思彤竟然拿出随身带着的水果刀，刺向其中一名同学，致使同学受伤。

【技巧】

看完这个故事，您或许深感错愕，仅仅一两名的成绩之差，就大打出手，现在的孩子这是怎么了？

追根溯源，我们可以从思彤所受的家庭教育上找到答案。她的父母望女成凤心切，希望女儿能取得好成绩，将来好适应社会竞争，于是就无所顾忌的鼓励女儿参与竞争。这样，孩子一旦受到丁点打击，就会承受不住。试想，如果思彤能够认识到胜败乃兵家常事，自己应该多从自身找原因，即使真的是同学作弊而超过自己，那岂不更证明自己实际能力比他们强吗？

可遗憾的是，她的父母没有培养她良好的竞争习惯，没有让她了解到竞争的意义。这种做法非但起不到推进作用，反而会导致孩子为了得到父母的夸奖而恶性竞争。

看完上述案例，想必每个父母都会为之震惊。但是震惊之余，父母们更应该意识到正确培养孩子竞争意识的重要性。

实际上，竞争本身存在着不利的一面。有些情况下，它会引起孩子的过分紧张和焦虑，导致能力差者失去信心。更为严重的是，当竞争被过分重视、一味追求优异的成绩和个人自尊心时，有些孩子就会迷恋于不择手段地提高自己的地位，把超过自己的同伴或者同学当作敌人，为了免除这种"威胁"和"挑战"，他们会产生超过别人或者嫉妒别人的心理。

作为父母，要知道孩子的竞争心理是比较复杂的。他们往往有较强的自尊心，对于自己不如他人的现象无法接受，一旦自己遭受挫折和失败，容易在行为上走极端。

看看我们的现实生活，很多家长把高分看作孩子优秀与否的唯一标准，为此他们过度强调孩子的竞争意识。岂不知，这种做法，只会让孩子陷入分数的重压和包围之中，失去了学习的兴趣和积极性；同时导致他们既不能正确评价自己，又不能客观地评价别人，一旦自己有了点滴进步，便会沾沾自喜，可一旦失败，就会自暴自弃。这显然是因为别人的成功而让自己失去信心或者因为别人的失败而感到庆幸。这样的心理，能说正常吗？

因此，对于孩子竞争习惯的培养，父母一定要把握好尺度，不要陷入盲目鼓励孩子竞争的误区，正确的做法应该是有目的、有针对性地、科学地引导孩子采纳与竞争。这样才能培养孩子良好的竞争习惯。

对孩子的评价切记客观，不要鼓励孩子与同伴、同学们进行攀比。

不要持有"成绩唯一论"的观点和认识，而要把竞争的内容放在较宽的范畴内，比如孩子的社交能力、品德修养、体育潜能、音乐天赋等等。真正的竞争是综合能力的竞争，孩子可能暂时成绩落后，但是他的发展潜力却可能很大，如果是这样，那么孩子将来照样会取得生活和事业的成功。

多鼓励孩子参加合作关系的活动。如果用"唯我独尊"来表述现在孩子在家庭中的霸主地位，一点也不为过。这就导致他们不懂得尊重他人，不会为他人着想，总是我行我素。这种心理显然是难以和小伙伴友好相处的。如果你的孩子就是如此，那么他必将难以融入到集体生活中。

正因为这样，我们才更应该鼓励孩子参加一些合作关系的集体活动。那样孩子就会得到一定的锻炼，逐渐改掉"自我为中心"的毛病，特别是碰过几次钉子之后，他们会有意识地在之后的集体生活中多考虑他人的感受，从而学会如何与别人相处，体验到与别人交往带来的乐趣。

因此说来，为了避免孩子不良竞争的出现，做父母的就应该在日常生活中多给孩子一些关注和引导，让孩子能够正确地面对竞争，这样他才能成为一个扛得住失败，并努力克服困难的小英雄。

方法9：
引导孩子远离虚荣心

【关键词】 自我排遣　保护自尊

【要点提示】 虚荣心对孩子来说是一种阻碍孩子健康成长的坏习惯，父母应采取必要的方法予以纠正。父母担负着让孩子养成勤俭节约习惯、远离虚荣攀比心态的艰巨任务，而这也是每一个父母义不容辞的责任。

【范例】

任宇今年升入了初中。这个成绩优异又聪明帅气的男孩，很受欢迎。不过，任宇现在特别爱讲排场，穿的衣服鞋子都要名牌，就连背的书包也必须是"耐克"。用他的话说，"这才叫有范儿"。

有几次，任宇回家后，看到父母给他买回来的衣服，不是名牌的。虽然衣服也很好看，但他坚决不穿，而且还为此大哭大闹。

摊上一个这样的儿子，让任宇的父母很是头疼。他们虽然家境不错，但不想助长孩子这种奢侈做派。妈妈问任宇，而任宇的理由是："我的同学可都穿名牌呢，就我穿一个没牌子的衣服，怎么好意思跟人家在一起玩。我不穿，人家会笑话我的，那样的话，我干脆别去上学好了。"

【技巧】

你自己是否也正有任宇这样的一个非名牌不穿的孩子呢？

很多父母都困惑不已，不知道现在的孩子到底是怎么了，为什么这么崇尚物质享受。

实际上，任宇绝非特例，如今随着人们生活水平的提高，这已经成了现代社会的一个较为普遍的现象。尤其那些在条件好一些的家庭里出生的孩子，从小就习惯了玩高档玩具，穿名牌衣服，等稍微大一些后，就和同学相互攀比，谁用的手机是"苹果"，谁穿的衣服是"阿迪"，谁的爸爸开奔驰……

不久前网上曾有个叫"纨绔儿子贫困妈"的母亲向网友倾诉，自己刚花了800多元给孩子买了双篮球鞋，而自己却忍饥挨饿舍不得在外面吃5元钱的凉面。

这位母亲还说，本来指望这些爷爷奶奶、姥姥姥爷和姨姨舅舅们给的压岁钱让孩子留作学费或者买书用，可孩子不依，非要买名牌鞋，而且还声称："这些钱本来就是我的，买什么当然要由我说了算，再说我们班男生新学期都有了某名牌篮球鞋了，我可不想穿着旧鞋子丢人现眼。"

看到或者听到这样的话，作为父母的我们可能会倍感错愕。但这就是事实。据说有一位"贵族学校"的小学生，父亲开着一辆"桑纳塔"来接她，她嫌弃自己家的车档次太低，让父亲把车停到离学校100多米的地方，然后走过去再坐。原来，这孩子是怕自己家的车在别人家的"奔驰""宝马"中显得矮半截。不能不说，随着生活水平的提高，没有接受到合理引导的很多孩子就开始爱慕虚荣和喜欢攀比。

针对这一现象，如果父母不尽快加以引导，听之任之，那么长此以往孩子就会陷入追求物质的泥潭而无法自拔。现在他可能只要件高档衣服，那么过些天可能又想要高档手表，再大些可能就要更奢侈的东西。这样下去，孩子的欲望必然会增长到父母无法满足的地步。那时的孩子，由于沉浸在对物质的极度追求和贪欲里，很可能会为了满足虚荣心而走上犯罪的道路。到那时，做父母的再后悔岂不晚矣？

因此说，父母担负着让孩子养成勤俭节约习惯、远离虚荣攀比心态的艰巨任务，而这也是每一个父母义不容辞的责任。

1.别对孩子有求必应

现在，很多家庭因为大多只有一个孩子，父母都把他当成了全家的希望。于是就容易对他百依百顺，对他的要求是有求必应，不管是吃的穿的、玩的用的，只要他想要的、想做的，父母都会满足他，哪怕自己省吃俭用、清苦度日也要全力满足孩子。

曾有一个已经二十多岁的男孩，从小就过着"要星星给星星，要月亮给月亮"的生活。高中毕业后用父母辛苦借来的钱出国留学，实际上是出国混了几年，回国后还带回一个女朋友两人一起继续啃老，继续拿着父母的钱挥霍，搞得已经退休在家的老父母四处跑腿去为他找工作。

这种对孩子有求必应的做法看似是对孩子的爱，可是它最终只能让孩子变得懒惰、不负责任。这种结局想必是每个父母都不愿意看到的。

2.帮助孩子制定消费计划

美国的父母，在孩子的学业方面不会像我们国家的父母这么重视，但他们对孩子的理财能力的培养却毫不含糊。比如他们在孩子八九岁的时候就要求他们能制定一周的开销计划，12岁时则要能制定约半月的开销计划。他们要求孩子通过做家务劳动等来挣得零花钱，因为挣得的零花钱有限，这就需要他能理性消费、根据自己的收入来计划支出。

有一个10岁的中国男孩和父母去了美国之后，父母听从了一个美国朋友的建议，开始按照美国的家庭教育方式开始教儿子理财。比如让他通过做家务来换取零用钱，而且还给儿子在银行建了一个账户。有了自己的零花钱和账户的男孩感到很开心，他更加努力地做家务以不断增加收入。他为了保证银行卡里的存款余额逐月递增，开始精打细算、量入为出。

在父母的教育影响下，这个孩子很少有浪费奢侈的现象，而是非常理性、非常有计划的支配他的每一分收入。

3.教孩子客观地认识自己

要对自己的优点和缺点有一个客观的认识，既不要过高地估计自己，也不要无视自己的短处。优点并不一定是自己比别人好的地方，缺点也不一定是自己不如别人的地方。并且，优点和缺点往往是相辅相成的，没有绝对的优点和缺点。如果孩子能客观地认识自己，即使自己不如他人，或者被人轻视，也能自我排遣，获得心理平衡，不至于用夸张或逃避的方式来保护自尊。

4.教孩子正确地对待社会差别

社会有等级性，孩子也有等级观念。

当然，绝大多数孩子的虚荣心属于一般心理现象，不需要心理治疗，只要进行自我心理调节，战胜虚荣就行了。

但父母们也要认识到，凡是虚荣心强的孩子往往在其个性成长中，会出现诸如情绪不稳定，不认真学习，缺乏意志力等问题。总之，虚荣心对孩子来说是一种阻碍孩子健康成长的坏习惯，父母应采取必要的方法予以纠正。

方法 9：
肯定孩子，帮他找到自我

【关键词】 心灰意冷　心理暗示　肯定

【要点提示】 父母要告诉孩子：不要因为别人的否定而迷失自我，谁否定你，你就要更努力地做给谁看，让他们为将来的你"大跌眼镜"。

【范例】

有一只跳蚤，它跳得很高，每次跳跃的高度在其身高的 100 倍以上，堪称动物界的跳高高手。有一个心理学家拿这个跳蚤做了一个实验，他将跳蚤放在一个玻璃罩里，这个玻璃罩的高度可以人工降低。

心理学家一拍桌子，跳蚤马上跳了起来，却碰到了玻璃罩的顶端，跳了几次之后，心理学家把玻璃罩的高度降低了，跳蚤一跳又碰到了玻璃罩，为了避免碰得太疼，跳蚤不得不降低它弹跳的高度。

心理学家继续降低玻璃罩的高度，每降低一次，跳蚤都在多次碰壁之后改变其跳的高度，来适应玻璃罩新的高度。最后，心理学家将玻璃罩顶降到最低处，几乎接近桌面，这时，任凭你怎么拍桌子，跳蚤也无法再跳了。

跳蚤就这样跳了一段时间，心理学家把玻璃罩拿开了，跳蚤的顶部不再有任何阻碍，心理学家再拍桌子，跳蚤竟一动也不动，它失去了弹跳的能力，只能爬着走路了。

【技巧】

跳蚤这个高手，因为一次次地"碰壁"，便逐渐麻木、绝望了。玻璃罩被拿开以后，它有了跳的空间，它的弹跳能力并未真正丧失，但它跳的勇气却丧失了，玻璃罩永远罩在了它的心灵上。它行动的欲望和潜能被扼杀，失去了对自己能力的正确估计。

跳蚤变成"爬蚤"的过程，就是一个因外界条件的限制、打击、否定而迷失自我的过程。和跳蚤一样，在前行的路上，孩子们也会遇到"头上的玻璃罩顶"，那就是别人的批评、否定、打击和泼冷水，如果孩子也像跳蚤一样，心灰意冷、郁郁寡欢，甚至迷失自我，那么最后也将失去生存的能力和勇气。

其实，越是在这个时候，孩子们越是要相信自己：我们的能力不会因为别人的否定而消失，别人的否定不会抹杀掉我们身上的优点和特质，千万不要在别人的否定面前惊慌失措。

但是，生活中总有那么一些人，喜欢给孩子下结论、贴"标签"，在不了解他人的情况下，就说别人："你这人将一事无成！""你这个缺点改变不了，你这辈子都没救了。"事实上，谁也没资格这样评论他人，每个人的生命都会有不同的出路，没到生命的尽头，谁也无法知道谁的命运如何。因为别人的否定而迷失自我，只会让那些否定我们的人更得意。

对于处在成长期的孩子来说，生命的蓝图才刚刚打开，本没必要在乎别人的否定。但因为他们的自我意识还处于发展之中，自我定位还不明确，他们对自我的评价很大程度上取决于成人对他们的评价。所以，否定的言语不但对他们起不了"激将"的作用，还会对他们造成很大的负面作用。

这时，父母就要告诉孩子：不要因为别人的否定而迷失自我，谁否定你，你就要更努力地做给谁看，让他们为将来的你"大跌眼镜"。

1.别人越否定，父母要越肯定

"标签"的作用是可怕的，尤其是对孩子来说。毕竟，他们还无法对自己有正确的认知。当别人都说孩子笨的时候，孩子难免对自己有这样的认知，作为父母就要给孩子贴上正面的"标签"。这时候，父母要告诉孩子："爱因斯坦也曾经被别人说成是笨孩子，如果他因此就认为自己很笨了，他还会成为伟大的科学家吗？别人可以否定你，但你自己不能否定自己。妈妈认为你是个很聪明的孩子，将来说不定像爱因斯坦一样优秀呢？"

这种肯定的、鼓励的话，父母要经常说，改变孩子对自己负面的心理暗示。

2.帮孩子分析别人的评价是错误的

当孩子很在意别人的负面评价时，父母通常的做法，就是像上面说的那样：否定别人的负面评价，安慰孩子不必太在意，并给予正面评价。但有些孩子过于敏感，这样简单地安慰并没有特别好的效果，他们还是会很纠结。

正确的做法应该是：帮孩子判断"笨孩子"这个评价是错误的，并指出孩子身上"不笨"的地方，让孩子清楚地知道自己的优点。比如说："你不过是不太爱说话而已，这和笨没有一点关系。你学习成绩好，画画和书法都那么好，你可一点都不笨。"

3.不要在孩子面前重复别人负面的评价

当听到别人否定您的孩子时，不要在自己的孩子面前再次重复，这样会让孩子认为您赞同别人的评价，这样孩子就会更在意别人的否定了。

例如，有人说您的孩子画画得不好，正确做法应该是：找出孩子画中的亮点，告诉他："虽然画得不太像，但是色彩搭配得非常好。"让他觉得自己的画并不是一无是处，没有必要为别人的否定而失去信心。

方法 10：
别太苛求孩子表现完美

【关键词】 悲观失望　学会接受

【要点提示】 一个人只能趋向完美，而永远不可能达到完美。

【范例】

从前，有一个圆圈丢失了一块，它感到自己不完整了，更不完美了，便四处寻找那块楔子。由于不完整，它滚不了那么快，只能慢慢挪动，一路上，它看到了芳香的花，与虫子谈天说地，还感受到了阳光的温暖。圆圈找了许多不同的楔子，但没有一块与它契合。它把这些楔子丢在路旁，继续寻找。

它找啊找，终于，有一块楔子与它配合了。圆圈是那样的高兴，因为它觉得自己现在是完美无缺的了。

它把楔子装在身上，开始滚动起来，现在它已是一个完美的圆圈了，所以滚动得非常快，以至于没有时间欣赏美丽的花了，也无暇与虫儿倾诉心声，圆圈觉得跑得这么快，还没有以前拥有的多，更没有以前快乐了。

于是，它停了下来，将刚刚找到的那块楔子丢在了路上，又开始慢慢往前走了。

【技巧】

像这个缺了一块的圆圈一样，人都是不完美的，一个拥有一切的人其实在某些方面也是存在缺撼的。如果人真的成了一个完美的圆圈，那他就失去了人生的其他体验，比如他不知道什么是渴望，什么是期待，更无法体会梦想成真的喜悦。

世界上没有十全十美的东西，更没有完美的人。正因为如此，这个世界才丰富多彩。所以，当我们看到孩子因为自己身上的缺点和不足而悲观失望时，我们要帮助他们走出这样的心理困境。

孩子们不要抱怨自己的身高太矮、体重太胖、没有出色的才华、没有出生在富足的家庭，等等。只要有坚强的信念、执着的精神、善良的心灵、宽容博大的胸怀、乐观刻苦的学习态度，并通过自身的努力，也能与"不完美"同行，获得精彩的人生。

我们要感谢自身的不完美，正是因为如此，才逼迫人类不断求索、突破和超越，不断地去完善自己。一个人只能趋向完美，而永远不可能达到完美。因此，笑对不完美，就是让未来笑对我们。接受自己的不完美和人生的不完美，才能获得更完整的人生。

学会接受、欣赏不完美的自己，是智者的表现，无论何时何地，都愉快地接纳自己，努力让生活的每一天都快乐，让生命的每一刻都精彩。阿纳托尔·弗朗士有句名言："我坚持我的不完美，它是我生命的真实本质。"这是每一个父母应该教给孩子的理念。那么，该如何让孩子欣赏不完美的自己呢？

1.父母要放弃塑造"完美孩子"的奢望

在应试教育的背景下，每个父母都希望自己的孩子成为令自己满意的"完美孩子"，渴望他们门门高分、什么都会。于是节假日里，他们带领孩子奔波于各种补习班，恨不得孩子变成"十项全能"。他们以"爱"的名义剥夺了孩子们的休闲时光，而且，并不是每一个孩子努力后都能成功，而不成功的孩子，在父母那里又被戴上了不完美的标签。

父母们有没有想过，自己本身就不完美，为什么要孩子们做到完美呢？父母们：请放弃塑造"完美孩子"的奢望，不完美又如何，不完美但精彩有何不可！

2.让孩子不断去尝试，错了也无妨

有不犯错的孩子吗？没有！如果一个孩子什么错都没犯过，反而是一个危险的信号。孩子犯了错误，并改正了错误，就得到了成长。家长允许孩子犯错，就是让孩子在"尝试—错误—完善"中不断完善自己。事实证明，不怕犯错的孩子长大后都充满了创造力和开拓精神。

就像刚刚学习吃饭的孩子，很可能将饭菜撒得满地都是，甚至打碎手里的碗。这时，父母应该鼓励孩子大胆尝试和学习，而不是禁止或者呵斥孩子。孩子在反复练习中终于学会自己吃饭了，家长也会为孩子的进步感到高兴。

3.接受孩子的一切

既然没有完美的孩子，父母就要接受孩子的一切。有些父母只接纳孩子好的一面，排斥和唾弃孩子坏的一面，这并不是真正的爱，真正的爱是包容孩子的所有。哪怕天下所有人都看不起你的孩子，做父母的也要眼含热泪地欣赏他，拥抱他！因为孩子也是父母创造的"不完美的作品"，欣赏孩子等于欣赏自己。

比如，别的孩子长得又漂亮，嘴又甜，见谁都能讨得人家欢心，相比之下，自己的孩子总是稍显害羞和木讷。这时，父母就要这样想：自己的孩子虽然不善言辞，但心里对谁都是充满善意的。安静的性格让他能够踏实地坐下来学习，这未尝不是一件好事。当孩子能够感受到父母的这种心态，那么他自然不会太过追求根本不存在的完美！

方法11：
帮助孩子克服考试恐惧症

【关键词】 焦躁不安　尊重孩子　宽松环境

【要点提示】 父母间保持和睦，孩子才能远离恐惧。

【范例】

张凡是个很刻苦的小女孩，上课认真听讲，下课努力复习。总之，在老师和家长的眼里，张凡是一个很乖的学生。

张凡的楼下，住着自己的同班同学小丽。平时上学、放学，她们俩都在一起。在老师和家长的眼里，小丽平时学习是不如张凡用功的，在课堂上，许多张凡能够回答上来的问题小丽却回答不出来。

然而，现实却是：每次考试成绩，小丽都比张凡要高出一些。这让张凡的压力很大，她不知道这到底怎么回事。

很快，又是一个期末考试临近了。为了考出好成绩，张凡每天看书，一直复习到很晚。父母劝张凡早点睡觉，可是张凡躺在床上翻来覆去地就是睡不着，好不容易眯着了，可很快又被惊醒。

第二天一早，张凡早早就醒了过来。可是她没有什么胃口吃饭，从家里到学校这一路，满脑子想的就是关于考试的事情，手脚也在不自觉地发抖。进到考场之后，张凡感觉自己的脑子里空荡荡的，之前复习过的东西突然间全都不记得了。

自然地，张凡的这次考试又考砸了。

【技巧】

为什么张凡会表现得如此紧张？因为，她患上了"考试恐惧症"。所谓的"考试恐惧症"，就是指学生由于对学习成绩、考试反应过度而造成的焦躁不安、心神不宁，常伴有睡眠不稳、做噩梦、食欲缺乏、心慌、发抖、头痛等症状。考试恐惧不仅对孩子的身心健康不利，而且还直接影响到孩子的学习成绩。

这样的孩子，谈不上自信；这样的孩子，更不可能拥有一个高情商。也许你会觉得，这样的孩子少之又少，但在现实中，这样的孩子比比皆是。这些孩子的心理压力极大，他们将考试当成了一种"战争"，认为这是决定命运的事情。所以，他们紧张、怯懦，记忆力下降，精神难以集中，注意力分散，思维似乎停滞。

造成这种情况的原因，很大程度与父母有关。父母对孩子期望过高，提出了很多不适当的要求，如每门课要考多少分，可是他们没有看到，孩子的学习是要一步步来的，有正数第一也有倒数第一，要求孩子在短时间内将成绩飞速提升，这显然是不现实的事情！

既然这种现象和我们做父母的有关，那么，我们就应该用合理的手段，帮助孩子走出困境：

1.为孩子营造一个宽松的环境

想要避免孩子的考试恐惧，我们就应给他们提供一个宽松的生活环境。我们不要总将考试挂在嘴上，不要一考完试就问他感觉如何。只有让他感到轻松，他才能爆发出所有的潜能，以自信的态度迎接考试。

当然，这里说的宽松环境，并非是对孩子彻底不管，平时，父母应当尽量每天抽出几分钟时间与孩子交心，一方面拉近父母与孩子的距离，另一方面增进感情。父母可以问问孩子一天来的学校生活，可以问问他对未来有什么规划，这一切都是在轻松的氛围中进行的。同时，父母之间也不要总是吵架，尽可能保持和睦、民主，这样，孩子才能远离恐惧。

2.对孩子的期望与要求要合理

孩子之所以害怕考试，就是因为父母给自己的压力着实太大了。的确，如今的孩子多为独生子女，父母会给他们非常多的希望和寄托，但这不等于我们要压垮他们。

一个成熟的父母，不会提出各种难以达到的要求，例如命令一个学习中游的孩子，下次考试要达到前三名；他们会尊重孩子，当孩子未达到要求时，既不会嘲讽挖苦，也不会板着脸不答理。因为他们知道，这样会使孩子感到压抑，对考试更加恐惧。他们会与孩子坐在一起，分析这次考试失败的原因，然后鼓励孩子："只要把这些解决好，下一次一定有进步！"这样的孩子，会正视考试和自己的不足，然后在未来不断提升自己，最终达到目标。

3.让孩子明确考试的目的

父母要告诉孩子："考试本身并不是为了和别人去争什么名次，归根结底是为了检查自己掌握知识的情况，以便根据存在的问题加以改进。如果把注意力放在担心其他同学比自己强上，这种担忧是毫无意义的，它不仅会使自己离开当前的中心任务，把精力白白地浪费在毫无价值的猜测上，而且还会使我们丧失了应有的信心和勇气。"

这样的语言虽然简单，却能够迅速解开孩子心中的疑惑。当在他们的眼中，考试只是一个水平测验，不能决定未来时，他们又怎会感到恐惧，怎会在自信心的丧失中降低情商？

第七章

用最好的方法给孩子最棒的表达教育

CHAPTER 07

好的口头表达是人生的财富和资本。

好的口才成就孩子的未来，

从现在起，对孩子的表达教育不要再犹豫，

帮他锻炼说话的胆量，

找到开口的信心，练就表达的能力。

方法1：
会表达的人具有神奇的魔力

【关键词】安慰　鼓励　魔法

【要点提示】一旦一个孩子拥有这样的能力，别人会不由自主地想接近他，因为他就像是快乐的源泉。

【范例】

蒙蒙今年10岁了，无论是老师、同学，还是小区里的叔叔阿姨，他都相处得很好。而他过硬的口才能力，也让很多人啧啧称赞。

有一次，一个同学考试没考好，坐在教室里一个人哭了。这时候，蒙蒙就劝他："别不开心了，我记得一本书里这么写：人生不是百米冲刺，而是一场马拉松长跑。所以，一次考得不好不代表什么。我以前也有几次考得很不好，但现在成绩不是赶上来了吗？要对自己有信心，只要继续努力，成绩一定会提高的。"那个同学在他的劝慰和鼓励下，心情立刻变得快乐多了。

还有一次，有个女同学被蜜蜂蜇了一下，脸上起了一个大包，好几天都下不去。那个女同学觉得又疼又难看，忧愁得不行。这时，蒙蒙对她说："唉，其实蜜蜂并不是故意蜇你的，而是因为你长得太漂亮，害得蜜蜂以为你是一朵花，就飞到你的脸上采蜜来了。"女同学一听扑哧乐了，虽然知道他说的话是哄人的，但心情还是立刻变好了。

蒙蒙的好口才不仅能让人的心情由阴转晴，还能将快乐的气氛推至高潮。有一次，他和爸爸妈妈看电视，爸爸自言自语地说："这个男主角还没我长得帅。"

蒙蒙接着爸爸的话说道："快看哪，天上有头牛在飞。"

爸爸连忙问："牛怎么会飞起来呢？"

"因为我爸爸在地上使劲儿地吹。"他的一句话，把爸爸和妈妈乐得前仰后合。

【技巧】

马克·吐温曾说："我可以靠别人对我说的一句好话，快活上两个月。"的确，像蒙蒙这样会说话的孩子，总能让人感到温暖和亲切。他的话就像一剂暖人心脾的良药，让人的心情立刻得到好转。所以，他走到哪里，就能把快乐带到哪里。

会说话的人在与他人沟通、交流时总会带有一种神奇的魔力，让情绪低落的人心情立刻变得好起来，并充满信心，重新树立起对生活的希望。一旦一个孩子拥有这样的能力，别人会不由自主地想接近他，因为他就像是快乐的源泉。

那么，孩子怎样才能获得这样的魔法呢？父母不妨从下面几个方面培养孩子的这种能力。

1.让孩子在别人难过时送上及时的安慰

很多父母会觉得："孩子不让别人安慰他就不错了，他哪会安慰别人啊？"其实不然，再小的孩子也会安慰别人，只要你给他机会让他学习，而不是阻挠他，让他冷眼旁观。

例如，小表妹养的小狗丢了，她哭得非常伤心，这时，你不妨让自己的孩子去安慰小表妹："别哭了，小狗可能是迷路了，也许明天它就能找到回家的路了。今天，咱们一起和我家的小猫咪玩，好吗？如果它真的不回来了，那么我就帮着你一起找。如果找不到，等你生日的时候，我再送你一只，好吗?"

在哥哥这样温暖的话语之下，小表妹也许就会停止哭泣，心情也会变得好起来。

2.在别人失意时送上最真诚的鼓励

人在遇到失败和打击时，都特别希望得到别人的鼓励。所以，父母就要让自己的孩子在这个时候送上最真诚的鼓励。就像孩子的好朋友考试没考好，受到了父母的责骂，心情非常沮丧，这时，你不妨让孩子送上鼓励："别难过了，爸爸妈妈虽然骂了你，但他们是替你着急啊，也是为了你好。以后，咱们一起写作业，不会的地方可以互相讨论，你那么聪明，下次一定能考好，到时让你爸爸妈妈好好表扬你!"

"雪中送炭"式的鼓励，会让他人感动，也会把他当做一生的好朋友。

3.在别人取得成绩时送上得体的赞美

父母要提醒孩子：不仅要学会在别人情绪低落时送上安慰，还要学会在别人取得成绩时送上得体的赞美，让别人因为他的赞美变得更开心。例如，爸爸升职了，全家人都替爸爸高兴，这时孩子不妨也送上自己的赞美："我的爸爸太棒了，做您的儿子我感到非常自豪。我也想要向您学习，以后也取得很好的成绩!"

一句简单的赞美，会让他人的快乐"升级"。这样的孩子，有谁不喜欢呢？所以，培养他成为一个受人欢迎的孩子吧。

方法 2:
真诚的语言最能打动人心

【关键词】真诚 淳朴 精诚所至

【要点提示】说话没有诚意，会让人觉得虚伪造作，难以打动人心，让孩子拥有好的表达能力的梦想也难以实现。

【范例】

有一个业务员，干了十几年的推销工作，渐渐地，他对这种强颜欢笑、夸大其词招徕顾客的做法感到厌倦。他决定摘下以往虚假的面具，用最真诚的态度面对客人，向顾客"讲真话"，即使被解雇也在所不惜。

这一天，一个顾客走进店里，在一张可自由折叠、调节高度的桌子面前看了很久，然后询问他这款桌子的质量。

他如实地向顾客介绍："这款桌子的质量不怎么好，我们常常接受退货。"

"噢，是吗？不过这是最近很流行的款式啊。"

"这款桌子是很流行，因为款式比较新颖。不过，它并不实用，说是可自由折叠并随意调节高度，但操作起来并不是很方便。"

"小伙子，你说话很实在啊。"这位顾客说。

"顾客都是很聪明的，我说假话也骗不了您，我劝您还是别买这种桌子，看看别的款式吧。"

"嗯，好的，谢谢您的建议！"顾客笑着点点头，然后离开了。

顾客一走，这个业务员就受到了主管的训斥，并告诉他他被"炒掉了"。

就在这个小伙子失落地走在街头时，突然有人在身后拍了他一下，回过头一看，原来是刚才那名顾客，那个人说："小伙子，你怎么不在店里上班？"

小伙子苦笑了一下，说："因为我不让你买那张桌子。你知道的，老板……"

那名顾客笑了起来，然后递给小伙子一张名片，说："看来你的老板真的不知道什么是人才！你明天来我的单位上班吧，记住，我这不是可怜你！你的真诚，就是你最大的财富，这一点你一定要保持住！"

很多人认为孩子会"耍嘴皮子"就是会说话。然而，说话技巧再高，但如果没有真诚的态度，效果就会大打折扣。真实可信的说话内容加上真切诚恳的说话态度，你的表达效果才能得到最大的肯定。就像谚语说的那样：有了巧舌加诚意，就能用一根头发牵动一头大象。

当然，说话的技巧和方法需要日积月累、循序渐进，但诚恳的表达方式和情感基调却是孩子很快就能拥有的。只要对方感受到你的真实和诚恳，就能被你打动。

正所谓"精诚所至，金石为开"。如果虚伪待人、心口不一，甚至用"假话"骗人，只会引起对方的反感，失去别人的信任。只有付出真诚、以心换心，才能在最短的时间赢得别人的信赖。尤其是在危急的时候，真诚的态度胜过巧舌如簧，更能带来神奇的成功。

这就是口才的真谛：技巧固然重要，但真诚的表达是前提和基础。所以，父母在培养孩子的口才时，千万不可本末倒置：刻意追求说话的技巧和方法，而忽视了说话的态度。因为，说话没有诚意，会让人觉得虚伪造作，难以打动人心，让孩子拥有好的表达能力的梦想也难以实现。

方法 3：

让孩子爱上打招呼

【关键词】 打招呼　懂礼貌　人际关系

【要点提示】 对孩子来说，懂礼貌是他们成长过程中不可缺少的个人素质，是他们与他人沟通感情、获得信任与支持的保证。

【范例】

星期天，扬扬正坐在客厅的沙发上看电视。这时，爸爸的几位同事来了，爸爸热情地将同事迎进来，招呼客人坐下，并对扬扬说："扬扬，问叔叔阿姨好！"

扬扬扭头看了几位客人一眼，发现一个也不认识，就没吭声，照样看电视。

几位客人主动和扬扬说话："扬扬，看的什么节目啊？"

扬扬像没听见一样，还是没吭声。

客人见扬扬不说话，有点尴尬。爸爸看到这种情形有点不悦，瞪着扬扬说："去屋里做作业吧。"

谁知道扬扬却大声嚷道："我要看电视！"说完就谁也不理，自顾自地接着看电视。

客人们和爸爸寒暄了几句，就起身告辞了。客人走的时候，扬扬动都没动，连声"再见"都没说。事后，爸爸的那几位同事都觉得扬扬见人都不打招呼，太不懂礼貌，很少再去扬扬家了。

【技巧】

我们每天都要与他人打招呼，无论是热情地握手寒暄，还是简单地问声"你好"，抑或是简单地微笑点头致意。总之，见人打招呼是人们见面时最基本的礼节，没有人会遗漏，也没有人会拒绝这样做。

但是，就有一些像扬扬这样的孩子，他们见人不喜欢打招呼。看到家里来了客人，要么置之不理，要么故意躲到房间里。还有一些孩子远远看到有熟人过来了，故意绕道走，以此避免和人打招呼。这些孩子丢失了最基本的礼节，给人留下了没礼貌的不好的印象，有时弄得父母也很没面子。

这样的孩子，何谈拥有好口才？何谈拥有好的人际关系？

对这样的孩子，父母应该让他们懂得见人打招呼不是形式，而是一种礼貌，是一个人内在的修养和素质的外在表现。懂礼貌，是一个人赢得他人尊重的前提。一个连礼貌都不懂的人，很难让人对他产生好感。对孩子来说，懂礼貌是他们成长过程中不可缺少的个人素质，是他们与他人沟通感情、获得信任与支持的保证。

如果你的孩子见人还不懂得主动打招呼，那就要从现在开始培养了。我们具体可以从下面几方面来培养。

1.告诉孩子，不打招呼的孩子不会受欢迎

很多孩子不打招呼，是因为他们不明白为什么要打招呼。这个时候，父母就要告诉孩子："看到人不理睬是不礼貌的行为，不礼貌的人，别人是不会喜欢的，也交不到更多的朋友，这样的话，自己有了困难，别人也不会来帮助他，有了开心的事，别人也不会来和他分享，他自己就会逐渐变得很孤独。"

当孩子知道，不和人打招呼会有这么多坏处，自然就不会再拒绝和他人打招呼了。

2.父母要做好孩子的示范

父母是孩子最好的榜样，要想自己的孩子见人打招呼，父母就要成为孩子的典范。例如，父母带着孩子走在小区里，碰到小区里的老人，父母要主动打招呼："李阿姨，您去买菜啊。""赵叔叔，您锻炼身体啊。"并让身边的孩子和老人家打招呼："李奶奶好！""赵爷爷好！"

也许，有的孩子刚开始不愿意打招呼，那么父母就要一次一次地做示范，并一次一次地让孩子和别人打招呼。只要父母有意识地对孩子进行引导，时间久了，孩子自然而然就能变得彬彬有礼、落落大方了。

3.让孩子知道打招呼不是简单地说声"你好"而已

很多孩子不喜欢和别人打招呼，是因为他们觉得打招呼没有什么意思，翻来覆去就是那几句："你好！""买菜呢？""散步呢？"甚至永远都是那么一句话："吃了吗？"

正是因为感到太过乏味，孩子才懒得打招呼。这时，父母就要让孩子知道，打招呼并不是形式，也不是做样子，更不是一成不变的客套话，而是富有诚意的交流。

例如看到李奶奶在小区里锻炼，要教孩子这样打招呼："李奶奶，您在锻炼呢？看您也锻炼了这么长时间了，腰疼的毛病好了没有？"

要让孩子知道，不要为了打招呼而打招呼，不要说声"你好"就跑了，打招呼是为了引出后面富有诚意的交流，更是为了锻炼人与人的交流技巧，为表达能力的提升奠定好基础。

方法 4：

激发孩子主动开口，孩子才能更加自信

【关键词】激发自信　勇气　创造契机

【要点提示】孩子暂时缺乏自信并不可怕，只要父母能正确地引导，孩子一样能树立起主动开口的信心。

【范例】

丽丽 6 岁了，最喜欢和妈妈一起逛玩具店。星期天，妈妈和丽丽又到玩具店去了，丽丽开心地看这看那，刚挑了一个娃娃拿在手里，这时，有个漂亮的阿姨朝她们走过来，并和妈妈打招呼，原来，她是妈妈的同事。

妈妈对丽丽说："这是张阿姨，她是妈妈的好朋友！"丽丽看了看这个漂亮的阿姨，没有说话。她的眼睛里流露出了一丝恐惧，丽丽不知道这是为什么，她只是觉得自己不敢在阿姨面前说话。

张阿姨在离丽丽稍远的地方蹲下来，微笑着对丽丽说："你好，丽丽，我是张阿姨。"

丽丽还是没有吭声，张阿姨又接着说："你手里这个娃娃好可爱！听你妈妈说，你最喜欢娃娃了，是吗？"

看丽丽仍然不说话，张阿姨站了起来，和妈妈聊起天来。过了一会儿，张阿姨要走了，她对丽丽说："丽丽好可爱，丽丽再见。"

这时，妈妈说："跟张阿姨说再见，要不要抱张阿姨一下？"

丽丽小声说："阿姨再见！"然后走到张阿姨跟前，轻轻地抱了她一下。

【技巧】

在这个故事里，我们可以看到张阿姨对丽丽的尊重，她先是善意地和丽丽打招呼，然后又主动关心丽丽喜欢的东西，希望和丽丽聊天，但丽丽都没有反应，此时，张阿姨并没有表现出任何不满，而是给丽丽空间和时间去观察她。

我们还看到了妈妈对丽丽的尊重，她没有强迫孩子马上向大人打招呼，也没有强迫孩子马上响应张阿姨的问候，在孩子不吭声的时候，她更没有指责丽丽，而是亲自示范如何与人打招呼、攀谈。两个大人的正确示范和引导，在最后达到了良好的效果，丽丽终于克服了羞怯，主动和张阿姨说话，并拥抱了张阿姨。

从这个故事我们可以得知：孩子不主动开口打招呼，在于她缺乏自信。自信心对于孩子的成长是至关重要的，自信心强的孩子能积极主动地参加各种活动，能积极地与他人交往，与同伴建立起良好的关系。这样的孩子，自然能够得到很多说话的机会，口才能力在无形之中就会得到明显提高。

妈妈和张阿姨的做法证明，孩子暂时缺乏自信并不可怕，只要父母能正确地引导，孩子一样能树立起主动开口的信心。当然，至于如何引导，这也是要讲究方式方法的。

1.给孩子一定的时间和空间，让孩子慢慢树立自信

在孩子不主动和他人打招呼时，父母不能硬来，说："快，叫叔叔！"也不要不停地劝说："叫阿姨，快叫阿姨啊。"更不能当众批评："这孩子怎么这么没礼貌，不懂事！"

这样的做法，只会打击孩子的自信，从而让孩子更不愿意张嘴说话。我们

应该做的，是要像上面故事中的妈妈一样，做好孩子的示范和榜样，让孩子自己去思考："我不和人打招呼是不对的，妈妈都主动和别人说话了，她对人多热情啊。"只有这样，孩子才能和别人打招呼，给表达能力的提升创造契机。

2.了解孩子不自信的原因，对症下药

胆怯、不敢打招呼，这是很多孩子在成长过程中都会经历的一种现象，父母只有找到孩子不自信的原因，才能有针对性地帮助孩子摆脱这种心理状况。如果是孩子的性格过于内向、自卑，父母就要让孩子多与人交往，变得开朗乐观，这样孩子或许就会主动和人打招呼了。

如果是父母的过度保护导致孩子的性格过于依赖、胆小和羞怯，不敢和人打招呼，那么父母就要赶快放手，让孩子尽快学会自理自立，变得独立和勇敢，变得自信而愿意主动和别人打招呼。

如果孩子曾经在和别人打招呼时说了不恰当的话而遭到了他人的训斥和嘲笑，心里有了失败的阴影，因而不愿意再和别人打招呼了，那父母就要帮孩子解开心结，告诉孩子："说错了也没关系啊，我们可以慢慢学，学会了以后让那些笑你的人看看，我们天天多会说话。"

有了父母的对症下药，就能消除孩子不自信的心理，让他们愿意主动和他人打招呼。

3.给孩子多创造主动开口的机会

有些孩子害怕主动开口打招呼，是因为父母很少给孩子这样的机会去锻炼，因此，父母要鼓励孩子多开口，特别是在他自己的事情上。

比如给孩子买衣服时，我们可以鼓励他自己问营业员："阿姨，您好，这件衣服多少钱？"如果孩子不愿开口，那么衣服就暂时不买。孩子刚开始会不好意思说，或说的声音很小，父母不妨鼓励孩子再说一遍。不管孩子说得好不好，父母都应该夸奖他："说得真好，都可以自己买衣服了。"

不光买东西，在生活中任何时候都可以鼓励孩子自己去说，孩子说得多了，又掌握了一些打招呼的技巧，还得到了大人的夸奖，慢慢就愿意主动开口说话了。

 ## 方法5：
真诚赞美他人，不要人云亦云

【关键词】 真心真意　赞美　发自内心

【要点提示】 现在是崇尚个性的年代，孩子正是发挥想象和创意的年龄，只有针对对方的特色作不落俗套的赞美，才能真正展现自身的表达能力。

【范例】

五代十国时期，后梁太祖朱温的手下有一批喜欢阿谀奉承的人。

一次，朱温和几个宾客在一棵大柳树下休息，大柳树枝繁叶茂，遮盖了炎炎烈日，树下清风习习，十分凉爽，朱温不禁赞叹道："这是一棵好柳树啊！"

宾客为了讨好他，纷纷学着他赞叹："是一棵好柳树，一棵好柳树。"

朱温听了觉得好笑，故意又说道："这棵柳树可以做车头。"实际上柳木是不能做车头的，但宾客们不管这些，还是学着朱温的口气说："对，对，可做车头。"

朱温对这些鹦鹉学舌的人烦透了，厉声说："柳树怎么能做车头！你们说话能不能有自己的想法？把这些说'柳树可以做车头'的人全部抓起来砍头。"

【技巧】

看完这个故事，你能说这些宾客不懂赞美吗？可是你能说，他们拥有好的表达能力吗？

赞美能够展现一个人的口才能力，能够给人带来无穷的力量，但它的前提是态度必须真诚、发自内心。如果他人赞美你也赞美，或他人说什么，你也鹦鹉学舌，就会让听者陷入很不自在的境地，被赞美者非但不会感谢你，反倒会对你敬而远之。

由此，家长们一定要避免自己的孩子成为这样的人。因为每个人都有自己的大脑和思想，对同一事物的看法肯定是不太一样的，他人肯定的事情，你也许觉得是错的；就算同样是赞美，角度和内容也不会完全一样。如果他人说什么，你就不假思索地附和，那就会变成一条"应声虫"，说出的话也不会受人重视。这样的孩子，即使赞美能力再强，他人也不会觉得你的口才好，反而会对你产生厌恶。

但为什么有的孩子就是喜欢人云亦云、鹦鹉学舌？首先，他是个懒人，不喜欢动脑筋，但自己又必须参与谈话，否则就显得不合群，怕被孤立和被排斥，于是就跟在他人后面附和，装出有同感的样子。

其次，随声附和不需要担风险。就像打麻将时跟着别人出牌一样，别人出过的牌，"放炮"的概率会更小，可以说是没有风险，于是，那些怕说错话得罪人的孩子就尽量照着别人说过的说，人云亦云。

最后，就是怕别人觉得自己没水平，同一个人或同一件事情，对方都看出来好了，自己若没看出来，显得自己多没水平啊。可是，让他用自己的语言夸，他又不会，不得不对方说什么，他就跟着说什么，这也是虚伪的一种表现。

不管是哪一种原因，都不能让孩子成为一个人云亦云的人。现在是崇尚个性的年代，孩子正是发挥想象和创意的年龄，只有针对对方的特色作不落俗套的赞美，才能真正展现自身的表达能力。

但有的孩子会说，我也想真心诚意地赞美别人，不想人云亦云，但我不知道该怎么做。难道，我只能做一个口才愚笨的孩子吗？

孩子，不要丧气，看看下面几条方法，也许你就能找到属于你的赞美诀窍。

1.丰富自己的语言词汇

有的孩子也想真心诚意地赞美别人，无奈肚子里没有那么多赞美人的词语，只好跟着别人说。对于这样的孩子，父母要让他们多看书，丰富自己的知识，积累自己的语言词汇。多读、多看、多思考，有了丰富的语言词汇和自己独立的见解，自然能发表自己独特的观点，而不会人云亦云了。

2.也可以说大实话

有的孩子嘴比较笨，既说不出优美的词汇，也没有那么独特的见解，不妨说一些实在的话赞美别人："我觉得你的作文写得挺好的，除了语言稍微有点儿啰唆之外，不过究竟怎么好，我也说不上来。"这样实在的赞美，没有什么华丽的词汇，也没有什么独特的见解，但只要是真心诚意的话，别人也能很受用。

方法 6：
善用"对不起"，化干戈为玉帛

【关键词】消极和被动　扭转乾坤

【要点提示】如果他们能像那位空姐一样体会过说一句"对不起"能让一件糟糕透顶的事情变得有利于自己，他们就会马上转变态度，毫不吝啬地说出"对不起"。

【范例】

一架飞机马上就要起飞了，有位乘客请空姐给他倒杯水，他需要按时吃药。空姐很有礼貌地说："先生，为了您和其他乘客的安全，请稍等片刻，等飞机进入平稳飞行状态后，我会10分钟内把水给您送过来，好吗？"乘客答应了。

过了一阵，这位空姐正在忙碌，突然，乘客的服务铃急促地响起来，她突然想起来："糟了！时间过去早就不止10分钟了，飞机也已进入了平稳飞行状态，但自己却忘记给那位乘客倒水了。"

她连忙来到客舱，果然是那位乘客按的服务铃，她小心翼翼地把水端给那位乘客，并面带微笑地说："先生，实在是对不起，刚才太忙碌了，没能及时给您送水，耽误了您的吃药时间，我感到非常抱歉。对不起，请您原谅我的疏忽！"

这位乘客非常生气地说："怎么回事，有这样服务的吗？说 10 分钟送水，现在都过了 20 多分钟了。"无论这位空姐怎么解释、怎么道歉，这位乘客始终怒气难消。

在接下来的飞行过程中，为了弥补自己的过失，这位空姐只要有机会，都会特意走到那位乘客面前，面带微笑地询问他是否需要服务。然而，这位乘客始终没有改变脸上严肃的表情。

飞机降落以后，机长把这位空姐叫过去，并把乘客留言本递给她，她知道自己被那位乘客投诉了。然而留言本上的内容却令她非常意外：那位乘客写的不是投诉信，而是一封热情洋溢的表扬信。

空姐读着这封信，眼睛湿润了："虽然你的工作有一点儿失误，但你及时表现出了真诚的歉意，特别是你后来的殷勤服务和一次次的微笑深深地打动了我，使我觉得你是一位好员工，下一次我还愿意乘坐你们的飞机！"

【技巧】

是什么原因使这位挑剔的乘客由投诉转为表扬呢？正是这位空姐无数次的"对不起"。孩子一定觉得："这个姐姐可真难得，客人一次次地不原谅，但她仍然一次次地道歉。她竭尽全力用语言表现着自己的诚意，发挥着自己口才的作用。不仅从语言上道歉，还从行为上弥补。这么糟糕的事情她都能'扭转乾坤'，可见'对不起'还是很有作用的。"

那么，孩子在生活中是否也能像这位姐姐一样，充分发挥"对不起"的伟大作用呢？也许，大部分的孩子都会对此摇摇头，他们一定会说："道理当然是明白的，但做到还是很难，我们可没有姐姐那么好的口才和气度。"

的确，"对不起"3 个字对他们来说还是难以启齿，就算说得出口，但如果不能立即得到对方的原谅，他们也没有耐心一次次地道歉。他们往往会泄气：“算了，我已经道歉了，爱原谅不原谅。”

糟糕的是，其他一些孩子连这样起码的悔意都没有，他们更喜欢为自己的错误狡辩："这不是我干的！"

为什么孩子对待错误的态度会如此消极和被动？正是因为他们还没有体会过"对不起"给自己的生活带来的益处，因此不明白"对不起"的作用。如果他们能像那位空姐一样体会过"对不起"能让一件糟糕透顶的事情变得有利于自己，他们就会马上转变态度，毫不吝啬地说出"对不起"。

既然如此，我们要马上让孩子明白"对不起"都有什么样的作用，能给自己和他人带来什么样的好处，让他们在提升口才之路上不能少了会说"对不起"这一重要内容。

1. "对不起"能让孩子"化干戈为玉帛"

在教室里，孩子不小心踩了同学的鞋子，但并没有道歉，他心里这样想："也不是多大的事儿。"而对方会想："虽然踩得不是很脏，但你好歹说声'对不起'，怎么这么没有礼貌！"于是，本来"对不起"3个字就可以解决的问题，就会演变成一场争执，甚至会大动干戈。

如果孩子的态度能转变一下，及时说出"对不起"，那对方的反应就会是："没关系，反正也没踩脏，你也不是故意的。"不过是3个字而已，立刻就"化干戈为玉帛"。

即便是真的踩脏了对方的鞋子，在你一句真诚的"对不起"之后，对方也不会不依不饶，因为他要的就是你对他尊重的态度。

所以，一声真诚轻柔的"对不起"并不显得我们卑微，而恰恰证明了我们自身的文明素质和对他人的尊重。

2. "对不起"之后会让孩子避免再次犯错

那些态度蛮横、不肯说"对不起"的孩子，多是没有认识到自己的错误，所以他们下次犯错的可能性还是很大。而真诚道歉的孩子则会从中汲取教训，努力不再犯错。为什么这么说？因为"认错"对任何人来说，都不是一件特别容易的事，他要拉下面子，组织语言，还要为此承担责任，这需要花费他的心思和时间，所以，为了避免再这样"劳心劳力"，他一定会努力不再犯错。

方法 7：
倾听，让沟通更有效

【关键词】 倾听　耐心　修炼

【要点提示】 要想从根本上改变不懂得倾听这个缺点，必须提高自己的理解能力、悟性和知识面。

【范例】

倩倩来找瑶瑶聊天，倩倩知道瑶瑶喜欢看书，于是问她："瑶瑶，你最近又看了什么书？"

瑶瑶说："我最近在看王国维的《人间词话》。王国维说：古今之成大事业、大学问者，必经过三种之境界：'昨夜西风凋碧树。独上高楼，望尽天涯路。'此第一境也。'衣带渐宽终不悔，为伊消得人憔悴。'此第二境也。'众里寻他千百度，蓦然回首，那人却在灯火阑珊处。'此第三境也。我觉得我们的学习也要经历这三重境界：树立学习目标，苦苦求索不放弃，最后苦尽甘来取得成绩。倩倩，你怎么看呢？"

"哎呀，你先听听我看的书。我最近看了一本漫画书《火影忍者》，瑶瑶，你有时间看看，可好看了……"

瑶瑶点了点头："好，有空咱们再聊！"说完起身走了。

【技巧】

为什么瑶瑶不想再和倩倩聊下去了呢？是因为她觉得倩倩并没有用心去听她的话，对她的话也不是很感兴趣，所以觉得再谈下去没有什么意思。所以，即使倩倩说得再好，瑶瑶也没有听的欲望，这样一来，她的口才就"无用武之地"了。

很多孩子都有过这样的体验：当你向对方抛出一个问题或传递某种信息时，你希望对方就这个话题能给你一点儿反馈或能够把这个话题谈得更透彻，但对方似乎达不到你的这种期望。他们要么是就这个问题肤浅地聊一聊，然后转移到其他的问题；要么是根本就不理睬你的问题，直接去说其他的话题；或者像一个木头人一样，根本就没有什么反应。

这让孩子非常扫兴和沮丧，他们不禁怀疑：是对方对这个话题所知甚少？还是对这个话题不感兴趣？或是表达不出来？抑或是根本就没兴趣和你交谈？如果是后者，那孩子不仅要怀疑对方的知识水平能力和表达能力，更要怀疑对方和你谈话的诚意。

然而，孩子却不知道，真正的、主要的原因都不是以上这些，而是对方压根儿就没听懂你在说什么，根本就不知道你所期望得到什么样的反馈。更糟糕的是，他们还自以为他们听懂了，所以他们滔滔不绝地表达着他们对"这个问题的看法"，却不知道他们早已离题千里；他们自以为自己很能说、表达能力很好，却不知道你早已忍无可忍，想起身离去。

他们并不缺乏交流的诚意，但却达不到交流的效果。其原因并不完全是因为掌握的谈话技巧不够，而是因为不懂得倾听。所以，也就不懂得如何表达。

这些不懂得倾听的人让谈话的另一方很为他们发愁，很想敲敲他们的脑袋问问他们："你听懂我说的话了吗？没听懂干脆就不要说。"所以，我们有必要帮助这些人学会倾听，摆脱既不会听又不会说的尴尬。

1.耐心地听，才能听得懂

为什么一些孩子听不懂别人的话？很明显的一个原因是没耐心。别人说的时候，他们东瞧瞧、西看看，摸摸这儿，摸摸那儿，别人说别人的话，他们干他们的事儿。都没有认真听，怎么可能听懂别人的话？等别人说完了，他们才回过神儿来：哦，他说完了，该我说了。表面上是两个人在谈话，实际上是各说各话、毫无交集，根本起不到沟通交流的作用。

还有一些孩子更没耐心，他们连等你说完的耐心都没有，就直接打断你的话："哎，我那天……"把你说变成他说。不让别人说完，怎么可能听懂别人说话？

2.用心地听，才能听得懂

有些孩子在听别人说话时倒是挺有耐心的，老老实实地坐着，也没乱动；认认真真听着，也没打断，可惜他们只是表面上认真在听，其实是人在心不在。别人说别人的，他们想他们自己的，他们也走神儿了。等别人说完了，他们也回过神儿来了："嗯？你刚刚说什么？"这样的孩子，也不可能听懂别人说话。

3.提高自己的理解能力和悟性，才可能听得懂

以上的两个原因还只是表面的原因。有一部分没耐心听、不用心听的孩子并不是因为不想听，而是因为他们不理解对方的意思，所以才走神儿的。所以，要想从根本上改变不懂得倾听这个缺点，必须提高自己的理解能力、悟性和知识面：别人说什么，你都能消化理解；别人说什么，你都能接上话；别人说什么，你都能把话题延伸、深入。

要想有这样的境界，不是一天两天的修炼就可以达到的，必须多读书、多思考、多经历、多观察社会，提高自己的知识和见识，这需要孩子在生活中一点一滴地积累能量。这和想拥有一副好口才一样，是个任重而道远的过程，必须从多方面去努力。

方法9：
启发孩子多说话，锻炼他的胆量

【关键词】孤僻 不合群 锻炼胆量

【要点提示】孩子和成年人一样，也喜欢交朋友，尤其是同龄的人，他们有共同的兴趣爱好，更容易谈得来。

【范例】

小希上小学六年级了，这一天，她跟妈妈说："妈妈，星期天让我同学到我们家里来玩吧？"

妈妈一听，连忙摆摆手："不行，不行，星期天我有很多事呢。要洗衣服，要打扫卫生。你带同学们来，会把家里弄得很乱，我还要收拾。"

"哦，那我去同学家玩可以吗？"小希说。

"去人家家里啊，最好也别去了，人家父母未必欢迎你去。你和同学们在一起就只顾玩，星期天还是在家里学习吧。"

小希虽然有点儿不情愿妈妈的安排，但她一直都很听话，也没反对妈妈的意见，因此小希在休息日总是自己待在家里，一个人做作业，一个人看电视。平时父母也很少带她到人多的场合去，偶尔家里有客人来，爸爸妈妈总是说："去屋里写作业吧，大人说话你不用听。"

在学校，她也大多是独来独往，平时同学们在一起叽叽喳喳说话的时候，她也很少参与，总觉得自己插不上嘴。其实，她很羡慕口才好的同学，她不知道为什么自己的嘴那么笨。无数次，小希在心里这样呐喊道："爸爸妈妈，为什么你们不让我有多说话的机会呢？难道，女孩子就不能有一个好口才吗？"

【技巧】

说话需要学习，表达能力也需要锻炼，像小希的父母那样，不给孩子更多说话的机会，孩子的嘴当然会笨了。俗话说：朋友多了路好走，其实朋友多了，不但路好走，话也能说得更溜。

孩子和成年人一样，也喜欢交朋友，尤其是同龄的人，他们有共同的兴趣爱好，更容易谈得来。孩子喜欢和同龄人待在一起并不只是为了玩，而是为了寻找沟通交流的机会，在沟通和玩乐中，孩子的表达能力就得到了提高。

现在的父母总是对孩子有过多的担心，孩子想找小伙伴玩，父母怕他们在一起会发生不愉快，又怕自己的孩子跟别人学坏；父母认为孩子多学一样本事才是正事，与别的孩子玩都是浪费时间。父母的这些做法阻碍了孩子与同伴间的交流，造成了孩子性格的孤僻、不合群，也使孩子变得不爱说话，优秀的表达能力也无从谈起。

正是这些原因导致了这些现象的出现：有的孩子文笔不错，但口头表达能力则不强；还有的孩子只有在父母面前比较爱说话，一旦到了不太熟悉的人面前就变得沉默寡言……所以，我们必须给孩子更多的机会说话，这样他们的表达能力才能得到迅速提升。下面是几个说话的机会，父母一定务必给孩子提供：

1.父母要给孩子提供交往的场所

父母应该鼓励孩子把自己的同学、伙伴带到家里来做客，千万别害怕孩子会把你干净的沙发弄脏，把你冰箱里的食物吃掉，即使孩子一个人在家也会这样，而是让你的孩子学会如何做一个小主人，让他们随心所欲地在家里玩耍、谈天说地。

当孩子想到别的小朋友家里去的时候，父母也不要不允许，孩子到别人家做客，会学会如何和别人打招呼、介绍自己等，无疑就锻炼了自己说话的机会。当然，父母也可以加入到孩子中间，了解孩子的生活和朋友圈，这样和孩子的共同话题也会更多，和孩子聊天时也会有更多的话可说，这对孩子表达能力的锻炼也是有益的。

2.鼓励孩子在课堂上多发言

要让孩子在同龄人中间多发言，当孩子说话的能力得到了同学们的认可后，自信心也可以得到提高，课堂就是一个这样的舞台。如果孩子害怕回答错误、遭到同学的嘲笑和老师的批评，不敢举手发言，父母不妨先和老师做好沟通，让老师多提问自己的孩子，如果孩子回答错了，请老师给予鼓励而不是批评，相信老师们也都是愿意配合的。

父母也可以为孩子举办一个家庭"模拟课堂"，让孩子先预习一下。有了一定的自信后，再到真正的课堂上积极发言，一定会心情放松，逐渐答得出色。

3.在大场面中锻炼说话的能力

只是在家里和课堂上多说话还是不够的，父母还要鼓励孩子在更多的公共场合多说话，在更多的人面前发言。可以让孩子参加各种各样的活动，比如参加朗诵比赛和演讲比赛，或者参加六一节的节目表演等，在这些大的场合中锻炼孩子说话的胆量和能力。

方法9：
为孩子创造说话空间，让他自由表达

【关键词】阻止　批评　盲目　鼓励

【要点提示】事实上，每个孩子都具备表达的潜力，却因为父母错误的教育方法扼杀了他们的这种潜力。

【范例】

果果8岁了，"七八九，讨厌狗。"这话说得真没错，这个年龄的小孩就是特别爱说话，果果也不例外。

这天，家里来了一位漂亮的阿姨，果果马上跑了过去，和阿姨说这说那，还问阿姨："阿姨，你几岁了？"

妈妈立刻训斥了果果："不可以这样说话！"

"哦。"果果答应着。妈妈去拿水果，果果又对阿姨说："阿姨，我给你讲个故事吧。"

当果果正兴致勃勃地讲着故事时，妈妈过来打断了他的话："别讲了，你到卧室去玩，妈妈和阿姨说会儿话。"

果果说："妈妈，我想听你们说话，你们说吧，我不吵。"

于是，果果就坐在旁边听大人说话，但他总是忍不住想插嘴，妈妈训斥他说："大人说话，别乱插嘴。"

果果说："妈妈，你们说的我也知道，我也要发表意见。"

"小孩子懂什么，去，到一边玩去。"妈妈说。

【技巧】

在大多数的家庭里有个很奇怪的现象：父母对孩子的物质要求有求必应，但对孩子的想法、行为却有诸多限制。就拿说话来说，父母总是这样说孩子："怎么能这样说话呢?"或者"这些话小孩子不能说。"弄得孩子张嘴之前就顾虑重重，说完之后又遭到大人的训斥，这样孩子说话的积极性必然遭到打击，逐渐就变得不爱说话，好口才自然也就无从谈起。

有的父母还会抱怨说："这孩子怎么不像别人家的小孩嘴那么巧?"殊不知，这正是父母禁忌太多的缘故。小孩子凡事都在学习的阶段，话说得不恰当是正常的，如果对他们限制过多，他们将永远不可能拥有好优秀的表达能力。

就像故事中的父母那样，粗暴地打断孩子讲话，甚至阻止、批评孩子讲话，不给孩子发言的机会，这样怎么能锻炼孩子的优秀的表达能力呢? 受到指责的孩子不是变得不善表达、没有主见、怯懦、退缩，就是变得独断、盲动，听不进别人的意见。

事实上，每个孩子都具备表达的潜力，却因为父母错误的教育方法扼杀了他们的这种潜力。因此，父母应该尊重孩子说话的权利，给孩子更多说话的空间，下面是几种说话空间，父母一定要给孩子提供：

1.父母要鼓励孩子大胆说，错了也无妨

大人也会说错话，何况孩子还在学说话的阶段，俗话说"童言无忌"，父

母不要担心孩子说错话而不让他们说，而是应该给他们更多说话的机会和空间，鼓励他们大胆说，就算说错了也无妨。孩子说错话不会造成多大的恶果，父母只要及时纠正就可以了。

就像故事中的果果一样，他问了阿姨的年龄，父母粗暴地训斥他："不可以这样说话。"这样做孩子并不知道为什么不能这么说。其实，父母只要告诉果果："问女士的年龄是不礼貌的，以后不要随便问哦。"孩子自然知道什么话该说、什么话不该说，口才能力自然也就提高了。

2.允许孩子辩解

当父母训斥孩子的时候，孩子有时候会忍不住辩解，这又会招致父母的训斥："你还狡辩！""你还嘴硬！"不让孩子为自己辩解，孩子的表达能力就被弱化了，长大后，当孩子受到委屈不会为自己辩解的时候，父母又会气愤地说："你怎么这么懦弱？你是哑巴吗？你不会为自己辩解吗？"孩子真是百口莫辩，孩子的说话空间已经被父母剥夺了，优秀的表达能力早就荡然无存。

因此，父母应该允许孩子辩解，让他们说："你为什么这样说？理由是什么？"学会"自圆其说"，这也是优秀的表达能力的人必须具备的能力。

3.让孩子自由地表达他们的思想

表达不仅不能是空洞的话语，更要言之有物，当孩子有了自己独特的思想的时候，父母应该欣喜：孩子的表达能力又要上一个台阶了！这时候要鼓励孩子："你是怎么想的？只管说出来，大家可以讨论一下。"

平等地对待孩子，尊重他们的想法，让他们自由地表达所思所想，当他们梳理自己的思想，并用语言表达出来的时候，表达能力无疑就得到了锻炼。

方法 10:

演讲：训练孩子表达的绝佳方式

【关键词】逻辑思维　演讲水平　全方位

【要点提示】演讲确实是提高表达能力的最佳途径，很多表达能力优秀的大师都经过演讲训练这一过程，所以父母应该鼓励孩子参加各种演讲，提高孩子的表达能力。

【范例】

浩浩有一个表达能力很强的爸爸，因为他的爸爸是一个培训讲师。爸爸经常把他带到公司去，让浩浩看看自己是怎么做培训、怎么演讲的。他希望从小就培养浩浩的表达能力，因为有了丰富的人生经验和工作经验的他深知表达能力对一个人一生的重要性。所以，他要让浩浩从小就开始锻炼。

有了这个得天独厚的条件，浩浩的表达能力也不错，说话经常是妙语连珠、出口成章。

除了在爸爸的公司得到培训、锻炼的机会以外，浩浩的家里还有许多爸爸买来的演讲的书籍，浩浩没事就看，掌握了许多演讲的知识。有机会他就在爸爸面前操练一番，把理论变成真正的演讲技能。

班里、学校里的演讲比赛就不用说了，那都是他展示表达能力的舞台。如果有机会，爸爸还想让他参加市里、省里更大的演讲比赛。

【技巧】

训练孩子表达能力的方法很多，演讲是一个很好的方式。

为什么这么说？

首先，演讲的受众面最广。平时我们说话的对象通常是一两个人，最多不过几个人，而演讲要面对的少则几十人，多则几百、上千人。面对这样大的场面和这么多的人，孩子的胆量和自信都能够得到锻炼和提高。

其次，演讲所要表达的内容最多。孩子平时说话通常都是你一句、我一句，讲故事、写作文也不过是几百字，很少能像演讲这样有这么丰富的内容，并在固定的时间一次性讲完。孩子为了使受众能够听明白、喜欢听，必定要在演讲稿和表达上下大工夫，这对孩子表达能力的锻炼是一个绝佳的机会。

最后，演讲是对孩子的能力全方位的锻炼。孩子想要有一次精彩的演讲，先要有一个好的演讲稿，孩子就某一问题阐述观点、摆事实、讲道理，这既锻炼了孩子的逻辑思维能力，又锻炼了他们的写作能力；再通过语言表达出来，又锻炼了孩子的表达能力。在这个过程中，孩子势必要运用更多巧妙的语言技巧，让整个演讲更富有魅力，这些都是表达能力不可缺少的因素。

综上所述，演讲确实是提高表达能力的最佳途径，很多表达能力优秀的大师都经过演讲训练这一过程，所以父母应该鼓励孩子参加各种演讲，提高孩子的表达能力。下面一些演讲的机会，孩子不能错过：

1.多学学别人的演讲

要想提高自己的演讲水平，先要学习别人是如何演讲的。父母可以给孩子买一些关于演讲的书籍和视频资料，让孩子学习观摩。比如，卡耐基、杨青松、彭清一等演讲大师的演讲，让孩子知道高水平的演讲是什么样的，激发孩子学习演讲和表达的兴趣。

2.鼓励孩子参加班干部竞选演讲

在竞选班干部的时候，大部分的学校都会要求参加竞选的同学进行竞选演讲，父母要鼓励孩子参加这样的活动。在班里演讲，规模不是很大，面对的又是自己熟悉的同学，孩子的压力不会太大。不管能不能竞选成功，参加竞选演讲对孩子的表达都是一种锻炼。

3.参加演讲比赛

大型的演讲比赛才能真正锻炼孩子的表达能力。父母可以鼓励自己的孩子参加这样的演讲比赛，有意识地锻炼孩子的演讲水平。比如，全校的、全区的，甚至是全市的演讲比赛，父母都可以鼓励孩子大胆地参加，相信一个表达能力强的孩子就是从这样的锻炼中走出来的。

4.举办家庭演讲

参加真正的演讲的机会毕竟不是很多，为了给孩子提供更多的锻炼机会，父母不妨在家里举办一些家庭演讲，邀请孩子的亲朋好友参加，或者只有父母作为听众也可以。

这样的演讲可以是提前准备的，也可以是即兴的。比如，星期天孩子在家里玩，父母就可以说："给我们讲励志的故事吧。"孩子就会临时在头脑里搜寻励志的小故事，讲给父母听。这样不刻意地锻炼孩子的表达的方法，孩子一般都很愿意配合。

方法 11:
阅读，让孩子言之有物

【关键词】 表达流畅　言之有物　文学修养

【要点提示】 孩子要想让自己表达流畅、言之有物、说出的话更深刻并充分发挥语言的魅力，阅读是一条必须要走的路。

【范例】

琳琳从小就爱看书，从小人书、图画书到现在大部头的小说，她已经读了不少书了，爸爸妈妈也很支持她读书，因为爸爸妈妈知道，要想让琳琳说话有见地、不肤浅、不人云亦云，就必须多读书。

除了上学和适度的玩耍，她的业余时间都用来读书了。电视她都很少看，因为她觉得读书很有想象空间：我想把主人公想成什么样，就想成什么样。她也不怎么爱上网，虽然在网上也可以阅读，但网上的内容错别字太多，而且总是有乱七八糟的信息弹出来，影响她的阅读。

所以，书读得多了，琳琳的头脑也充实了，说出话来经常是"语不惊人死不休"，令人赞叹：年纪小，说出的话却很深刻。琳琳知道这都是因为她爱读书。而这个好习惯，她要保持一辈子。

【技巧】

表达不仅仅是说话的问题，它更是思想认识上的事情，想到哪里才能说到哪里。孩子若头脑里没有知识和见识，要么是无话可说，要么说出来的话空泛无趣。一个心灵苍白、思想空洞的人，即便掌握了众多的说话技巧，也无法说出令人咂舌、惊叹的语句。

而阅读就填补了这段距离。阅读的意义不仅可以让孩子言之有物，更能丰富孩子的心灵世界，提高他们的认识，说出来的话才能更丰富、生动和深刻。阅读不仅仅让孩子获得更多的词汇量，更可以间接参与他人的生活，丰富孩子的人生经历。

一个从阅读中经历了古今中外各种社会生活、倾听了众多的智慧语言、分享了无数思考成果的孩子，他不仅在思想上更成熟，心灵上更丰富，人格上也更完善。这样的孩子说出来的话，怎么可能和一个内心苍白无知的孩子说出来的话相提并论呢？

中国的文字非常有艺术魅力，具有游戏性、装饰性和音乐性，如果抑扬顿挫地读起来，还具有节奏性。一个不爱阅读的孩子，无疑是剥夺了自己这种"美"的享受，从而也剥夺了自己拥有好口才的可能。

因此，孩子要想让自己表达流畅、言之有物、说出的话更深刻并充分发挥语言的魅力，攀上好口才这座高峰，阅读是一条必须要走的路。

那么怎样才能让孩子爱读书、会读书，通过读书提高表达能力呢？就从下面一些方法做起吧：

1.父母要纠正关于阅读的错误观念

首先，阅读远远不止是读"语文课本"。有些父母会让孩子抱着语文课本天天读、天天背，他们觉得这就是"阅读"。其实，只读语文课本是远远不够的。中国的文学经典作品瀚如星海，语文课本收录的只是其中很少一部分。尤其是现在的语文教学方式比较枯燥，这就让很多孩子对语文产生了厌烦的情绪。

所以，父母应该让孩子读更多的课外文学作品，多培养孩子的语感，让孩子学会欣赏文字的美、爱上阅读。

其次，父母不要担心孩子读书会影响学习。很多父母和孩子都会认为读课外书是没用的，而且会影响学习，所以不能读。过于沉迷于课外书当然是不对的，但不能因此就剥夺了孩子阅读的权利和乐趣，而是应当引导孩子合理分配读课外书的时间，让他们在不影响学习的情况下多读书。孩子多读书，他们的知识面、理解能力、表达能力都会提高，这对他们学习其他科目也是有帮助的。

最后，读书是娱乐，不要让孩子把它当成"学习"。有些父母也会让孩子多读书，但他们会让孩子读完了讲给他们听、背给他们听，甚至让孩子写读后感等，这就弄得孩子很疲惫和厌烦。如果读课外书和他们学语文课本的方法一样，既枯燥又有压力，他们怎么可能会爱上阅读呢？只要孩子读的书是无害的，就要让孩子轻松、愉快、自由地读，他们想读什么就读什么，能理解了就好，不要强求他们记住，不要强求他们读了之后有多么大的收获、多么大的改变，改变是在潜移默化中实现的，读得多了，阅读能力和表达能力自然会有所提高。

2.引导孩子读书，但不要强迫

对于不爱阅读的孩子，父母不要强迫，而是要想办法诱导孩子去读书，让他们主动去发现读书的乐趣。

例如，父母读到一本好书的时候，都会不忍释手，并发出赞叹："好看，太好看了。"孩子都会有好奇心，会问你："怎么好看啊？"父母可以讲给孩子听，并告诉他："我没看完，看完再给你讲。"孩子被你吊起了胃口，就会这样说："不等你讲了，我自己看吧。"这样就会很自然地引导孩子读书。

3.掌握一些阅读的方法

要想更好地阅读，还要掌握一些读书的方法：

精读：逐字逐句地读，速度会比较慢，用这种阅读方法会吃透一部作品。

粗读和略读：粗略地读，大致翻翻，囫囵吞枣，喜欢读的部分就细读，不喜欢读的部分可以跳过，全凭自己的兴趣。

默读和朗读：默读就是不出声地读，有些诗歌，或孩子特别感兴趣的部分也可以大声读出来，体会文字美变成语言美的乐趣，朗读的时候也可以和其他人分享。

摘抄或随笔：孩子在阅读的时候遇到自己喜欢的词句，可以摘抄下来，有时间就可以反复阅读这些"精华"。还有的孩子读完一本书之后，会很受感动和启发，抑制不住地想把这种感受写下来，这就是随笔。父母要鼓励孩子写随笔，这对孩子积累词汇和提高文学修养有很大帮助，孩子的表达能力也将同时得到提高。

方法12：
为孩子的语言插上想象的翅膀

【关键词】创造 想象力 新形象

【要点提示】父母要鼓励孩子大胆发挥自己的想象力，让语言变得更有创造力。下面几种方式，可以锻炼孩子这方面的能力。

【范例】

一位教师在上课，让同学们说一说"雷锋像什么？"

同学们七嘴八舌讨论开了："雷锋像我的邻居。"

"雷锋像家人。"

"雷锋像我的同学。"

这时，小亮举手了，说："老师，我觉得雷锋像大树。"

同学们哈哈大笑："雷锋怎么像大树呢？"

老师也觉得有些不可思议，但她还是鼓励小亮说："你为什么说雷锋像大树呢？"

小亮说："因为春天大树发芽了，人们就知道春天来了，大树就是春天的使者，而雷锋给我们的社会带来了和煦的春风，他和大树的作用一样；到了夏天，阳光很强烈，还有滂沱大雨。大树为人们遮阴避雨，和雷锋一样，都爱做好事，所以雷锋像大树。"

听完小亮的解释，老师和同学们不禁发出了赞叹的掌声。老师说："小亮同学理解了雷锋精神的内涵，说法很有新意，表达非常棒！"

【技巧】

小亮在回答问题时并没有因循其他同学常有的思路，而是另辟新径，发挥了自己的想象力，找到了雷锋和大树的共同点，把雷锋比喻成大树。因此，他的表达更富有魅力。

其他孩子的说话，是否也能像小亮这样充满想象力呢？家长不妨问问孩子这个问题："雪融化后是什么？"看看会得到什么样的答案。孩子一定会认为答案只有一个："雪融化后是水。"这个答案当然是正确的，但除此之外就没有别的答案了吗？或许有一个孩子的答案就和别人不一样："雪融化后是春天！冰雪融化后，万物复苏，春天来了！"

哪一个答案更有诗意？哪一个表达更生动？相信大家都能判断出来。第一个答案是正确的，但是太过于单调、刻板，干巴巴地叙述了客观事实。第二个答案却发挥了想象力，将雪融化后更大、更长远的场景描绘了出来。

由此可见，语言有没有想象力，效果是有很大差别的。什么是想象力？想象力就是人在已有形象的基础上，在头脑中创造出新形象的能力。它是在你头脑中创造一个念头或思想画面的能力。有没有想象力关键在于是否有创造性。例如雪融化后是"水"，这是一个大家都熟知的旧形象，而雪融化后是"春天"则是孩子创造的一个新形象。这个想象不仅具体生动，还很有诗意感。

相比较来说，孩子比大人更有想象力，因为孩子的世界比较简单和单纯，他们的思想不像大人那样有那么多规则和窠臼的限制，所以他们会把那些看似"风马牛不相及"的事情联系在一起。

而孩子的语言一旦插上了想象的翅膀，立刻变得生动有趣。陌生、新鲜而又具有画面感的语言对人最有冲击力。例如，"天亮了"，可以说成是"阳光撕破了夜的帷幕"；"天黑了"，可以说成是"夕阳收起来它最后的金子"。这样的语言是不是会一下子把你带入描述的情境中去？

既然如此，下面几种方式，可以锻炼孩子这方面的能力：

1.多观察生活是培养想象力的基础

我们说过，想象力是人在已有形象的基础上，在头脑中创造出的新形象，也就是说想象力不是凭空产生的，而是建立在客观现实的基础上。试想，一个孩子若没有看到过雪融化后接着就是万物复苏、百花吐蕊、春天到来这一自然现象，他怎么能说出"雪融化后就是春天"这一充满想象力的语言呢？

所以，多观察生活是培养想象力的基础。父母可以让孩子尽情徜徉在自然中，观察万物的悄然变化；让孩子多接触社会中的人、事、物，体会社会的人情练达。启发孩子多思考、多联想，培养一个富有创造力的语言小天才。

2.给孩子想象的自由，让他大胆说出富有创造力的语言

大人的思维被禁锢太久，进而也开始禁锢孩子的思维。"雪融化后是春天"这一富有想象力的语言若出现在考试题目中，没准会被老师判为错误的答案。一些父母也会在孩子说出来富有想象力的语言之后，对孩子说："瞎说！"

父母的这种错误做法不仅剥夺了孩子的想象力，还扼杀了一个语言天才。正确的做法应该是仔细地问问孩子："为什么你会这么想啊？"当孩子说出合理的理由之后，父母要鼓励孩子："想象力真丰富！说话就应该有自己独特的思维。"当父母给了孩子想象的自由之后，他们的语言就会变得更有魅力和感染力。

3.让孩子大胆想象、合理幻想

孩子说话富有想象力是好事，但是否每件事都可以没边没谱地联想？倘若每句话都太过"无厘头"，那么这就不是想象，而是幻想。

幻想是指违背客观规律的、不可能实现的、荒谬的想法或希望。虽然幻想是想象的更高层次，也是一种合理的想象，但那更应该出现在艺术作品中，而不是现实的说话中。语言的想象力是基于客观现实的联想，不是没有尺度的"编造"。况且爱幻想的人容易脱离实际、想入非非，这样的孩子说出来的话不会受人欢迎的。

我们鼓励孩子在文学作品中合理幻想，但在平时的说话中还是要把握好想象的"度"。

第八章
用最好的方法给孩子最棒的安全教育

CHAPTER 08

父母给孩子的教育不单单是在学习、

习惯和性格的培养方面，

安全教育也至关重要，不容忽视，

大量的现实生活中的案例表明，

儿童的安全存在严重的隐患，需要引起足够的重视，

父母应该重点培养孩子的安全意识，

加强孩子的自我防范能力，

无论何时何地，都不让父母担心。

方法 1：
教会孩子如何应对勒索

【关键词】自我保护能力　财物受损失　预防

【要点提示】当遭遇勒索，不要先想到以恶制恶，别找所谓的"朋友"为自己出头，那样只会造成恶性循环，正确的做法是和公安人员取得联系。

【范例】

广西桂林某小学六年级学生松松常去学校对面街上的饮料店买饮料，可自从去年夏天那次遭到勒索的事件，让他至今心有余悸。

当天，松松买完东西付完钱之后，突然被排在他后面的两个高年级男生推到门外，然后被拉到一个偏僻的小胡同里，松松害怕极了，小声地问："你们要干吗？"那两个男生严肃地说："把你的钱都交出来！"边说还边按着松松，把他挤在墙角，让他动弹不得，松松只好把钱包递给他们，钱包里总共有50元钱。事后，虽然松松将此事告诉了老师和父母，但因为无法得知那两个男生的班级和姓名，再加上由于害怕，松松对他们的相貌也没记太清，至今未能找到他们。

西安某小学一名女生在下晚自习后，在回家的路上被歹徒抢走了手机，但是她的同伴迅速用手电筒照着那人的脸，记住了他的相貌特征，当第二天她们又发现歹徒抢劫别的同学的时候，马上打电话向公安人员报案，公安人员及时出动，为她们追回了被抢走的手机。

264

梓凯是个四年级的小学生，家境不好，母亲常年生病，全家就靠父亲一人当建筑工人养活，因此，父母把希望寄托在梓凯身上，希望儿子能在学校好好学习，将来考个好大学。

可最近一段时间，父母发现梓凯情绪很差，回到家后总是一副懒洋洋的样子，开始以为他生病了，后来经询问得知，梓凯被校外的几个孩子盯上了，他们向他索要 100 元钱。

由于家里困难，梓凯从来没在身上带超过 5 元的钱，他更是不敢将此事告诉父母，也不敢向父母要更多的钱，他只希望这些人能早一些远离他，不再纠缠他。

可是，事情还是在不久后的一天发生了。那天下午放学后，那几个孩子瞅准机会，将梓凯拽到一个没人的地方踢打了他一顿，将梓凯的鼻子和嘴角都打破了，脖子上还勒出了一道红印。

从那之后，梓凯就像生了心病，每天睡觉都不踏实，因为身体不好，梓凯的妈妈只好找亲戚带儿子去医院看伤。伤治好了，儿子的心病却治不好，梓凯每天晚上睡觉都不踏实，就是不想去上学。

【技巧】

看完上面的案例，我们深深地为自己的孩子感到担忧，一旦孩子遭遇勒索，不但让财物受损失，而且孩子没法安心下来好好学习。

孩子能够不受外界侵扰平平安安地上下学、在学校里每一天都能安心读书，是每一个家长的期望。可是，一些不法分子瞅准了防范能力弱、自我保护能力不强的小学生，试图从他们身上抢劫、勒索钱财，因此，发生在上学过程中的勒索事件时常见诸报端。

通常情况下，勒索者多是高年级或者校外社会上的青年小团伙、小帮派等，他们经常通过制造事端、恐吓威胁来勒索低年级孩子的钱物。

虽说现在生活富裕了，但小孩子的零花钱也不会太多，所以被勒索的钱财往往数额较小。尽管如此，也会给孩子的心理造成不利影响，以至于有的孩子产生恐惧心理，害怕上学，让家长深感惶恐不安和深切担忧。为此，家长们如何引导孩子防止和应对勒索行为成了家庭教育中的必要组成部分。因此，为了孩子的身心健康，家长应该在日常生活中多教给孩子一些预防他人敲诈勒索的方法。

1.放学后尽快回家，尽量走行人多的路

一般情况下，勒索者通常会把目标盯在一些喜欢在放学途中逗留的孩子或者那些在偏僻的小路上行走的孩子，因此，家长应嘱咐孩子放学后马上回家，不要走人少的小路，即使不得不走，也要和同伴一起。另外，平时穿着要朴素，不要乱花钱，避免引起别人的注意。

2.被勒索后尽快告知老师和家长，或者报警

一旦遭到勒索，要及时告知家长和老师，让家长和老师帮助，想出应对的方法。千万不要隐瞒事情，不要因为勒索者的要挟就不让家长和老师知道，因为一旦这样，勒索者就会一而再、再而三地进行勒索，到那时就会越来越麻烦了。

同时，当遭遇勒索，不要先想到以恶制恶，别找所谓的"朋友"为自己出头，那样只会造成恶性循环，正确的做法是和公安人员取得联系。如果把勒索者的相貌特征、去向等第一时间告诉警察，那么警察就会及时给予帮助。

3.教给孩子预防勒索的安全常识

①上学与放学尽量结伴而行，避免单独行动。

②和同学处好关系，宽容别人，不要动不动就跟别人大动干戈。

③别和有暴力倾向的孩子结成伙伴，与其保持一定距离。

④当遭遇校园暴力或者攻击倾向的情况，应及时告诉老师和家长。

方法 2：
告诉孩子要大胆揭发性侵犯

【关键词】 拿捏适度　健康的性观念　性教育

【要点提示】 安全无小事，这是每个父母都要牢记的问题。一旦孩子遭到侵犯，他们的身体和心灵都会受到严厉的摧残，或许其人生就会由此而改变。

【范例】

2011 年，小强和小明这两个还在读小学的男生在放学途中"越轨"，对同校一名未成年女生实施了性侵犯。

一日下午，小强的同班同学阿丽走在放学回家的路上，小明和小强把她叫住，说有话对她说，阿丽不明所以，就跟着他们来到一处空旷的坟地，谁知，小强和小明此时抡起藏在书包里的木棍便打向阿丽，随后又强行共同对阿丽实施了性侵犯。

阿丽的父母知道此事后马上报警，警方很快找到小明和小强，对此事展开调查。在调查过程中，警方从小明口里得到这样的说法，他们之所以有如此举动，是因为曾在网吧上网时看过色情电影。事发当天，他们"突然想起电影里的东西"，便实施了暴力行为。

还有一则让家长们更触目惊心的消息，我们一起来看一下：

小萍是一个读小学五年级的女孩子，可就在她这个年龄最隆重的节日"六一"前夕，她却成了妈妈——在学校卫生间里生下一个健康的男婴。

当看到这个突然降临的生命，小萍顿时惊呆了，她甚至不知道这是怎么回事。得知此事的小萍的同学、老师和家长也颇为震惊，因为在此之前，小萍和平时没什么两样，一切都照常。

面对师长的追问，小萍才道出了让人震惊的一幕：去年8月，在去老家的时候，她被一名男子侵犯过，因为害怕父母责骂，就一直没敢声张。

【技巧】

在每个家长眼里，孩子都是那棵需要用心去呵护的幼苗，都希望给孩子创造一个安全、安宁的成长环境，但是，总有一些不和谐的音符打乱孩子健康成长的脚步，让孩子的身体遭受伤害，让心灵蒙上阴影，特别是青少年遭受性侵犯的时候，往往由于害羞和害怕对方"揭私"而受同学讥笑，以致不敢揭发，导致身心受损。

心理学家表示，性教育是一个社会性的课题，尤其对家长来说，面对孩子的性萌芽，该如何教育引导是刻不容缓的问题。

可是，对于孩子的性教育，很多家长感到无从下手、无计可施，甚至不知道怎么开口和孩子谈论这方面的问题。这些家长不知道，要让孩子形成健康良好的性心理，家长的教育引导必不可少。专家建议，家长对孩子进行性教育可以遵循这样一个基本原则：男孩的性教育主要由父亲负责；女孩子主要由母亲负责，而且都需要循序渐进、拿捏适度。

安全无小事，这是每个父母都要牢记的问题。一旦孩子遭到侵犯，他们的身体和心灵都会受到严厉的摧残，或许其人生就会由此而改变。显然，这是每一个父母都不希望看到的。那么，我们该怎样引导我们的孩子预防和应对那些令人发指的性侵犯呢？

1.适时教育，不要回避

进入小学高年级的孩子正处于性的萌芽状态，家长首先要正视孩子已经萌芽的性心理现象，并抓住适当的时机对孩子进行教育，不能回避，比如，当看到电视屏幕上个别的"尴尬"画面时，与其迅速跳过，还不如将其作为一个切入点。专家建议，在对孩子进行引导教育时，可以给孩子设一个"底线"，只要别越过底线就可以。

2.储备知识，从点滴入手

闭门造车的做法显然是不行的，那样就好比无源之水、无本之木，所以，要想对孩子进行良好的性教育，家长需要储备相关知识，从生活中一点一滴的教育和引导入手，而不是丢给孩子一本书，或者干脆把书本上的东西一股脑儿灌输给孩子，这样都是不可取的。我们教育孩子的最终目的是让孩子树立正确、健康的性观念，让他们懂得遵守法律、明辨是非。

3.面对侵犯，拿起武器

很多孩子在遭受性侵犯后，就像上面案例中的小萍一样不敢声张，甚至有的家长也害怕让人知道，帮着孩子隐藏起遭受侵犯的"秘密"。其实这样做只会助长侵犯者的气焰，而让受害者承受更大的压力，因此，我们建议家长们要教育孩子，在面对性侵犯时，要做到如下两点：

①告知家长和老师，不要害怕威胁和报复。

②不能迁就，更不要隐藏，立即报告公安局，维护孩子的人生权利。

方法 3：
遇到陌生人搭讪，让孩子大声喊出"我不认识你"

【关键词】搭讪 设防 防御能力

【要点提示】我们应该告诉孩子，当遇到陌生人上前搭讪的情况后，要大声喊："我不认识你！"

【范例】

有个孩子名叫小容，跟随外婆一起生活，由于学校离家很近，每天上学放学都不用接送。

可这天早上上学的路上，有个陌生的老太太跟上小容，先是问她读几年级，又问她书包重不重，就这样一路上和小容搭讪着。

小容说，当时她努力地快些走，可是她快，老太太就快，她慢，老太太就慢。走着走着，两个人走到一辆车子面前，老太太突然对她说："看你书包这么重，不如坐我的车，让我送你吧。"说着老太太便拽着小容的胳膊往车上推。

当时，小容吓坏了，她大声喊道："我不上车，我不认识你！"然后小容用尽全身的力气从老太太手里挣脱出来，快速跑开了。老太太一看没把小容拉上车，又听她这么大喊大叫，索性赶紧上车，开走了。

【技巧】

成年人之间相互接触都需要有一定的辨别力，看看这个人值不值得交往再进行定夺。可是孩子没有这方面的能力，他们可能会因为别人给的一点儿好吃的食物、几句诱人的话而认为对方是好人，便轻而易举地上套，跟着"感觉"走了。

现在有很多孩子丢失，其中一部分原因就是孩子对于陌生人的警觉力不强，容易上当受骗。为此，家长们有必要多引导孩子不要和陌生人说话，尤其是父母不在场的情况下更要提高警惕，无论对方说什么也不要相信。这样，才会将图谋不轨的坏人给吓跑。

不少父母存在侥幸心理，认为这种不幸不会发生在自己孩子身上。也有的父母会担心，让孩子对陌生人如此设防，会不会影响孩子与人交往的能力？但是，我们奉劝有这样想法的家长，孩子的安全永远是第一位的，没有安全，就无所谓良好的成长、成功，所以，家长们千万不要觉得这是一件微不足道的小事，而应该高度重视起来。

1.有陌生人上前搭讪，要大喊"我不认识你"

那些不怀好意者诱骗孩子的方法常常是故意套近乎，比如说带孩子去吃什么好吃的、玩什么好玩的，或者有什么抽奖、游戏等活动。对于这样的引诱，孩子如果没有抵御能力，那么就会上坏人的当。我们应该告诉孩子，当遇到陌生人上前搭讪的情况后，要大声喊："我不认识你！"这样，坏人就会感到惊慌，因为他感觉到"这个小孩儿不好骗"，同时更怕周围的人听到，所以便会溜之大吉。孩子不具有辨别好人与坏人的能力，坏人很容易就把孩子骗走了。

2.有陌生人故意搭话，要赶紧告知家长或老师

坏人除了会通过一些措施试图骗走孩子之外，还会通过暴力方式将孩子抢走，因此，家长要经常对孩子说，遇到陌生人要带走自己的时候不要惊慌，而应赶紧告知家长和老师。如果距离家长和老师都比较远，那么就先往人多的地方跑，将人贩子吓跑。

3.让孩子知道跟着坏人走的危害

平时在地铁里、马路上，或者电视中，常会遇到一些以乞讨为生的残疾儿童。这些孩子中，有一部分是被人贩子拐卖后致残，然后有组织地出来行乞。父母可以借助这些现象经常对孩子说，如果被人贩子抢走，很可能会遭受和他们一样悲惨的下场，而且永远都见不到爸爸妈妈了，这样一来，孩子就会产生更为强烈的警觉，也就更加清楚跟陌生人走的害处了。

方法 4：
建筑工地很危险，多给孩子打"预防针"

【关键词】建筑工地危险性

【要点提示】要想让孩子避免出现危险，家长对孩子多进行关于建筑工地危险性的思想灌输是很有必要的。

【范例】

一个名叫钦钦的 8 岁男孩，从小就喜欢各种车辆，每次看到建筑工地上的车都会驻足观望一会儿，似乎觉得那个大家伙无比神气似的。

这一天，趁着父母睡午觉，钦钦便偷偷溜到小区里正在建设的第三期楼盘的工地上玩。建筑工人们中午不休息，忙得热火朝天的，其中一个工人叔叔看到钦钦，还提醒了他一句，让他离远点儿，可钦钦深深地被工地上的铲车给吸引了，目不转睛地盯着看。

谁知，铲车上忽然掉下一块小碎石子，正好落到钦钦的头上，由于从高处落下所带来的较大冲击力，钦钦的头顿时就被砸破了，流出了血。

幸亏有工人听到孩子哭声后赶紧跑过来，抱着钦钦去了离工地不远处的一家医院。

【技巧】

不管是城市还是乡村，建筑工地都是常会出现在我们身边的事物。看着一栋栋高楼大厦在建筑工人的手里一点点成型，的确是件让人兴奋和欣喜的事。可是，家长们可不要忽略了，建筑工地可是个危险的所在地，那里不仅有砖瓦石料等建筑材料，还有塔吊、水泥车等庞然大物，被其中任何一个砸到或者碰到，小则受伤，大则送命。

事例中的钦钦出于好奇到建筑工地玩，结果被小石子砸头受了伤。试想，如果落下的是一块大石头或者大砖头，那么钦钦的小命是不是就没了？看得出，钦钦的父母在这方面对孩子进行的教育远远不够，孩子对于建筑工地的危险性没有足够的认识，因此，要想让孩子避免出现危险，家长对孩子多进行关于建筑工地危险性的思想灌输是很有必要的。

所以，即使你的孩子对于建筑工地非常好奇，很喜欢去那里"观摩"，也不要答应他。不但如此，还要提前多打"预防针"，让"建筑工地很危险"这一概念深入孩子的意识，这样，不但孩子小的时候会有意识地远离，即使在他大了之后，也会望之生畏，不会随意靠近。

1.让孩子知道建筑工地藏着很多危险

当建筑工地各种机器轰轰作响、各种车辆进进出出，对于很多孩子，尤其是一些小男孩来讲是个不小的诱惑，可是，他们并不清楚其中隐藏的安全隐患。比如，各种机械如挖土机、搅拌机、起重机等，一旦蹭上，后果就不堪设想；还有钢筋、碎砖头等到处都是，同样危险重重。家长在平时可将这些告诉孩子，让孩子对建筑工地的危险性有一个比较明确的认识，这样，他就不会因为贪恋好玩而跑到工地去，从而也就避免了很多危险的发生。

2.玩耍打闹时，要远离建筑工地

建筑工地有围墙，有成堆的砖瓦，对于年幼无知的孩子来讲，这些简直就是个现成的捉迷藏的地方。为此，有一些小朋友喜欢到工地打闹着玩或者做游戏，可是，这样很可能会被绊倒、擦伤、扎伤等，甚至会因为一不小心而丧失性命，因此我们要叮嘱孩子远离建筑工地，眼睛别盯着工地上频频闪烁的电焊的火花，因为它的火花含有高强度的紫外线，很容易灼伤眼睛。

3.全副"武装"，带孩子到建筑工地看看

前面我们提到，建筑工地对于好奇心重的孩子来讲充满了极大的诱惑力。很多时候，家长只是单纯地告诉孩子远离建筑工地，不一定能起到什么作用。家长可以带孩子到工地实地参观，当然最好选择工地停工的时候。在进入工地之前要戴好安全帽，穿轻便的鞋子，给孩子讲解那些他们很想了解的东西，这样，既可以满足孩子的好奇心，也让孩子知道了建筑工地的"神秘"所在。那么下次，当他再经过工地时，应该就不会再去探险了。

方法 5:
轿车中的安全隐患不容忽视

【关键词】安全座椅 乘车事故

【要点提示】家长们需铭记：你的谨慎和防范就是孩子的安全！

【范例】

高兴小朋友家住北京通州区某小区，2012 年春节前夕，她随爸爸妈妈和堂哥一起回山西老家。一开始由爸爸开车，到了西柏坡附近时，车辆明显少了下来。这时候，刚刚拿到驾照不久的堂哥想练练手，就坐到了司机的位置上。

起初，这位新司机开得还算不错，但到了一段稍微弯曲点的山路的时候，就有点手足无措起来。高兴的爸爸想把车接过来开，可她的堂哥却不肯，而是坚持开，并说没问题。

一路上，高兴和妈妈有说有笑，特别是看到有山脉或者农民家的马牛羊出现的时候，就更是兴奋得手舞足蹈，还时不时激动地站起来。

车行驶至一个拐弯处，就在高兴站在车里扶着副驾驶座位的靠背和爸爸聊天时，前方忽然窜出一辆车，司机赶紧避让，慌忙之下踩了刹车。这时候，只听"哐当"一声，高兴的头撞到了坐在副驾驶位置上的爸爸的头上，顿时起了个大大的包。

虽然没有大碍，但足够让一家人心惊胆战的，高兴更是吓得号啕大哭。

更让高兴的爸爸妈妈感到难过的是，从那之后，孩子就害怕坐车了，每次出行都要坐地铁或者公交车，好像对轿车产生"后遗症"了。

【技巧】

私家轿车已像雨后春笋般"开进"了千家万户，成了人们日常短途出行时非常重要的交通工具。更是有不少家庭因为孩子的到来，便于接送孩子上学放学或者外出游玩而购置了一辆家庭轿车，作为代步工具。

可是，家长们是否考虑过，私家车为我们带来方便的同时，也时时处处考验着我们的态度。我们是否为小一些的孩子购置了质量过硬的安全座椅？有没有单独让孩子一个人在车上？孩子会不会坐在副驾驶的位置……

上述事例中，高兴小朋友虽然没受严重的外伤，但此次小意外给她的心理带来的阴影是不容置疑的。其实，孩子发生乘车事故多和家长的防范程度有关。试想，如果高兴的爸爸妈妈不同意刚拿到驾照的堂哥来开车，而是让爸爸这个老司机开车，或许就不会出现这一急刹车的情况；或者家长让孩子老老实实地坐在座位上，而不是双手扒着前面的座位靠背，也许同样不会出现意外。

因此说来，家长在孩子乘车安全的过程中起着至关重要的作用，希望家长们铭记：你的谨慎和防范就是孩子的安全！

1.给孩子系好安全带，而不是由大人抱着

乘车时，有的家长将孩子抱在怀里，以为这样会很安全。其实，即使在车速很慢的情况下，这样做也起不到对孩子的保护作用。正确的做法是，让孩子乘车系好安全带，当然，安全带要适用于孩子，而不要根据大人的乘坐需要来设定。我们可以让小一些的孩子坐安全座椅，大一些的孩子则要坐在安全坐垫上，这样孩子的位置就被垫高了，孩子就可以使用正常的安全带了。

2.不要让孩子坐在副驾驶的位置上

浙江省宁波市曾发生过一起轿车和皮卡车轻微刮蹭事故。虽然是个小小的交通意外，但是其结果却足以让人痛心。原来，由于轿车前排的安全气囊弹出，导致坐在副驾驶位置的8岁男孩的气管及颈椎断裂，最终抢救无效，离开了人世。

事实上，因为孩子天性好动，单独坐在前座的话，汽车上的中控台、排挡杆等都有可能成为他摆弄的"玩具"，这都容易造成事故。为了安全着想，家长千万不要让孩子坐在副驾驶的位置上，而是坐在和司机斜对角的右后方。

3.别让孩子在车里做游戏

有的家长自身安全意识不强，任由孩子在后行李厢独自玩耍，殊不知，这是非常危险的，因为车子在行驶过程中会出现颠簸，如果孩子撞到车内硬物很容易受伤，所以，家长一定不要让孩子在车里做游戏。

方法6：
对"洋快餐"说"不"

【关键词】食品安全　健康的危害

【要点提示】作为家长，一定要警惕洋快餐对孩子健康的危害！

【范例】

7岁的童童看了电视上洋快餐的广告，就闹着要吃洋快餐。妈妈拗不过他的任性，就带他去了，他不仅吃得满嘴流油，还和小朋友们在滑梯上玩得不亦乐乎。离开的时候，餐厅人员给童童拍照签名留念，还送给他一只玩具熊，童童高兴得不得了。

洋快餐好吃，又有礼物赠送，这使得童童对洋快餐情有独钟，隔三岔五就要求去一次。童童对洋快餐上了瘾，对家里的饭就不太感兴趣了，而且童童的体重明显上升，竟然超标 10 斤！

眼看儿子就要变成小胖墩，而且也越来越不喜欢运动了，童童的妈妈开始担心，照这样下去，恐怕不只是胖的问题，还有可能有毛病。当童童又闹着要吃洋快餐时，妈妈一气之下打了儿子一巴掌，但是看着儿子哭红的小脸，妈妈又有些于心不忍。妈妈开始反思，让儿子远离洋快餐，打他肯定不是最好的办法。

为了找到有说服力的理由，几天之内，童童的妈妈就搜罗到一堆证据：报纸、杂志、动画片里的小胖墩及有关吃洋快餐的种种害处，她拿给童童看，童童连声说："太胖了，太胖了！真丑！"妈妈又告诉他，吃多了洋快餐，就会这么胖，跑步都跑不动，而且还可能会得哮喘病。童童有些害怕了，妈妈又温和地对儿子说："以后，咱们要少吃洋快餐，洋快餐对身体不好。如果你想吃，咱们就一个月吃一次，好吗？"童童懂事地点点头。

对抗洋快餐，童童和妈妈终于取得了阶段式的胜利。

【技巧】

"如果你表现好，妈妈带你去吃肯德基"、"宝宝表现不错呀，周日爸爸请你吃麦当劳"……这是生活中随处可见的用洋快餐来奖励孩子的方式。

这些父母或许不知道，洋快餐虽然吃起来美味，但是对身体的伤害却是很大的！洋快餐无论从材料还是制作过程，都不利于营养元素的保存，作为家长，一定要警惕洋快餐对孩子健康的危害！

在洋快餐里面，主食以高蛋白、高脂肪、高热量为特点，而小吃和饮料则是以高糖、高盐和多味精为主。相反，人体所急需的纤维素、维生素、矿物质则很少。

使孩子远离洋快餐，童童妈妈的做法很值得广大父母借鉴。为了使影响孩子健康的食品"杀手"撤离，家长一方面需要掌握必要的食品安全知识，另一方面需要采取合理的方法，让洋快餐远离孩子的身边。

1.家长要进行积极的心理预防

生活中，家长可通过和孩子聊天的机会灌输洋快餐的危害性，比如，对孩子比较崇拜或喜欢的人物，可以告诉他，这些人在小时候就不喜欢吃垃圾食品，所以才这么漂亮、勇敢、厉害！对于这样的观念，小一点儿的孩子可能不会马上理解，但重复的次数多了，他心里会有一个概念：爸爸妈妈不赞成我吃太多这些红红绿绿的东西。等到再有贪吃的欲望时，他就会犹豫。

这是一项长远的说服工作，等孩子大一点儿，有了分辨能力和自制能力，家长的话会潜移默化地影响他今后对食物的选择。

2.转移注意力

当孩子看到周围有小朋友吃洋快餐，难免会"眼馋"，这时候，一旁的家长可以将孩子的注意力转移到别的游戏上，比如"游乐场那边的秋千你还没玩呢，现在过去玩一会儿怎么样？"或者"这地方太小，脚踏车跑不快，我们到花园那边去，让汽车和脚踏车赛跑"，等等。这样一来，孩子就会把注意力从小朋友的食物上移开，玩得高兴了，自然就把洋快餐忘掉了。

3.丰富日常饮食

在平时的饮食中，要尽可能让孩子多吃水果、蔬菜、坚果、红枣、奶制品之类富含维生素和矿物质的食物，把他那小小的胃占满。饱饱的感觉不会让孩子再生出吃其他食物的欲望，同时又对孩子的健康有益。

方法7：
让你的孩子远离"添加剂"

【关键词】身体健康 添加剂

【要点提示】家长要尽量让孩子少吃或者不吃小零食，以维护他们的健康。

【范例】

据某报纸报道，2012年5月27日，该报记者在北京海淀区某小学门前看到，放学后几乎每个孩子手里都拿着小零食。与严肃的学校相比，小卖部仿佛一个童话世界，大罐子里插着五颜六色的棒棒糖，货架上堆着包装鲜艳的膨化食品、干脆面等。记者请张师傅拿了3种孩子们最爱买的零食：番茄味的"××"膨化食品、日式牛排味的"××"粟米粒、"××"小比萨橡皮糖。下课铃声一响，成群的孩子争先恐后地跑出校门，其中有一半都涌向了张师傅开的小食品店。

随即，该报记者刚打开"××"粟米粒的袋口，一股浓郁的牛肉味扑鼻而来，但在食品配料表中并没有看到任何和牛肉有关的成分，只有"日式牛排味调味料"几个字，它是由白砂糖、淀粉、食品添加剂，包括谷氨酸钠、焦糖色、食用香料、二氧化硅、阿斯巴甜（含苯丙氨酸）等成分调和而成的。记者数了数，在这3种食品中，共包含25种添加剂，尤其是小比萨橡皮糖里，配料表中仅着色剂一项里就包含了柠檬黄、诱惑红等6种。

在另一家超市里，该报记者在一袋号称"添加果汁和维生素 C"的草莓味 QQ 糖配料表上，同样没有看到任何和新鲜草莓有关的配料。实际的草莓味来自草莓香精，还有明胶、果胶、柠檬酸、山梨糖醇等各种添加剂，还有一种"××"情人果冻添加剂达到了 14 种，其中各种口味的香精和色素就占据了 8 种。

【技巧】

商家为了自身利益，极尽生产之能事，制造出各种各样的添加剂，满足了孩子们的味蕾，却也剥夺了孩子们的健康。不断曝光的食品安全问题早已将焦点转到了孩子身上：2012 年 5 月 25 日，某电视台曝光了校园周边小食品的安全问题："巴西烤肉不是肉，辣子鱼不是鱼"，都是小作坊用面粉和添加剂做出来的面制品；5 月 27 日，某地质量技术监督局对儿童食品进行专项监督检查结果显示，抽查批次合格率仅为 86.3%，其中超量使用食品添加剂是主要问题；5 月 28 日，某市工商局公布 60 种滥用甜味剂、防腐剂、着色剂的食品名单，其中不乏孩子爱吃的品种；山东、辽宁、广东、广西等地，也有不合格的儿童食品相继被披露。

看到这样的调查结果，家长们或许只能感叹一声：看来只有自己做的食物最安全，买什么给孩子吃都不让人放心了。

事实上，很多受到孩子们欢迎的小零食正和"附着"在它们身上的添加剂一起，危害着孩子的健康。为此，食品安全、营养等方面专家向社会疾呼，儿童食品添加剂问题更需要引起重视！那么，作为孩子的监护人，也是最应该为孩子的健康负起责任的家长来说，更应该引起重视。

味美香甜的小食品不知道吸引了多少孩子，使他们迈开兴奋而匆忙的脚步奔向一个个零食柜台前，可是，这些食品表面上光鲜亮丽、味美可口，可是却暗藏着巨大的风险，如果长期食用，说不定会让孩子的身体健康受到牵连，到那时，家长再后悔恐怕也来不及了。

与其如此，我们不如从现在起就多加注意，尽量让孩子少吃或者不吃小零食，以维护他们的健康。

1.影响儿童健康的五大食品"元凶"

一位教授表示："看着漂亮、闻起来香，孩子们才喜欢，为了达到这个目的，商家往往会使用更多的添加剂。但过量食用添加剂对孩子的身体、骨骼、神经系统乃至智力发育都会有影响。"作为家长，要特别留意以下5种添加剂。

①鲜艳的"外衣"——很多零食、糖果和果味汽水中都会被加入人工色素，这是因为天然色素成本高、着色能力差，为了缩减成本，商家便选用人工色素，它在提炼过程中会混入苯胺、砷等化学物质，具有不同程度的毒性。

②绝佳的香味——很多小食品在打开包装后，会有一股香味扑面而来，这种食品肯定是由多种添加剂人工合成，而其中有一种就叫增香剂。

③人造的甜蜜——有一种名叫阿斯巴甜的东西，它是一种人造的糖替代品，比蔗糖甜200倍。有研究认为，它会引发多种健康担忧，如导致癌症、癫痫、头疼以及影响智力等。

④不坏的法宝——自己制作的食物存放时间很短，而买来的小零食为什么能存放很久呢？这是因为增加了防腐剂，像苯甲酸、苯甲酸钠等都具有防止食品腐败变质、延长食品保质期的功能。对于防腐剂，欧盟儿童保护集团已将其"屏蔽"，但由于监管不严，一些商家还会将其使用在儿童食品中。

⑤美味熟肉背后——很多香肠等袋装熟食肉制品往往都含有一种名叫亚硝酸盐的致癌物质，它可以起到着色和防腐的作用，因此会受到不少商贩的青睐。如果大量食用亚硝酸盐，不但会引起急性食物中毒，也会增加患癌症的风险。

2.学习日本"食育"，让孩子爱上天然食物

我们为孩子选择食品，绝不能只看包装和花样，而更应该注重营养和安全，这就需要家长和孩子一起意识到天然食物的重要性。在我们的邻国日本，这一点已经做得比较完备。虽然中国现在还没有完善的"食育"体系，但家长可以从最基础做起，比如少买颜色过于鲜艳、味道过于香浓的食品；多给孩子挑选天然的水果和蔬菜；食品保质期越短越好，等等。

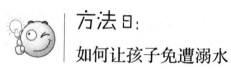

方法9：
如何让孩子免遭溺水

【关键词】 健身运动　溺水事故　风险

【要点提示】 游泳虽然是一种好的健身运动，但是也存在很大的风险。

【范例】

2011年6月18日，长沙市某学校4名学生放学后来到某自然水域游泳。几人中，只有一人稍识水性。当时，识水性的孩子下水试了试，没有发生意外状况，另外一个孩子不懂水性，下去后不小心脚下滑了一下，当即就被水冲走了。识水性的孩子赶紧上前搭救，可是河水汹涌，两个人都被河水吞没，其他两个还在岸边的孩子开始呼救，民警迅速赶到。但是由于河水湍急，两个孩子早已不见踪影。

还有一个事例，其中一位当事者是这样描述的：

"暑假，漫长而又炎热。每次一到暑假，我都会和朋友到少年宫的游泳馆去游泳。但是这个暑假，我却不能去，因为发生了溺水事件。

"那一天，游泳班像往常一样上课，有一个小孩趁教练不注意游到了深水区，等到他感到害怕时为时已晚。他极力挣扎，感到自己的身体慢慢往下沉，想叫教练，但教练已听不见他微弱的求救声，因为他的求救声早已被其他孩子的嬉戏声所覆盖。他沉了下去，只有平静的水面还冒着泡。

"等到教练发现他时，把他救了上来，火速送往医院。经诊断，大脑已经死亡，他成了植物人。溺水事件的发生引起了人们的高度重视，游泳馆停业整顿，再也不允许去游泳了。"

【技巧】

通过上述两个事例，我们可以看出，不仅自然水域充满了危险，就连人工水域如游泳馆也同样会发生溺水事故。由此可见，游泳虽然是一种好的健身运动，但是也存在很大的风险。

每到夏季，媒体上总会时常报道出几起儿童溺水事件，有的是在自然水域游泳不慎落水，有的是一个人溺水，其他伙伴施救，结果人没救上来，自己也跟着丢掉了性命。

对于这样的事故，别说孩子的亲人，就连身为家长的我们看到后都感觉痛心，那么宝贵的小生命就这样消失了，实在是可惜。

应该说，这些失去生命的教训也为所有家有幼童的家长们敲响了警钟。那么，我们怎么做才能让孩子不至于遭溺水之劫呢？

那么对于家长来说，要想防止孩子溺水，有哪些好的办法呢？

1.教给孩子一些安全游泳的知识

①不要在饭前或者饭后游泳，这是因为空腹游泳会影响食欲和消化功能，容易让人头昏乏力，而吃饱了肚子游泳也会影响消化功能，容易产生胃痉挛、腹痛等现象。

②游泳前先做好准备活动，比如先用水往身上拍打一会儿，这样便可缩小水和人体体温之间的差异。另外，不要在剧烈运动之后游泳，因为剧烈运动本身就会增加心脏负担，再接着游泳的话容易患感冒、咽喉炎等。另外，还要准备好游泳帽、游泳镜和耳塞等。

③家长应告诉孩子，一定不能去自然水域游泳，而应由家长陪着去游泳馆等人工水域游泳。

2.让孩子注意游泳安全

①家长应告诫孩子，要想游泳首先得遵守泳池的规则，比如，不要在无专业人员指导的情况下冒险跳水，否则容易受伤。

②假如游泳技术不熟练，在遇到危险时必须大声喊"救命"以寻求帮助，如果没有人来帮助自己，那么也一定要保持冷静，并设法自救。

③如果在游泳过程中发生呛水，不要慌张，可以先在水面上闭气静卧一会儿，然后再把头抬起来，调整呼吸动作，这样很快就可以恢复正常，不然的话，有可能引起喉头痉挛，造成溺水。

方法9：
让孩子避免在踩踏事件中受伤害

【关键词】踩踏事件　保持冷静　安全防护意识

【要点提示】踩踏事故之危害已经成了我国需要面对的重大公共安全课题。

【范例】

2009年12月7日晚10时许，湖南省某市辖区内的一所私立学校发生了一起严重的踩踏事件，共造成8名学生遇难，26名学生受伤。这一惨剧发生在当天晚上9时许晚自习下课之际，孩子们在下楼梯的过程中，由一名学生跌倒骤然引发。

据该校的一名学生回忆说，当天晚上9点10分下晚自习后，他从4楼的教室走到3楼楼梯口的时候，看到好多同学都挤成了一团，人流缓缓地挤到二楼至一楼的楼梯间，拥挤变得更加厉害。突然，有几个人摔倒在楼梯间的平台上。

这名学生说，前面的学生摔倒后，后面的学生还以为前面有人在故意拦他们，于是拼命往前挤。该学生被夹在人流中，忽然感到被人从背后猛然一推，往前便倒下了。在此紧急关头，该学生赶紧用一只手撑在地上，头部顶在一个靠在墙角的同学的脚上，在他的身体下面还有一个同学，上面也有一个同学压着他。

这时候，这名学生无法脱身，他表示，自己当时十分害怕，到后来看到有手电的光泽闪动，知道是有人来救援了，心才稍稍放松。

相对于这个孩子来说，其他二三十名孩子就没这么幸运了，他们轻则被挤压受伤，重则因为严重挤压，窒息而死亡。

【技巧】

踩踏事故之危害已经成了我国需要面对的重大公共安全课题。对家长们来说，为了让我们的孩子避免遭此伤害，我们有必要对孩子进行相关的教育，保护好孩子的安全。

当听闻鲜活的生命在踩踏中变为无声的亡灵，实在让人痛心，怪不得有人把踩踏事故称为"校园里的矿难"！我们知道，由于孩子活泼好动，再加上自我保护能力差，使得他们遭受严重踩踏事故的可能性更高。而作为孩子监护人的家长，我们必须尽自己所能地保护好自己的孩子，让孩子远离此类伤害。

1.在突发事件面前，教孩子冷静对待

孩子的经历少，而且平时多由父母保护和关照，自己应对一些紧急情况的机会几乎没有，这就需要父母适当地给孩子灌输相关知识，以增强孩子的安全防范意识和自我保护意识。我们首先让孩子学会的，就是在突发事件面前冷静对待。因为当处于恐慌、愤怒等情绪中时，人是最容易失去理智的，危险也就容易在这时候发生了，所以，我们要让孩子不管什么时候都保持冷静，学会判别危险，并设法离开危险境地。

2.告诉孩子不要到人群密集的地方去

有的大人爱凑热闹，好奇心强的孩子就更是如此，所以他们喜欢到一些人群密集的地方去。可是，孩子们不知道，这些地方是比较容易发生踩踏事故的，一旦发生，危险相当大，比如球场、商场、影院等，这些场所都隐藏着潜在的危险，如果一定要去，也要让孩子加强自我保护意识，免受伤害。

3.当遇到前面有人摔倒时该怎么办

有的孩子遇到踩踏事故时不顾一切向前冲，或者慌了神，干脆随着拥挤的人群倒下去。其实，这时候最应该做的是大声向后面呼喊，好让后面的人知道此处发生了什么事，否则，后面的人就会继续往前挤，危险也就更容易发生。另外，我们还应告诉孩子，当发现拥挤的人群倒向自己这边的时候，应该立即避到一旁以躲避踩踏。如果被人推倒，要想办法让身体靠近墙壁，将身体蜷缩成球状，用双手及手臂抱紧头部，双膝抵住脏腑等器官。

方法 10:
遭遇洪水，镇静自救和求救

【关键词】遭遇洪水　避险和自救　浮力自救

【要点提示】洪水一旦来临，往往会毁掉我们的家园，夺走我们的生命。

【范例】

可可是北京石景山区某小学三年级的学生。2011年暑假期间，她跟随妈妈到海淀区的舅舅家做客。舅舅家里有个和可可同岁的表妹圆圆，两个小姑娘在一起玩得很开心。

妈妈本想带可可回石景山的家里，可是可可一定要住下，圆圆也非要她住下。妈妈拗不过，只好答应了。

第二天下午，两个小朋友一起出门玩，由于玩得尽兴而没有注意到阴云密布的天空，而舅舅和舅妈在家打麻将，也没顾上找两个孩子。

不一会儿，天空中忽然下起了大雨，可可和圆圆只好躲到一家商场的门口避雨。雨越下越大，半个多小时后，路面已经成了"大河"，很多车辆停在路上，车身都陷进了水中大半截。

可可和圆圆有些害怕了，眼看着天空越来越黑，她们只好等雨小一些后走回家去。雨终于渐渐小了下来，可可和圆圆不顾路面上的深水，互相搀扶着踏进了"河"里。

刚走了没几步，可可就吓哭了，她长这么大还从来没见过这么大的水，更没有在这么深的水中步行过。圆圆也慌得手足无措，和可可一起哭起来。

幸好执勤的警察发现了两个无人看管的孩子，把她们领到安全的地方，询问了她们的家庭住址，并把她们送回了家。

【技巧】

很多70后、80后的家长朋友可能对于1991年和1998年我国出现的两次特大洪水仍然记忆犹新。洪水的威力也着实震撼着我们的心。试想，如果我们的孩子遭遇这样的洪水，他们会不会沉着应对呢？不用问，每个家长都希望自己得到的答案是肯定的。

的确，洪水无情，一旦来临，往往会毁掉我们的家园，夺走我们的生命。那么，如何让我们的孩子在如猛兽般的洪水面前镇定自若，并积极采取措施避险和自救，则是家长们责无旁贷的职责。

洪水来临，往往是势不可当，并且迅雷不及掩耳。当遭遇这种情况，像上述事例中没见过更没经历过这么大雨水的可可和圆圆不被吓坏才怪。被吓到其实还在其次，更主要的是由于不知道如何在紧急情况下自救和求救而导致危险的发生。那么，为了孩子的安全，作为家长有必要让孩子学一些相关的知识，好让孩子在遇到洪水时避免危险的发生。

1.时常对孩子进行防洪教育

我国南方地区每到夏季容易发生洪水，而近些年，北方一些地区也时常被突如其来的大水"造访"，所以不管是生活在南方还是北方，家长们都有必要教孩子一些防洪自救的知识。

其中，加强孩子的防洪训练是至关重要的一项。有些学校会定期不定期地组织一些遇到火灾、洪灾时的逃生演习，还有一些专门的教育机构也会有类似的训练项目，家长们可鼓励孩子多参加这样的活动，以提高孩子的自救自护能力。

2.了解天气情况，提前做好准备

夏季是雨水多发的季节，容易暴发洪水等自然灾害，这就需要家长及时了解天气情况，同时也要让稍大一些的孩子养成每天听天气预报的习惯，这样便可根据媒体提供的相关信息，然后结合自己所处的位置和条件冷静地选择最佳撤离路线。另外，我们还要告诉孩子需要掌握认路标的本领，因为只有明确撤离的路线，才能避免走错路，否则危险会更大。

3.洪水已至要冷静自救

对于孩子来说，他们对于突如其来的洪水可能会恐惧，也可能会觉得好玩，这两种情绪都是不利于逃生和避难的。家长们应教育孩子，在遭遇洪水时，一定要保持镇定的情绪，然后可利用现有条件实施自救和求救。

①要善于利用临时救生物品，例如，体积大的容器，油桶、储水桶等。迅速倒出原有液体后，重新将盖盖紧并密封。如果没有这些东西，也可以将空的饮料瓶、木桶、塑料桶等捆扎在一起应急。

此外，足球、篮球、排球的浮力也很好。如果以上这些东西都没有，也来不及找的话，可以借助树木、桌椅板凳等木制家具的浮力自救。

②洪水来得太快，来不及退避时，尽量利用一些不怕洪水冲走的材料，如沙袋、石堆等堵住房屋门槛的缝隙，减少水的漫入，或者立即爬上屋顶、楼房高屋、大树、高墙做暂时避险，等待援救，不要单身游水转移。

③如果已经落入水中或一不小心掉进水里，千万不能惊慌失措，要立刻屏息并捏住鼻子，避免呛水，然后试试能否从水中站起来。如果水太深，站不起来，又不能迅速游到岸上，就要立即脱掉鞋子，努力踩水助游并抓住身边漂浮的任何物体。将头露出水面，调整呼吸。浪高水急时不要做无谓的挣扎，尽可能节省体力，及时躲避旋涡及水中夹带的石块等可能伤及身体的重物，同时要迅速观察四周，看看是否有露出水面的固定物体，并向其靠拢。要设法发出求救信号，如晃动衣服或树枝、大声呼救等。

 方法 11：

地震来了，该如何避震

【关键词】地震来临　避震

【要点提示】作为家长，你懂得如何引导和教育孩子，让他避免遭受地震的伤害吗？

【范例】

小美是一所小学五年级的学生。地震发生的当时，她正和同学们在操场上上体育课。体育老师讲完当天的一些内容后，让孩子们自由活动。

然而，就在小美和几个同学走到单杠旁边的时候，突然地动山摇，地震发生了。没见过地震的孩子们一下子都被吓傻了，哭的哭，叫的叫，有的同学被吓得呆呆地站在晃动的地面上，被不断摇晃的大地颠簸得左摇右晃。

而小美则在紧急关头立即趴在地上，并使劲儿抓住身边的单杠。地震过去后，很多同学都受了伤，摔得鼻青脸肿的有的是，而小美则因为懂得避震小知识而让自己安然无恙。

【技巧】

不管是 1976 年的唐山大地震，还是 2008 年的汶川大地震，在许许多多的生命被地震的魔爪掳掠的同时，仍有一些人利用自己所掌握的避震方法而逃过此劫，获得新生。

对于如何逃脱地震的魔爪，很多家长也格外关心，大家都希望万一自己的孩子遭遇地震能够成为幸运者之一。那么，作为家长，你懂得如何引导和教育孩子，让他避免遭受地震的伤害吗？

每一个父母都希望自己的孩子能够在地震发生时成为像事例中小美这样安然无恙的那一个。其实，要做到这一点并不是太难，只要家长教会孩子一些相关的避震知识，那么我们的孩子很可能就会成为幸运的那一个。

1.和孩子一起做好防震准备

有的地区处于地震带，发生地震的概率要高很多。对于这样一些地区，家长应该和孩子一起做好家庭防御准备，具体如下：

①储备一些必要的物品，并放置妥当，以便发生情况时及时携带。这些物品包括：饮用水、饼干等食品；常用的药物；手电筒、被褥、半导体收音机等。

②由于地震造成的晃动，容易使重物倾倒而砸伤人体，因此家长们应将墙壁上、屋顶上装饰用的重物取下来，衣柜上面也不要放置较重的东西，床要避开外墙和房梁放置，同时妥善处理煤气罐、酒精等易燃易爆及有毒物品。

2.因地制宜采取避震措施

发生地震的时候，有的人在室外，有的人在室内，有的人住在平房，有的人住在楼房，有的人在教室，有的人在商场……可以说，每个人所处的环境千差万别，而每一种环境又有其特定的避震方式，这是因为选择哪一种避震方式要看客观条件，比如，是跑到室外还是就地避险。

①家住平房要这样做

如果住在平房，那么要尽量跑到室外的开阔地带来避震。如果没办法跑出去，就躲在低矮并且坚固的家具旁边。

②住在楼房里要这样做

在楼房里避震，最好的地方要数卫生间了，因为这里结合力强，管道也因为经过处理而有较好的支撑力，抗震系数较大。

③在学校中要这样做

地震的发生往往猝不及防，如果正在学校上课时发生地震，就要在老师的指挥下迅速逃离教室。如果来不及，那么就立即抱住头部、闭上眼睛，然后蹲在自己的课桌旁，等待地震过去。需要注意的是，一定不要稀里糊涂地乱跑或者跳楼，因为往外跑容易被砸伤甚至砸死，跳楼也容易摔伤或者摔死。

④在街上行走时要这样做

地震来临，街上高层建筑物的玻璃碎片和楼体外侧的混凝土块以及广告招牌等都可能掉落，砸伤过往行人，因此，家长们应告诉孩子，如果在街上行走时发生地震，最好用身边的皮包或者柔软的物品顶在头上，如果没有物品就用手护住头部，同时注意远离电线杆和围墙，跑到较为开阔的地方躲避地震。

方法 12：
让孩子做个意外受伤能自救的小勇士

【关键词】突发情况　镇定　急救常识

【要点提示】如果你的孩子独处时发生了意外，他能够做到自我急救吗？

【范例】

前不久，天天的爸爸就想好了一套训练孩子处理意外受伤时如何自救的游戏，回家后便开始"操练"起来。

回到家后，天天的爸爸对儿子及家人们说了这个游戏，其中救人者是儿子天天，"病人"则是他自己。他讲了一些基本的伤口包扎、止血技术和心脏病急救方法后，游戏就开始了。

"哎哟！"正在客厅看书的天天听见爸爸在阳台上大喊了一声，便急忙跑了过去。

"怎么了，爸爸？"天天见爸爸左手的食指"鲜血"直流，忙问道。

"不小心割破了，伤口太深。哎哟，痛死我了！"爸爸"痛苦"地呻吟起来。

"爸爸，你忍耐一下，我来帮你包扎一下吧。"天天说完，转身跑到爸爸的书房，从书架的下端抱出一个小箱子，从里面拿出绷带、医用剪刀、酒精、医用棉签，准备替爸爸包扎"伤口"。

"天天，别着急，要想止住爸爸伤口的血，你还忘了一样重要的东西。"

爸爸提醒道。

"真是的，我怎么一着急就忘了一样关键的东西呢？"天天说完，再一次转身跑向书房，手忙脚乱地从小药箱里翻出"云南白药"，又跑回客厅。

"爸爸，快包扎完了，很快就不会痛了。"天天帮爸爸清洗完"伤口"后，在爸爸的指导下，细心地在创伤面上撒上药粉，再用绷带一圈圈地缠上。

"不错，干得好！"爸爸夸奖了儿子，"不过，如果真的发生了事故需要你急救时，你一定要冷静、要迅速，像你刚才不是忘了拿这，就是忘了拿那。真的有伤员在你面前时，你这样把时间花费在寻找东西上，就会耽误抢救的最佳时间，记住了吗？"天天点了点头。

"另外，如果是爸爸或其他人的伤口较大，伤势严重，你应先拨打120或999，然后再进行急救，这样就不会耽误抢救时间。"爸爸接着说道。

"知道了，爸爸，如果我以后再碰到了这些事情时，我相信我能做得很好。"天天自信地对爸爸说。

【技巧】

看完这个事例，我们不得不感慨，天天的爸爸的确是一位善于教导孩子应对意外伤害的能手。他用这种"演练"的虚拟形式，让孩子亲身体验如何应对意外伤害，很值得家长们借鉴和学习。

家长们都希望自己的孩子成为一个小大人，可具体到生活细节中，却又往往舍不得让孩子插手本可以做到或者尝试的事情。这样一来，孩子的独立意识、自主能力都将得不到培养，而依赖性和无主见等缺点则会因此滋长。

这些孩子一旦失去了家长这个拐棍，遇到问题时就会手足无措，不知如何是好。可是我们要知道，有些时候说不定就会遭遇什么样的突发事件，比如家长忽然有急事处理而只能让孩子独自待在家中，孩子不会自己上厕所大小便怎么办? 孩子不小心划破了手指或者烫伤了皮肤, 没有父母在场怎么办?

如果你希望孩子在这些突发情况和意外受伤事情面前能够镇定自若、勇敢面对并采取正确的措施来处理, 那么就有必要放开手, 多培养孩子这方面的能力, 多提供这样的锻炼机会。其实, 教孩子一些基本的急救方法是很有必要的, 这本身也是孩子所需要的人生经验和技能。

在培养孩子方面, 天天的爸爸做得很不错, 他常常采取游戏的方式进行"实战演习", 让孩子既感受到游戏的乐趣, 又学会了如何应对特殊情况。

我们还注意到, 现在各种媒体上都会经常介绍一些关于不同疾病的常用急救方法, 或是其他类型意外伤害的急救方法, 还有一些专业书刊里就介绍得更为详细, 父母应该有选择性地把一些常用的急救方法讲给孩子听。当然, 最好能让孩子有一个实践的机会, 而这样的机会, 父母平时就能为孩子创造, 比如用玩游戏的方式, 这样既避免了恐怖, 又不严肃, 还能寓教于乐, 使孩子的印象更深, 能很好地掌握急救方法。

1.让孩子掌握一些简单的急救方法

一般来说, 意外伤害都是突发性质的, 急救措施是越快越好。对于这种情况, 如果孩子能够掌握简单的技巧, 可能会挽救一个生命, 因此, 家长可以通过网络、电视、书籍等搜寻一些针对不同意外伤害的急救方法, 在自己搞明白之后再灌输给孩子。另外, 也可以用生活中的实例, 这样孩子就容易掌握, 而且也能够在发生意外时用得上。

在此需要提醒家长们的是, 在教育孩子基本的急救、自救方法前, 父母应先让孩子对一些常见的疾病症状有所了解, 如果家里有人犯有心脏病或其他疾病, 一定要让他知道, 并告诉孩子家里的急救药品放在哪里, 万一疾病发作了怎么做。另外, 还可以有意识地向孩子讲讲你所了解的、别人怎样采取急救措施的经验, 并和孩子一起探讨, 如果孩子遇上这样的事情, 他是否还有更好的急救方法，能对自己及他人实施最好的救助。

2.教孩子掌握的自救、急救时的细节

孩子活泼好动、好奇心强，因此他们出现意外伤害的情况一点儿都不少见。由于不少意外发生得太快太突然，因此就必须在发生意外的现场先做必要的应急处理。然而，有时家长并不能时时刻刻都陪在孩子身边，当孩子独处时发生了意外，他能够做到自我急救吗？父母应该从孩子懂事起就教会孩子一些急救常识，教孩子时须注意以下几点：

①家长要掌握科学的急救常识。正确的救治是减轻伤害的根本，错误的指导会给孩子造成更严重的伤害。

②家长要注意孩子的接受能力与承受程度。孩子由于年龄的原因，心理比较脆弱，如果过分强调各种危险的可怕性，会给孩子造成严重的心理负担，如有的父母用恐吓的方式警告孩子不要摸电器，则可能使这个孩子在日后的生活中不敢使用任何电器。

③让孩子体验角色。如和孩子一起扮演病人和医生，通过各种情境让孩子掌握急救常识。

④在家里准备一个小药箱，并放在显眼、易于拿到手的地方。

方法 13:
公共场合的防火自救教育

【关键词】 火灾事故　自救求生　防范危险

【要点提示】 一旦发现火情，不要轻易放弃，而应利用各种可能的方式求救。

【范例】

大约 5 年前，某城市一座儿童商场的 3 楼发生了火灾。发现商场起火的附近居民报警后，消防队立即出动了消防车进行扑救。

可是，由于火势迅猛，第一批赶到现场救火的消防队无法将火势控制住，随即指挥中心又调遣了邻近的几个消防中队前来增援。

最终，经过众多消防队员的通力合作，大火在燃烧了 4 个多小时后被扑灭。

据相关人士介绍，第一批到达现场的消防员在第一时间搜救出了被困于大楼内的 10 名孩子和家长，并赶紧送往医院抢救。但由于烟熏使他们都发生了中毒，10 个孩子和家长全部死亡。

【技巧】

上面这样的事例听了直让人痛心，一个个鲜活的生命就这样被无情的大火给带走了。试想，如果那 10 个人懂得一些自救方法，并能够在紧要关头冷静下来采取措施，说不定他们还会有生还的希望，所以说，为了孩子能够在公共场合发生的火灾里利用所掌握的知识自救，是家长们亟须教给孩子的。

孩子们常会由父母带着去逛商场、书店、室内儿童游乐场等地方。多数家长可能对于在媒体上见到的类似公共场合发生火灾事故的消息早已视觉疲劳，却从没想过自己碰到这种情况的话该怎么办，也没考虑过自己的孩子又能否在火灾中自救求生。

那么，为了孩子的安全，在此，我们就为大家弥补上这一课吧。

1.对孩子进行公共场合的防火自救教育

家长应该告诉孩子，平时可能接触到的环境，哪些公共场所可能会发生危险，一方面尽量不让孩子去这种地方，另一方面让孩子了解一旦遇到该怎样防范危险、如何让自己和他人获得解救。另外，有条件的话，家长还可以对孩子进行自我救助方面的训练。

2.让孩子懂得一些火场逃生的知识

孩子进入公共场所，往往只会考虑到如何好玩、如何有趣，而没有较强的对可能发生的危险的防范意识。那么，家长就有必要教给孩子一些相关知识，比如当进入一个陌生的环境时，要记住楼道、安全门和灭火器的位置，提前为自己规划好一旦火灾发生该如何逃生的路线。

另外，家长要告诉孩子，逃离火灾现场的时候，要设法自我保护，比如为防止被烟雾呛着或吸入有毒气体，可用湿毛巾捂住口、鼻，如果没有毛巾或者无法接近自来水管，也可以用自己身体里的尿液和身边的棉质衣物或床上用品来救急。

需要注意的是，一旦发现火情，不要轻易放弃，而应利用各种可能的方式求救。

第九章

用最好的方法给孩子最棒的价值观教育

CHAPTER 09

价值观决定着孩子将来成为一个什么样的人，
走什么样的路。
在孩子成长的道路上，
家长要培养孩子正确的人生观，
让孩子找到正确的人生航向。
良好的价值观将推动孩子的长远发展，
提升孩子的情商。

方法 l：
大自然是孩子最好的老师

【关键词】 大自然 好奇 见闻

【要点提示】 如果多带孩子接触大自然，可以对孩子的身心健康起到积极的作用，如果经常性地带着孩子接触大自然，那么孩子一定能够养成阳光向上的性格。

【范例】

特特从小就对大自然充满了好奇，在他很小的时候，他的妈妈给他买了一套《十万个为什么》，这让他对形形色色的动物和植物产生了浓厚的兴趣，而且一发不可收拾。他的妈妈看到儿子这么感兴趣，就给孩子买来了很多相关的书籍。

有的字不认识，特特就去查字典，在这个过程当中他认识了很多字，也认识了很多动物、植物。但是他对大自然的认识也仅限于此。在他上小学之后，时常和同学谈论动物和植物，大家都觉得特特非常有见识。

但是特特有时也回答不上来同学的问题，有时如果同学问得太具体，他就回答不上来了。比如同学问他要怎样捉蝴蝶比较好捉，他没有捉过，也不知道。特特的妈妈发现最近孩子不爱看那些书籍了，就问儿子怎么了，只见特特委屈地说："我再也不看那些东西了，看了也没有用，同学还嘲笑我只会纸上谈兵。"

看到儿子这么委屈，特特妈妈才意识到，自己总是让孩子多看书，却忽略了实践的重要性。和特特的爸爸商量后，他们决定以后每周都能够带特特去郊外玩一次。刚开始特特不乐意，但是到了郊外，神清气爽，又有漂亮的蝴蝶，这下特特来劲儿了，他疯玩了一下午。周一的时候他就给同学讲了自己捉蝴蝶的经验。

从那之后，特特的父母就经常带特特出去玩，有时候去公园，有时候去水族馆，尽可能地满足孩子的求知欲。一段时间过后，特特不仅见闻变广了，人也开朗了许多。

【技巧】

我们都知道这样一句古语："读万卷书，行万里路。"行路与读书相提并论，其重要性可见一斑。带着孩子多接触大自然不仅能欣赏到优美的自然风光及人文景观，还能提高孩子的审美情趣、增长见识、拓宽眼界，同时，还可以锻炼身体、培养意志品质及亲情。

对孩子来说，大自然就是他们的良师益友，是他们取之不尽、用之不竭的知识宝库。如果父母能有意识地让孩子多接触自然，就可以使孩子的视野更为开阔，知识更为丰富，对事物的审美感受也会增强。

另外，现在很多孩子都内心孤独，因为家中没有同龄人，而父母平时工作又忙，没有人陪伴孩子，孩子只会困在自己的世界里。平时在教室里，放假待在家里，封闭的空间待久了会让孩子内心压抑。如果多带孩子接触大自然，可以对孩子的身心健康起到积极的作用，如果经常性地带着孩子接触大自然，那么孩子一定能够养成阳光向上的性格。

1.田野里面知识多

带着孩子到田野、郊区去逛一逛，感受一下自然的气息，没有尾气，也没有高楼大厦。在这样的环境当中，孩子能够得到大限度的放松。而且在田野乡郊还有很多动物和植物，这些可以拓展孩子的知识面，如果到村庄当中的话，孩子还能够看到各种作物。

2.爬山有益于身体健康

现在很多孩子大脑发达，但身体发育值得家长担忧。因为现在更多的孩子喜欢宅在家里打游戏，不再喜欢烈日当头去打球了，家长要将孩子带出门。赶上节假日一起去远足、登山都是很好的选择。在看风景、放松身心的同时，对孩子的身体也是一次有益的锻炼。

3.动物园和水族馆是生动的教科书

很多孩子对动物或一些海洋生物的认识都局限于书本，如果有时间，不妨带着孩子去动物园和水族馆看一看，让孩子深入地了解一下他们感兴趣的生物。

更重要的一点是，多和动物接触有利于培养孩子的情商。看见弱小的动物人们有一种保护的本能，多带着孩子去动物园看看那些可爱的动物们，有利于培养孩子的情商。时间久了，同情弱者就会成为孩子的一种习惯，善良自然就会成为孩子性格当中的一部分了。

方法 2：
不要让自己的声音淹没在别人的意见里

【关键词】有主见　有个性　坚持自己

【要点提示】孩子的认知正在发展当中，这时候难免会有一些错误的看法。面对孩子不同的意见，即便是错误的，家长也不能一下子否定，而是要给孩子讲他哪里错了，以引导的方式来纠正孩子的意见。

【范例】

陈升在同学当中并不出众，他甚至没有什么存在感，就像是集体当中的一个影子，可有可无。当然，大家并没有排斥过他，只不过他也从来没有得到大家太多的关注。

之所以没存在感，是因为陈升从来没有发表过自己的意见。班级当中组织活动，大家都积极踊跃地发言，只有陈升随波逐流。对于他来说，大家的意见有很多，多自己一个不多，少自己一个也不少，最终一定会有方案。在课堂上小组讨论时陈升也是小组中很少发言的人，每当同学们问及他的意见和看法时，他总会说："我没有什么特别的看法，我跟你们的看法一样。"时间久了，大家就习惯性地忽略了陈升的意见，甚至忽略了他的存在。

而陈升这样的性格则让他的父母很满意，因为他们从小就告诉陈升，做事不要强出头，枪打"出头鸟"。每当陈升提出反对意见的时候，就会被父母严厉地批评教育，上幼儿园和小朋友意见发生了分歧，回家和爸爸妈妈说，不管前因后果也会被父母批评，最终不管他是对是错，都要给同学道歉。

慢慢地，陈升习惯了隐忍，习惯了不去发表自己的意见，以至于在群体当中存在感越来越低。开家长会的时候，陈升的父母才发现自己的孩子就好像没有朋友一般，混迹人群当中就像找不出来一样。

【技巧】

很多家长都希望自己有一个出色的孩子，但是又不希望自己的孩子太过个性，总觉得"随大流"准没错。如果家长们这样想那就大错特错了，因为时代已经发生了改变，现在和未来社会需要的是有主见、有个性的人才。如果只会一味儿奉承别人，那么很难有所作为。

综观历史，能够担当大任的都有自己的主见，只知顺从，那么永远只能做一个被领导者，而不是一个领导者，只能随波逐流。现代社会竞争激烈，只有掌握了主动权才能占据有利位置，如果太过平庸，那么就会被无视。没有任何一个家长希望自己的孩子未来只能庸庸碌碌地操劳一生，那么现在就不要压制孩子，让孩子大胆说出自己的意见，即便周围都是反对声，也要坚持自己坚信的事实。只有养成了这种习惯，面对未来的挑战时孩子才能坚持，才能成为一个了不起的人。

不管家长们经历什么样的年代，教育孩子的观念都要改一改了，从现在开始，让孩子的声音脱颖而出吧！

1.允许孩子质疑家长的权威

有的家长很重视家长的权威，认为孩子就应该听父母的话。但是家长们不应该忘了孩子是一个个体，随着他的成长，他的独立意识会逐渐形成，他会有自己的意见、想法。那是他们对周围的认识，是属于他们自己的。这个时期对于孩子的认知尤为重要，家长如果保护好孩子的主见，那么孩子慢慢就会表达自己的想法；相反，如果父母以家长的权威压制孩子，那么他可能就会因为害怕而不敢发表意见了。

图图刚上小学三年级，别看年纪不大，主意倒是不少。而且图图总有一些好点子，很多同学咨询图图的时候都能得到很好的建议，在同学们讨论什么的时候，图图也是一个中心，因为他的意见总是很有用，而且很特别。这要感谢图图的父母，他们从小就以朋友的身份和图图交流，每当孩子和自己的意见有分歧的时候，就和孩子分析，看看谁对谁错，如果是孩子错了，他们也会给孩子讲为什么不能那样。时间久了，图图自然也懂得明辨是非了。

孩子的认知正在发展当中，这时候难免会有一些错误的看法。面对孩子不同的意见，即便是错误的，家长也不能一下子否定，而是要给孩子讲他哪里错了，以引导的方式来纠正孩子的意见。当一件事没有固定的答案时，孩子提出了不一样的意见，家长应该鼓励，而不是否定，这样只能压制孩子，让他不敢发表意见，久而久之，孩子的性格当中还会有一丝懦弱。

2.举行一次家庭辩论赛

有时孩子并不是没有想法，而是不懂表达，家长应该要引导孩子，让孩子知道光有想法是没用的，还要将它说出来，或者付诸实施才是最重要的。比如家长可以和孩子一起看辩论赛，让孩子有意识地接触这些。在家庭会议当中也可以让孩子参与其中，鼓励孩子发表自己的意见。偶尔也可以搞一次家庭辩论赛，调动孩子的积极性，时间久了，发表自己的意见自然会成为孩子的一种习惯。

3.告诉孩子勇敢一些

很多孩子不是没有发表过自己的意见，而是对自己的意见容易放弃，没有自信。家长应该多鼓励孩子，让孩子勇敢一些、坚定一些，如果是自己坚信的，就应该坚持到底。不要在意周围反对的声音有多么高涨，一定要对自己的意见有信心。如果自己都不能支持自己，那就没人能支持你了。

方法 3:
做最好的自己，才是真的了不起

【关键词】 迷失 个性 心理健康

【要点提示】 家长应该要让孩子知道每个人都有自己的个性，不要一味地去模仿别人，如果他人身上有自己羡慕的闪光点，那么可以让自己向着那个方向去努力，但没有必要完全改变自己。

【范例】

叶子和楠楠是非常要好的朋友，但是性格方面却完全不一样。楠楠性格开朗，而叶子总是有些唯唯诺诺。尤其是在楠楠面前，叶子总是表现得像一个影子一样。

刚开始叶子的父母没有注意过这个问题，以为孩子天生性格内向，但是随着孩子渐渐成长，他们发现完全不是这么回事。原来，叶子越来越有模仿楠楠的倾向。楠楠因为性格开朗，而叶子很难打开心扉去交朋友，所以她从心里羡慕楠楠。

叶子因为羡慕楠楠，所以总是忍不住去模仿她，但是她又觉得自己和楠楠不像。比如相同的裙子，她就觉得穿着没有楠楠好看。这深深地伤害了叶子的自尊心。另一方面，因为她羡慕自己的好朋友，所以总是忍不住和朋友对比，越是对比，她的自卑感越重，里面还掺杂着一些嫉妒。但是，楠楠又是她最好的朋友，各种各样的情绪在叶子的心里翻腾，她也不知道真实的自己该是个什么样子了。她只是觉得自己一味模仿楠楠的行为很可笑。

叶子的父母观察着孩子，大概明白了孩子的想法。于是他们开始想办法开导孩子。经过一段时间的开导，叶子的性格变了很多，笑容多了，她也不再模仿楠楠了，渐渐地，除了楠楠，她的身边也有了其他的朋友。

【技巧】

有句俗话叫作"人比人，气死人"，每个人都是一个独立的个体，就像世界上没有两个完全相同的鸡蛋一样，人和人之间也有很大的差别，我们没有办法完全模仿另一个人，也不可能有另一个完全相同的自己。孩子正在成长，在这个过程当中他的自我意识会逐渐形成，所以说这个阶段对孩子的未来很重要。如果孩子在成长的阶段中刻意压制自己个性的发展，那么他只能成为一个平庸的人，同时也不利于孩子的心理健康。

家长应该要让孩子知道每个人都有自己的个性，不要一味地去模仿别人，如果他人身上有自己羡慕的闪光点，那么可以让自己向着那个方向去努力，但没有必要完全改变自己。要让孩子知道，保持自己的个性才是最重要的，只有不断向孩子灌输这个理念，孩子才能坚守住自己的个性，不会在成长的路途当中迷失了自己。

具体来说，家长可以从以下几个方面疏导孩子。

1.通过故事激励孩子

有的孩子在成长过程当中因为个性凸显可能有些迷茫，他们因为不知道应该怎样对待自己的个性，而不断地压制自己，想让自己变得"正常"一点。这个时候如果家长发现了孩子的这个倾向，就需要注意了。讲故事是一个很好的途径。通过一些寓言故事或者名人的事例，激励孩子保留自己的个性，做好自己。

2.教会孩子爱自己

有时孩子难以诚实地表现自己，是因为在他眼里自己不够优秀，或者不够大众，不是理想当中的样子。在对自己不满意之后，孩子很可能渐渐地厌恶自我。如果自卑成了孩子的一种习惯，那么他将很难维持自己的个性。

雅童在同龄孩子当中性格比较沉闷，大家也不太喜欢和她玩，因为总觉得雅童有些沉闷。实际上，雅童很想融入大家的圈子当中，但是她总觉得自己和他们不是一类人，自己说话很小声，又爱哭。因为这样，她一直没能融入到其他孩子当中，也因为这样，她越来越厌恶自己。

家长要告诉孩子一个道理：坦诚的人最可爱。让孩子知道，无论孩子心中对自己有什么不满，在父母眼里他都一样可爱，而他身边的人也会喜欢他最真实的一面。要让孩子明白自己的优点和可贵之处，渐渐地，孩子会懂得爱自己，也就懂得做自己了。

3.每个人都有缺点

作为家长，最重要的是让孩子认识到人无完人，每个人都有自己的缺点，不要因为一点儿缺陷就全盘否定自己。有了缺点就改正，如果是天生的缺陷那么就选择接受，毕竟那也是自己的一部分。

方法 4:

大胆拒绝，让孩子学会温柔的坚持

【关键词】学会拒绝　自我保护　约束自己

【要点提示】通过对孩子进行自我保护意识的灌输和培养，就可以提高孩子主动防范受侵害的能力，让女孩儿懂得自我保护的意义，即使在没有父母的监督下，也可以主动约束自己、保护自己。

【范例】

罗子蒙在断掉母乳之后就跟着外婆生活了。由于是女孩子，所以外公外婆生怕外孙女吃亏出事，总是向她灌输"不要与人争斗、遇事能忍则忍、吃亏是福"的思想，以致现在的罗子蒙养成了内向柔弱、隐忍老实的性格。

现在读小学三年级的罗子蒙成绩优异，老师还任命她担任班里的学习委员。有一次，老师让她帮助几个成绩差的同学补习功课，罗子蒙很认真地答应下来。可是，那几个孩子很调皮，根本不愿安安静静地坐下来学习，还用水彩笔往罗子蒙的衣服上乱画，弄乱罗子蒙的辫子，并且警告她不准告诉老师。

面对别人的责难，罗子蒙敢怒不敢言、默默忍受，到后来苦苦哀求，但这些都无济于事。

经过一番冥思苦想，罗子蒙想出了一个勉为其难的方法：谁能认真听她讲题，她就给谁 5 元钱。

那几个调皮的孩子听了，立马蜂拥而上，罗子蒙的 50 元钱很快便被"瓜分"干净了。

这件事被班主任老师知道了，老师教训了那几个调皮的孩子，并让他们把钱如数交还罗子蒙。同时，老师也教育了罗子蒙："你这样做是不对的。你为什么不拒绝他们？他们提出无理的要求，你为什么不告诉老师呢？"罗子蒙小声地说道："我不想惹事，不想招惹他们生气，怕他们又对我做恶作剧。"

对于有着如此懦弱性格的班干部，老师也深感无奈，不得以将罗子蒙的职务给撤掉了。此后，这件事便成了班里的笑柄。同学们知道了罗子蒙的懦弱，就经常抓住她的这一弱点来戏弄她。她向同学借铅笔，同学就会故意对她说："你帮我写篇作业我就借给你。"上厕所常被男生挡在半路，要求她学小猫叫才让她通过。令人悲哀的是，罗子蒙对这些无理的要求竟然都一一答应了。

如今，罗子蒙还未能摆脱懦弱的性格，毫无改变的迹象。

【技巧】

受现代教育理念的启发，现在很多家长都比较注重培养孩子懂得分享、懂得付出的美德。我们都知道，只有这样我们的孩子才会获得他人友好的对待，赢得他人的尊重和信任。

但是，家长们可曾考虑过，如果孩子的分享和付出把握不好尺度，以至于全然放弃了自己应该拥有的权利，那么这样的分享和付出对孩子的成长是利多还是弊大呢？

当然，我们并不否认，我们应该教会孩子友好、慷慨地对待他人，但是如果对于别人提出的要求一概答应，从不考虑自己的实际情况和真实想法，那么其结果可能会是我们不希望看到的。

虽说拒绝他人委实不是件容易的事，即便对于小孩子来说也会存在着一定的为难情绪，但是让我们的孩子做到大胆地拒绝别人，对他的成长来说，却是一件非常重要的事情。一旦孩子不懂得拒绝别人，那么他就会逐渐形成懦弱的性格，以至于长大后无法适应竞争激烈的社会。

因此，我们在培养孩子懂得分享和付出的同时，也不要忘了教会孩子学会拒绝，巧妙说"不"。

1.让孩子具备一定的自我保护意识

对于孩子们来说，由于其自身逻辑思维的局限、生活经验的缺少，从而导致他们对于事情的行为后果缺少预见能力，不懂哪些事情是危险的、哪些事情容易对自己造成伤害。所以，孩子会将父母的监护和限制视作管制和牵绊，从而进行反抗，甚至还会采取一些小伎俩来逃脱父母的监护，从而进一步加大了本身行为的危险性。

因此，培养孩子的自我保护意识就显得尤为重要。让孩子明白哪些事情可以同意，哪些要拒绝。通过对孩子进行自我保护意识的灌输和培养，就可以提高孩子主动防范受侵害的能力，让女孩儿懂得自我保护的意义，即使在没有父母的监督下，也可以主动约束自己、保护自己。

2.教孩子学会用正当理由婉言拒绝

说"不"也是一门艺术，说得好了，对方不会介意；说得不好，对方会认为故意跟他过不去。我们要让孩子知道，当遭遇不合理的要求时，只要拒绝得当，一般就不会有什么问题。简单来说，拒绝的时候，要用最委婉、最温和、最坦诚的语气，告诉对方自己不能答应他的要求的理由，切忌摆出一副冷冰冰的神态强硬地拒绝。

要想做到这一点，父母除了言传之外，还可以进行一些相应的"身教"练习。比如，可以要求孩子做一些他做不到的事情，引导孩子表达其内心的想法。如果孩子懂得了拒绝这门艺术，那么当他再遭到同学伙伴们的无理要求时，就知道委婉地说"不"了。

3.让孩子大声说话，大胆表达，不畏陌生

当发现孩子有胆小懦弱、不爱说话、不善表达的现象时，父母要有意识地提醒孩子敢于大声说话，并给他提供大胆讲话的机会。例如，家里来了客人，家长就可以让孩子多与客人接触交谈。

此外，父母还可以多为孩子提供独立思考、表达自我的机会。比如，当孩子遇到事情需要解决时，父母不要急于替他解答，而应该多问问他："你觉得应该怎么办？"如果孩子回答得对，我们就给予称赞和鼓励。如果不对，也不要责怪和否定孩子，而要委婉地引导他认识到自己的错误之处。这样既可以提高孩子的口才，又可以一定程度上克服孩子胆小懦弱的性格障碍。

4.让孩子学会独立自理，大胆做事

父母可以有计划、有目的地给孩子安排一些他可以独立完成的任务，比如让他独自外出买酱油醋、独自坐公交等。遇到困难，父母再给予必要的指导和帮助。这些都将有利于锻炼孩子的胆量和魄力。

方法5:
设定一个方向，让孩子自己找寻爱

【关键词】 爱心　温暖　力量

【要点提示】 一个不会爱的孩子是可怕的，他的感情生活也将是一片荒漠。所以，请父母给孩子一个方向，让他们勇敢地去寻爱，让他们在爱的指引下走向成功。

【范例】

小夏的爸爸妈妈对自己的孩子从小就娇生惯养，希望给孩子的一切都是最好的。这就让孩子有了一种错误的认知，认为一切都应该完美，最好的生活就是一种完美。

这种错误认知让小夏越来越任性，最后甚至连自己的父母都不尊重了。有一次，小夏的妈妈买回来一些大虾，大虾很贵，所以她妈妈没有买很多，只买了十几只，刚够做一道菜的量。

晚上开饭的时候，妈妈将做好的大虾端上了桌，小夏看到大虾后非常兴奋，没开饭就吃了起来。妈妈没有太在意，觉得孩子嘴馋是正常的，不用去管，但没想到的是，在开饭前满满一盘子大虾只剩下一只了，其余的已经全部进了女儿的肚子。看到这样的情形，小夏的妈妈觉得有点儿无奈，不过也没说什么，就剩了一只，也不值得剩了，就干脆自己吃掉了。

没想到，自己吃掉了一只虾却引起了女儿的不满，小夏大哭起来："那只是我留着明天吃的，你怎么给吃掉了啊？你明明就知道我喜欢吃，却还这样，你怎么做妈妈的啊？"

听到女儿这样控诉自己，妈妈又生气又失望，同时她也意识到，自己太过娇纵孩子，让孩子走上了一条错误的认知道路。

【技巧】

现在生活条件都提高了，每个孩子都过着衣食无忧的生活，他们有好看的衣服、好玩的玩具。家长们能够做的就是尽可能地满足孩子各种各样的要求，让孩子过得更好一些，但有时家长的错误观念会让孩子的认知出现偏差。

孩子在人生成长的重要阶段当中，对一切的认知都还不够客观。他们的接受能力很强，可以接受正确的观点。同样，他们接受错误认知的速度也非常快。这就要求家长及时纠正孩子的错误认知，否则孩子的认知一旦形成，就会成为一种不可逆转的定式。就像小夏一样，她自私的认知已经成为了一种习惯。

其实现实当中这样的孩子不在少数，因为是独生子女，所以大多数家里都非常宠爱，这也就造成了孩子的任性骄横。在他们眼中，符合自己的要求就是完美，稍有一点儿不如意就觉得不幸福，受不得委屈，甚至责备自己的父母。

而孩子之所以会形成这种观念，家长是脱不了干系的，所以家长应该在孩子人生观、价值观发展的最初阶段，多给孩子灌输正确的思想，让孩子不要偏离方向，找到真正的幸福。

那么家长应该要怎么做呢？估计这是很多家长的疑问。首先我们要分析孩子会这样做的原因。显然，孩子表现出的种种是因为爱心的缺失，因为现在家长的工作也很忙碌，很难时刻陪在孩子身边。另一方面，现在周围有很多负面信息，这些也无法避免孩子不去接触，所以导致了孩子爱心的缺失，变得越来越自私、越来越冷漠。这样的孩子看待周围事物的时候不会很积极，更不用说热爱生活了。所以家长应该有针对性地进行教育。

只有爱的教育才可以让孩子感知到别人的困难，并唤醒他们的良知与感情。孩子才会变得宽容而富有同情心，才能理解别人的需要，才会伸出双手去帮助那些受到伤害和需要帮助的人。一个不会爱的孩子是可怕的，他的感情生活也将是一片荒漠。所以，请父母给孩子一个方向，让他们勇敢地去寻爱，让他们在爱的指引下走向成功。

1.用行动告诉孩子什么是爱

爱是阳光，爱是人类永恒的主题，爱是一种伟大的力量。没有父母不渴望拥有一个有爱心的孩子。当然，爱的定义有很多种，但是无论是哪种形式的定义，爱都是远离了自私、与名利无关的。爱是需要去学习的，就如同学习语言、学习如何工作一样。只有拥有爱、学会爱的人，才是最幸福、最快乐、最美的人，父母理应让孩子成为幸福快乐的人。

请父母以身作则，对待自己的长辈及家里的老人真诚、有爱心，要与邻里和睦，对社会有爱心。父母应该多带孩子回外公、外婆、爷爷、奶奶家，与亲人在一起，让孩子体会到爱的温暖。还可以在节假日带孩子到福利院或者参加一些公益活动，让孩子在社会实践中亲身体会到爱心的温暖与力量。

2.通过书籍向孩子传播爱的种子

让孩子多阅读些有爱心的经典故事，从而启发孩子的爱心意识。父母可以向孩子讲一些爱心故事，例如美国的比尔·盖茨用自己一半以上的资产来资助慈善事业；诺贝尔和平奖得主——孟加拉国的尤努斯创造"乡村银行"为穷人提供小额贷款，帮助穷人脱贫致富等故事。

3.尝试让孩子与小动物相亲相爱

试着在家里养些小宠物，比如温驯的小狗、可爱的小猫，让孩子在与宠物相处、照顾宠物的同时学会关爱。还可以选择适当的时间带孩子到动物园或者乡下去，让孩子在与动物和平相处的时候，学会尊重生命、体验爱心。

4.告诉孩子要热爱生命

在一些发达国家，孩子从小就被教导要热爱生命。列夫·托尔斯泰告诉我们人生并非游戏，因此，一个人并没有权利仅凭自己的意愿放弃自己的生命。父母要让孩子明白，要热爱生命、热爱生活。

5.尊重——爱的最高境界

让孩子了解父母爱他的方式，比如说爸爸曾经想成为一名空军，遗憾的是，因为诸多原因没能实现，所以希望孩子帮他实现这个愿望，可孩子却告诉爸爸自己爱钢琴上那些调皮的符号。这位爸爸尊重了孩子的选择带孩子去报了钢琴兴趣班，让孩子天天在喜爱的钢琴面前舞蹈。这位爸爸表达了自己的期望，但更尊重孩子自己的选择，这就是对孩子的一种爱。

小卫养了一只小金鱼，这只小金鱼是妈妈买给他的，但是最近小金鱼不吃食。小卫上网查了之后发现，这种小鱼极其难养，它们在自然环境当中才能很好地生活。知道了这点之后，小卫犹豫了几天，最终还是将金鱼放生了，因为他觉得他喜欢金鱼，但更重要的是想看到它们活着。

爱一个人，并不是要强迫对方过上自己喜欢的生活方式，不是以自己想当然的方式给予对方，而应该是尊重对方的想法。爱的最高境界不是只给予而不求回报，而是彼此间相互的给予、相互间的索取。这样才能让对方感到这份爱不会造成负担，感受到自己是被需要的。家长要让孩子知道这一点。

方法6：
乐观的心态是战胜一切困难的保障

【关键词】 困境　乐观开朗　性格

【要点提示】 在日常生活中，父母要多向孩子灌输一些乐观主义的认识，让他知道令人快乐的事情是长久和普遍的，而不愉快只是暂时的，只要乐观一点，生活仍然十分美好。

【范例】

从前有一对美国兄弟，但是他们的性格却大相径庭。哥哥十分乐观，弟弟却非常悲观，他们的父母非常希望两兄弟的性格都能稍微改变一些，于是想出了这样的办法：将乐观的哥哥锁进堆满马粪的屋子，将悲观的弟弟锁进漂亮的放满玩具的屋子。

一个小时之后，当父母走进弟弟的屋子时，发现他正坐在角落里，一把鼻涕一把泪的尽是沮丧。原来，他不小心弄坏了玩具，担心父母的责备，因此便不再玩耍，在哭泣中等待父母的到来。

接着，父母又来到锁着哥哥的屋子。这时他们发现，哥哥正兴奋地用小铲子挖着马粪，将散乱的马粪铲得干干净净，看到父母来了，他高兴地说："爸爸，这里有这么多马粪，附近一定有一匹漂亮的小马，所以我要为它清理出一块干净的地方来！"

这个乐观的哥哥慢慢长大，从报童到好莱坞明星，然后到州长，最终当上了美国总统。也许你已经知道了，这个孩子就是美国著名总统里根。由此可见，乐观的性格为他带来的并不仅仅是快乐和奋进的力量，还有不可抵挡的成功之势。

【技巧】

每一个父母都渴望自己的孩子拥有乐观的心态。因为只有乐观，孩子才不会在困难面前畏缩不前，而是面对困难积极地想方设法跨越过去。这样的孩子无论在学业上，还是将来的生活及事业上，才会取得更理想的成就，活出更精彩的人生。

有的父母可能会觉得，自己的孩子好像生来就比较悲观，什么都无法让他快乐起来。的确，有的孩子天生就带有些许忧郁的情绪，但这绝不等于无法扭转。因为，乐观的性格是可以逐步培养成一种习惯的。在早期诱发理论中，专家曾提到，性格是可以在后天的环境中逐渐养成和改变的，悲观的性格也可以在实践中逐步改变。

那么，父母应该如何去做，才能培养孩子乐观的特质呢？以下几点建议，父母应当牢记在心：

1.带领孩子摆脱困境的束缚

成长的路上，孩子会经常遇到一些不如意的事，有的孩子可能很快就忘掉，但有些敏感的孩子会耿耿于怀，从而影响情绪。面对敏感的孩子，父母应多留意他的情绪变化。如果他能够自己解脱，则不用担心；假如他始终闷闷不乐，那么无论自己有多忙，都应该抽出时间来和他交谈，引导孩子学会忍耐和坚强面对，并鼓励他向好的方面努力，而不要因此而影响自己的情绪。

有一次，甜甜从学校回家后一直闷闷不乐，于是妈妈问她："甜甜，今天学校里有什么有趣的事情吗？"甜甜撅着嘴说："今天一点儿都不好。"妈妈问她为什么，她说："我们班里来了一个新同学，很会说话，总给同学们讲好玩的事情，结果他们都不理我了。"看着失落的孩子，妈妈说道："那不是很有意思吗？以后你就拥有一个会说笑话的小伙伴了。"甜甜听了以后想了想，就快乐地笑起来了。

在日常生活中，父母一定要认真观察孩子的情绪，只要他愿意和父母沟通，就要及时引导他将心中的烦恼说出来，这样他就会恢复快乐。

2.别对孩子限制太多

一些孩子之所以不快乐，很可能是由于父母对他限制太多，感觉自己没有自由。尤其在一些独生子女家庭，父母往往会对孩子的行为和举动十分小心，甚至替他包办一些事情，使他无法亲自体验做事的乐趣，同时也丧失了快乐的源泉。

其实，想要培养孩子乐观开朗的性格，就应允许他在不同的年龄段拥有不同的选择权，比如两三岁的时候，可以让他自己选择早餐吃什么、什么时候喝奶、今天穿什么衣服等；五六岁的孩子，则可以允许其在许可的范围内挑选自己喜欢的玩具，选择周末去哪里玩；六七岁的时候，父母应该允许他在一定时间内选择自己喜欢看的电视节目，以及何时完成作业……

只有拥有自由的孩子，才会感受到人生的快乐。因此，在一些事情上，父母不妨适当放手，给他一个自由活动的空间，让他自己去选择和处理自己力所能及的事情。

3.对孩子进行希望教育

乐观的孩子往往会对未来充满希望和憧憬；而悲观的孩子则会觉得所有事

情没有任何希望。因此，从小对孩子进行希望教育，不但可以帮助他驱散心中的阴影，而且会为他点亮希望，让他找到乐观的方向。

毛毛从6岁开始就学习拉大提琴，并非常陶醉其中。一次，前来他家做客的小姨看到毛毛的状态，不由得问他："毛毛，你为什么这么高兴，你是不是觉得拉大提琴很享受？"毛毛笑笑说："是啊，音乐本来就是一种愉悦的享受，我并不把学琴当成任务来完成啊！"后来，毛毛参加过几次市里的大提琴比赛，都取得了优异的成绩。

4.要做孩子乐观的榜样

在教育孩子的过程中，父母自己必须要有乐观的态度。在工作和生活中，无论遇到怎样的困难，在孩子面前必须坚强坚定，因为你处理困境的态度会直接影响孩子的做法。假如父母能够以身作则，在面对困境和挫折时，保持自信、乐观，积极向上的态度，那么孩子在遇到困难时，自然会受父母的影响，从而乐观面对。

在日常生活中，父母要多向孩子灌输一些乐观主义的认识，让他知道令人快乐的事情是长久和普遍的，而不愉快只是暂时的，只要乐观一点，生活仍然十分美好。比如遇到周末加班的情况，可以对孩子说："今天妈妈要去加班，这说明妈妈的工作很忙。"千万不要让他觉得，你很讨厌加班，并且抱怨重重。

5.让孩子尽情地欢乐

孩子与父母之间的关系如何在很大程度上决定了他是否快乐。如果孩子感到父母喜欢他、尊重他，态度温和，那么他自然就会活泼愉快、积极热情、自信心强。相反，如果老师、父母对孩子训斥多、粗暴、态度冷淡，孩子就情绪低沉，对周围的事物缺乏主动性和自信心。所以不要太压抑孩子，孩子开心的时候就任他开心吧，不要觉得心烦而训斥孩子。

6.丰富孩子的精神生活

我们知道，悲观和乐观是一种情绪，它们均可归于精神领域。所以，要想让孩子告别悲观、保持乐观，可以从丰富孩子的精神生活入手。具体来讲，父母可以鼓励孩子广泛地阅读，让他在阅读中增加知识、升华思想，比如可以为他选择一些名人故事、童话、文学作品等，使他的注意力转移到读书和陶冶情操上来。

此外，父母还要鼓励孩子多结交朋友，为他创造与同龄人交往的机会，比如带他去邻居家串门、邀请其他孩子到家里来玩、让他多和同学交流等；还可以搞一些活动，比如带他外出游玩或者和他一起利用闲置物品制作小玩具等。

类似这样的活动都可以丰富孩子的精神生活，能够使他在各种各样的活动中体会到生活的乐趣、增强自信心，进而培养乐观积极的性格。

方法7：
要把事情做好，先把人做好

【关键词】独立人格　优良品质　优点

【要点提示】真正智慧的父母就要把培养孩子成"人"放在比成"才"还要重要的位置上，将孩子培养成具有独立人格和具有优良品质的人，这样的孩子在长大后才能被称为真正的"人才"，才能够适应不断变化发展的社会和时代。

十几年前，在美国的一所大学里发生了一起震惊中外的血案。一个优秀博士，因为嫉妒各方面都很优秀的同学，再加上自己找工作受挫，他残忍地杀害了包括校长、系主任、同学在内的6个人，然后开枪自杀。

事后，据心理专家介绍，这是一个没什么朋友、性格孤僻的人，这起血案发生与他的性格有着直接的关系。

【技巧】

对孩子，如何做人的教育，至关重要。否则即使学历再高、能力再强，也极有可能造成巨大的负面影响。所以，父母对孩子的做人教育要永远放在第一位，从日常生活中的每一件小事做起，引导孩子做一个真诚善良、堂堂正正的优秀的人。因为信仰远比崇拜重要得多，相信自己成为一个优秀的人，最终你就能够遵从自己所想，单一的崇拜最终很可能让你变得善妒。

我国著名教育家陶行知先生曾经说过："千教万教，教人求真；千学万学，学做真人。"可见，做人是教育的第一要务，也是教育的根本任务，更是家庭教育的根基所在。

因此，真正智慧的父母就要把培养孩子成"人"放在比成"才"还要重要的位置上，将孩子培养成具有独立人格和具有优良品质的人，这样的孩子在长大后才能被称为真正的"人才"，才能够适应不断变化发展的社会和时代。

1.父母以身作则，为孩子树立品格高尚的榜样

父母们可能自身都会有所体会，自己身上的某些好品质、好习惯并不是长大后才形成的，而是在小时候父母的影响下逐步培养起来的。相应地，孩子的一些不良行为固然可能会受到一些不良因素影响，但最根本的，还是父母没有

给孩子树立一个好榜样，没能帮助孩子培养出高尚的人格品质。

一个叫多多的小女孩，在外面一旦和小朋友起了冲突，就伸手打别人，嘴里还总是说一些脏话骂小伙伴们。在多多看来，自己这样做很正常，但是她这种表现引来周围小朋友们的反感，大家都不喜欢和她一起玩。其实，多多的妈妈就是这样一个缺乏教养的人，她在家里稍有不如意就打骂孩子和丈夫，这种行为耳濡目染地就被多多学会了。多多有现在的表现也就不足为奇了。

2.别把小事不当回事

发生在孩子身上的很多问题很多时候被成人认为是小事，孩子不懂得和小朋友或家人分享，就说"孩子还小，大了就好了"；孩子随意抢别人的玩具、随便打人，说"孩子还小，不懂事，大了就好了"；孩子吃饭时不好好吃饭、随意浪费粮食，说"这是小事，孩子还小，大了就好了"。

然而，这些对于孩子而言都不是小事，有一句老话是"三岁看大，七岁看老"。孩子幼时看似微不足道的小问题，却可能对他有深远的影响，而一个良好的行为也会为他以后的人生带来不尽的利益。

父母不要以为"树大自然直"，如果不注意从小事中培养他良好的品行，而是放任他的小缺点，等到孩子慢慢长大了，他的小缺点就会被放大成大缺点。而孩子小时候的小优点如果加以保护和鼓励发扬，随着他的成长也会放大成大的优点。

3.从孩子的角度出发，降低自己的标准

父母大都听过这句话："不要用自己的标准去衡量别人。"在培养孩子的过程中也是如此，父母不可以将自身的观点和看法强制性地加在孩子身上，而应该为孩子提供良好的成长环境。如果说家是孩子来到这个世界的第一所学

校，那么父母就是他们的第一任老师，父母的言行举止、说话的语气和面部表情都会对细心的孩子产生很大的影响。

蓓蓓的爸爸开着大公司，每天工作都很忙，蓓蓓就由保姆照顾。有一天，蓓蓓的妈妈穿了一件非常漂亮的外套，保姆阿姨直夸好看。等妈妈走后，蓓蓓就问保姆："阿姨，你喜欢妈妈那件衣服吗？""当然喜欢啊，但是阿姨买不起。"第二天，妈妈出门后，蓓蓓就擅作主张，将那件衣服送给了保姆。当蓓蓓妈妈知道后大发雷霆："你凭什么把我那么贵重的衣服送给别人？她能给你什么？"

蓓蓓妈妈的教育方式很明显是错误的。作为父母，她教育自己的孩子要有目的性地去与人交往，这样定会将孩子教育成一个贪图小利的人，这样的人是不会有真正的朋友的。

而正确的教育方式是，当蓓蓓那样做的时候，她的妈妈要先夸奖自己的女儿懂事，鼓励她那是正确的做法，然后再说其他的，比如"你要将妈妈的东西送人就应该先同妈妈商量，否则是不对的"。

总之，在培养孩子的过程中，父母需要有一颗善感、善悟、善思的心，能够抓住孩子在小时候的每一个好的或坏的苗头进行正确的引导，就像尊重一棵树苗的生长规律并用心呵护和浇灌、培养它，相信它终究会成长为一棵参天大树。

方法9：
人格魅力才能带来长久的吸引力

【关键词】 人格魅力　自身修养

【要点提示】 父母之间的互相爱护、关心、体谅，对长辈能够尊重、照顾、体贴，对孩子做到严爱适度，这些都能够使孩子正确地认识和评价自己，形成自尊、自信、自主、自控、亲切等积极情趣。

【范例】

钟瑞是初一年级的小男孩。刚升入新年级不久，他就俨然成了班级的中心人物。上自习课的时候，他说一句"请大家安静"的话，比班主任唠叨半天都管用；班上有个调皮捣蛋的小男生，谁都不服就是服气钟瑞，每次打扫卫生都有理由不打扫的他，可只要钟瑞一说，他就马上很"给面子"地忙碌起来。

班主任老师渐渐发现了这些奇怪的现象，于是找来几个班上的同学来询问究竟，没想到孩子们竟异口同声地回答：他有魅力啊，老师！

【技巧】

或许在孩子们的字典里，"魅力"还是一个有着模糊概念的词，但是他们通过电视、网络等媒体对"魅力"一词有了一定的感知。孩子们用他们稚嫩的心灵对"人格魅力"这个词语有了一定理解和体会，并且毫不掩饰对那些在他们看来拥有人格魅力的同学的崇拜和景仰，而且还会把他们作为自己模仿和学习的对象。

其实，即使成年人，也难以对"魅力"一词下多么确切的定义，它更多的是来自于我们内心的一种感受。有时候，我们和有些人即使只有一面之交，就能被对方深深吸引、让我们喜悦、让我们欣赏，这就是人格魅力。

看到这里，一定会有家长说，我家孩子连老师教的知识还没掌握呢，平时也不听大人的话，将来连大学恐怕都难以考上，还谈什么人格魅力！这是不是说明在这些家长眼中，掌握技能要比人格魅力重要得多呢？

不可否认，到现在为止，还鲜有教子书籍将培养孩子的"人格魅力"作为关注点，这主要是因为，一方面，"人格魅力"往往是很多种品质的综合，单独拿出来说的可操作性偏弱；另一方面，可能多数教育专家认为对孩子讲"人格魅力"为时尚早，因为孩子们甚至还不能理解"魅力"究竟是个什么东西。

然而事实上，人格魅力本身包含着极为广泛，也极其深刻的内容。一个充满人格魅力的人可能源于他时刻散发的自信的光辉，也可能源于他幽默机智的谈吐，抑或许是他彬彬有礼的绅士做派……总之，对孩子进行"人格魅力"的培养是一个相当大的话题，如果放开了去谈，恐怕一整本书也未必说得清楚。所以在此我们只讲述几个比较大的方面，关于更细致的问题还需要父母提高自身修养，给孩子言传身教的影响。

1.为孩子营造一个民主、和谐的家庭氛围

在很多教育思想中，这一点我们都曾经提到过。看上去这一点看似老生常谈，但却是孩子健全人格形成的基本保证。

一个民主、和谐的家庭气氛才能培养出有着积极、主动的生活态度的孩子，使孩子能自觉地参与到家庭活动中去。

父母之间的互相爱护、关心、体谅，对长辈能够尊重、照顾、体贴，对孩子做到严爱适度，这些都能够使孩子正确地认识和评价自己，形成自尊、自信、自主、自控、亲切等积极情趣。但是，如果孩子生活在一个充满争吵、矛盾的环境中，他们就容易缺乏安全感、进而对人不信任，有时甚至还会有暴力倾向。

2.培养孩子生活的自立能力

教育的目的绝非是让孩子完全听父母的话、顺从父母的意思，而是让孩子能够独立地成长，即使离开父母的庇护也能够坦然面对生活的挑战。

而现实中，很多父母对孩子颇具牺牲精神，为了孩子自己什么都可以付出。这样虽然是一种爱，但这种过度的保护扼杀了孩子独立的要求，使本来可以成长为富有创造性、精力充沛、信心十足和勇敢无畏的孩子却变成了畏缩、举棋不定、胆小软弱的孩子。或许这样的孩子"很乖巧"，但却往往没有自立的能力，若如此，又谈得上什么人格和魅力呢？

和任何品质一样，人格魅力的形成也不是一朝一夕的事情。所以，父母们要持有耐心，并坚定不移地帮助你的孩子塑造无穷的人格魅力。若如此，你的孩子势必成为集体的中心，这将为他将来成为一个成功者打下坚实的基础。

方法9：输了成绩，赢了成长

【关键词】遭受失败 坚忍不拔 端正态度

【要点提示】所有父母都应当明白，每个孩子都是稚嫩的树苗，不经历风雨的洗礼是难以长成参天大树的。

【范例】

琦琦今年5岁，由于受棋迷爷爷和爸爸的影响，从3岁多就开始下象棋。可是因为琦琦年龄尚小，自然不是爸爸的对手。

不过，为了逗孩子开心，有时候爸爸会故意“放水”。但更多的时候，爸爸还是“亲兄弟明算账”，从不迁就琦琦。每当这时，琦琦就好像受了天大的委屈一般，大哭不止。

看到琦琦这个样子，爸爸说：“你现在才5岁，还是一个小孩子，能和大人下象棋，并且能下到这个程度，已经算是很厉害了。每当和你下棋时，看到你专心致志的样子，我都感到骄傲呢！如果仅仅为了你高兴，我会假装输给你，可是那有什么意义呢。”

看到琦琦认认真真地听着自己说话，爸爸接着说道：“现在你自己来选择，是要爸爸假装输给你，还是你一直和我挑战，想办法将来赢过我呢？”

经过爸爸的一番鼓励和引导，琦琦毫不犹豫地选择了后者，流露出一个小小男子汉的气概。对此，琦琦的爸爸欣慰不已，庆幸没有向孩子"妥协"，没有假装再输给他。

【技巧】

不得不说，琦琦爸爸"输得起"理论很值得父母学习和借鉴的。在现实生活中，有不少父母认为让孩子经历挫折太早，当宝贝遭遇挫败时，表现得心疼不已，他们要么为孩子的挫败寻找理由，要么尽力帮孩子弥补或过分地哄骗，并小心呵护避免孩子再次遭受失败。殊不知，这样做的后果不但无法让孩子了解到真正成功的意义与失败的价值，而且也不能帮助孩子学习面对失败及成功，而这些却是人生中非常重要的功课。

所有父母都应当明白，每个孩子都是稚嫩的树苗，不经历风雨的洗礼是难以长成参天大树的。从这个角度来说，挫折就是孩子学习和成长的最好课堂。不遭遇挫折，孩子就无法认识到现实的世界和真正的生活；不经历挫折，孩子就无法学会镇定、坚强地面对困难；不战胜挫折，孩子就无法认识到自己的主观能动性，无法给自己下一个肯定性的评价，也就无法养成坚韧不拔的意志，进而一步步走向独立。

道理我们已经明白，那么接下来，我们就应该通过实际行动，将"输得起"的心态注入孩子的体内。

1.父母要从自身做起，端正态度

很多父母往往有这样一种误区：喜欢让孩子在别人面前展示"才艺"，并以此作为自己的"门面"。如果孩子表现得好，就夸孩子聪明、能干；如果表现得不好，就指责和埋怨孩子笨。毋庸置疑，这种教育方式是非常不可取的，因为这样做很容易让孩子走向两个极端，要么争强好胜，一定要赢；要么失败了就爬不起来，甘愿就此沉沦。

莹莹对于挫折总是缺乏勇气去面对，在她眼里，赢就是赢，输就是输，如果输了，那么就没有任何转还的余地。她之所以会有这种看法，完全来自于她的父母。莹莹的爸爸妈妈非常看重莹莹的成绩，每次只要莹莹没有得到好成绩，她的父母就会不断地批评她，使莹莹对输赢的看法形成了习惯，在她的眼里没有成长，只有竞技和输赢。

身为孩子的启蒙教师，想让孩子"输得起"，父母就必须先平衡自己的心态，正确看待孩子的输赢得失。当孩子在学习或者游戏中遭遇失败、情感受挫时，父母应该教育他克服沮丧和悲观的思想，然后帮助孩子分析失败的原因，使孩子以积极的心态来面对暂时的挫败。即使他很优秀、很受瞩目，我们也不要一味地称赞，而是应当让他戒骄戒躁，避免走上自负的道路。

2.提高孩子的挫折承受力

遭遇挫折是每个人生活中必不可少的环节。然而，有的父母为了让孩子尽快恢复到快乐积极的状态中来，会刻意地帮孩子排除一些正常环境中遇到的困难，一发现孩子受挫，就伸出手来帮忙。这样做实际上是剥夺了孩子自己面对挫折的机会。

举例来说，孩子在用积木搭一座高楼大厦，可是就在快要大功告成的时候，"楼"塌了，这时孩子自然会流露出失望的表情。尽管如此，父母也不要直接帮助孩子解决，而应该和他一起讨论，引导孩子去思考，然后让他自己去执行解决的办法。这样，他就不会在失落的情绪中不可自拔。

事实上，孩子克服挫折的能力和动机正是源自于遭遇过的挫折。当他们拥有足够的应对经验时，就不会对挫折感到恐惧，就不会因为挫折而一蹶不振。

3.让孩子多参加一些集体活动

孩子在和同学朋友一起玩的过程中往往会经历一些挫折和失败。这个时候，父母不要大惊小怪，一味地训斥或者安慰。因为集体活动就是如此，不可能人人都会完美。而通过对自己和他人的审视，孩子就会更好地认识自己，看到自己的缺点和别人的长处，意识到"天外有天"的道理。这样一来，他自然能够"输得起"，因为他知道自己还有进步的空间，下一次一定会做得更好！

总而言之，家庭教育要用一个长远的眼光去衡量。高尔基曾经说过："爱孩子是老母鸡都会做的事情。"我们不能因为自己自私的爱，导致孩子不敢接受挫折。让孩子直面挫折，让他体验和克服困难，建立积极进取的自信心，这才是家庭教育的精髓。所以，对孩子"狠下心"来吧，让他敢于面对挫折，这才是真正的爱孩子、教育孩子。

方法 10:
欲速则不达，请"慢养"你的孩子

【关键词】健康成长　激进　慢养

【要点提示】孩子的天性实际上就是玩。通过玩，他们就能从对事物产生的感性认识中学习。因此，妈妈们对孩子的教育一定要松紧有度，不能不顾孩子身心发育的特点而过于严格地管制孩子，强行给孩子灌输知识。

【范例】

依然是个风风火火的女孩子，她从小接受的教育就是要雷厉风行。依然做事非常果断，但有时有些武断，她追求完美，因为她的父母要求她要完美，所以无论如何她都必须达到父母所要求的标准才行。

但是，这样的依然并没有达到她父母的期望，她并不完美，因为缺乏耐性，做事总是虎头蛇尾。比如养花，班级里面养花，别的同学都精心照顾，只有依然，轮到她的时候，她总是给花浇很多水，这样第二天她就不用浇水了。抱着这样的想法，在依然照顾的时候有些喜旱的植物因为一次浇了太多的水而死掉了，而且那些花盆当中酿出的小芽也被依然当做杂草除掉了。

【技巧】

俗话说："欲速则不达。"在教育孩子方面也不例外。如果家长们急于取得教育成果，那么最终结果很可能和初衷相悖，致使孩子心灵受到伤害，难以健康成长。

近些年来，家庭教育界有人提出来"慢养"的概念。也就是说，希望孩子成才、成功的父母需要具备这样一种心态：凡事不能操之过急，要懂得等待。

或许很多家长听了这样的观点会立即反驳："时间就是效率，时间就是孩子的未来，怎么能等待呢?"

父母们不要误会，我们所说的等待并不是让孩子坐等天上掉馅饼，而是希望家长们能从自身做起，不要太过着急。因为当今社会已经有很多孩子为"尽快"成长而付出了惨重的代价。

其实，每个孩子都是一朵含苞待放的花，不要总是纠结于它什么时候开花，要知道每种花都有不同的花期，所以家长也不该着急，否则真是揠苗助长。

孩子的成长需要过程，不要激进，慢一些、稳一些吧。

1.耐下心来，等待孩子成长

有的家长迫不及待地希望孩子掌握所谓有用的知识；不是去教导孩子如何思考，而是希望孩子记住所有问题的现成、可靠的答案；不是让孩子去大胆尝试，感受成功和失败，而是处处提防着孩子"越界"。显然，这些做法都是和慢养相悖的。所以，家长们一定不要以孩子将来才能够达到的水平，来要求孩子现在就能够实现。正确的做法是耐下心来，等待孩子成长。

2.遵循孩子的成长规律，切勿揠苗助长

"揠苗助长"的故事家长们都熟知。而明明知道这样做是一种错误的方式，可还是有不少家长"知错不改"。比如，有的妈妈的选择超出了孩子在该年龄阶段所处认知阶段的范围。

实际上，这种过早开发孩子潜能的教育风气，到头来很可能是做了负功。比如，你希望孩子具有绘画才能，于是在孩子很小的时候就把他送到专业老师那里学习，结果如何呢？不用问，很可能就是孩子画什么像什么，但是同时也导致孩子丧失了想象力和创造力。

既然这样，妈妈们何不让孩子敞开心灵，自由地涂鸦、自由地想象呢？

3.为孩子创造轻松愉快的成长环境

孩子的天性实际上就是玩。通过玩，他们就能从对事物产生的感性认识中学习。因此，妈妈们对孩子的教育一定要松紧有度，不能不顾孩子身心发育的特点而过于严格地管制孩子，强行给孩子灌输知识。正确的做法是给孩子创造一个轻松愉快的氛围，才会更利于他们的健康成长。

李文的成长非常快乐，他的妈妈从来没有逼迫他去完成什么。在自由而宽松的环境当中，李文也学会了很多东西，因为他的家长总是在玩的时候将那些知识渗透给他，而不是让他在很短的时间当中背下来。就这样，李文渐

渐成长，知识积累也非常丰富，而他也很快乐。

4. "高压"下的孩子会很累，不要给孩子太多压力

我们都知道，要想让食物快一点熟，我们可以通过加压来实现。高压锅就是采用这个原理。现在很多家长对孩子的教育也与此相似。我们看到，很多妈妈倾注了自己大部分精力、物力、财力在孩子身上，希望孩子快点成名、成家。

可是诸位家长可否想过，正是这种高投入产生的高要求，让你少了耐心和平常心，希望自己的投入很快就立竿见影，一旦发现孩子达不到自己的要求，就会苛刻和责难。这样一来，孩子的自信心就会每况愈下，甚至破罐子破摔，再也打不起精神。

方法11：
坦然面对输赢，才是真正的强者

【关键词】脆弱　鼓励　坦然

【要点提示】孩子做一件事失败了，他并不一定就能对失败有正确的认识，只是担心害怕，没有去想自己失败的原因。那么父母就应该是引导者，首先肯定他的努力，然后再提醒他做得不够的地方。

【范例】

阿迈参加演讲比赛，但没能进入决赛。爸爸和妈妈一起去接他回家。

一见面，爸爸就问他："你是输了?还是没有赢?"

阿迈不解地说："这有什么分别?"

爸爸没有回答他的问题，只是再次问道："下星期在别的地方还有另一场比赛，你还打算参加吗?"

阿迈十分坚决地说："当然要!"

爸爸说："那么，你今天只是没有赢，而不是输了!"

一个输了的人，如果继续努力，打算赢回来，那么他今天的输就不是真输，而是"没有赢"。相反，如果他失去了再战斗的勇气，那就是真输了!

【技巧】

海明威的名著《老人与海》里面有这样一句话："英雄可以被毁灭，但是不能被击败。"作为家长，正确地对待孩子的失败是非常重要的。

1.孩子有失败的"权利"

做父母的往往是望子成龙、望女成凤，一门心思扑在孩子身上，天天在孩子耳边念叨："成绩要好呀，要努力呀，不能掉队呀!"一到考试的时候，更是比孩子还着急，不厌其烦地嘱咐孩子一定要考好，不许失败。

这样的心情可以理解，但却对孩子真的有害无益。没有谁能事事成功的，也不是任何事一次就能做好的。孩子只是孩子，他没有生活的阅历与经验，他还处在人生中最初摸索的阶段。他有权利失败。

不要给孩子灌输负面的思想让孩子在失败中绝望，成长过程当中遭遇失败是非常正常的事情，家长要培养的是孩子如何在失败后奋起，这是一个长期工作。只有孩子意识到失败不可怕，才能渐渐直面失败，养成不惧失败、努力奋起的好习惯。

2.告诉孩子：失败了没关系

生活中，父母常为孩子的错误和失败担心、着急，害怕孩子下次再犯，有时就忍不住地警告孩子："你到底要这样失败多少次？"可是父母是否想到，给孩子"不许失败"的压力，孩子的心理负担会更重，情绪也会一直处于紧张状态，不但不能够从失败的状态中走出来，甚至会更糟。

王东时常会在关键时刻"掉链子"。其实王东很聪明，但总是在关键时刻发挥失常，这是因为他的父母每次都在考试前给他巨大的压力，让王东很惧怕失败，神经紧绷，但结果往往是怕什么来什么，因为屡次失败，让王东对自己失去了信心。

孩子考试或比赛之前，不要催着孩子去学习，可以允许他们适当看看电视，跟别的孩子玩耍。也可以带孩子出去呼吸一下新鲜空气，跟孩子聊聊天，表现出对考试成绩或比赛结果不在乎的态度。尽量让他们脱离紧张的气氛，调整好状态。父母的这种态度会让孩子心里轻松起来，并大受鼓舞。压力释放掉了，真正的水平才能发挥出来。其实很多时候，孩子失败也跟父母施加了太大压力有关。

3.孩子失败时，先表扬后提醒

以常人的心理来看，失败后都会感到沮丧、难过，并且自责、后悔，这个时候是他们最伤心的时候，也是最脆弱的时候。小孩子也是一样，甚至他们内心还多了一层恐惧——怕被爸爸妈妈数落。这个时候他的内心是敏感的，需要安慰、理解和鼓励。有的小孩子天生自尊心强，如果失败后得到的只是一顿责骂，在他心里就会留下一个阴影。

孩子做一件事失败了，他并不一定就能对失败有正确的认识，只是担心害怕，没有去想自己失败的原因。那么父母就应该是引导者，首先肯定他的努力，然后再提醒他做得不够的地方。

4.教孩子理智地面对失败

如果家长教会孩子对失败有了正确的认识，而且对失败采取了正确的态度，那么，他就不会被失败所打倒，屡经失败而不悔的坚强毅力也就自然产生了。那么，应该怎样教会孩子面对失败呢？

家长可以从几个地方注意，首先就是不要给孩子挂上"失败者"的标识牌，这会让孩子对自己的认知出现偏差，变得不自信甚至是自卑。也不要总是说失败，这样会让孩子感受到巨大的压力。最重要的是，家长应该帮孩子计划好，在成功的路上将面临什么，怎样避免失败才是最重要的，毕竟没有人愿意尝试失败。